《蘇州全書》編纂出版委員會 編

·〔嘉靖〕吳江縣志

蘇州全書

甲編

蘇州大學出版社
古吳軒出版社

吳江縣志卷之十三

典禮志

風俗

吳江之先雜于荆蠻中更泰伯仲雍季札之化而人文始開至漢時則文勝矣漢世稱大江之南五湖之間其人輕心由今觀之吳下號爲繁盛四郊無曠土其俗多奢少儉有海陸之饒商賈並輳精

飲饌鮮衣服麗棟宇婚喪嫁娶下至燕集務以華縟相高女工織作雕鏤塗漆必[illegible]巧信鬼神好淫祀此其所謂輕心者乎吳江僻處東南視郡城稍爲近質宋于昌稱其有泰伯延陵之遺風故其俗淳以厚有季鷹魯望之高風故其俗清以逸蓋不當以輕心槩之也宋時民不知教簪筆健訟爲他邑最雖有三

賢來徒而終不能革頑囂之舊豈風教在上而無位者不能與歟元世邑多豪家雅尚文辭騷人墨客雖遠必致而滛侈無度威淩細人元人寬弛不之禁也明興芟夷豪門誅戮狂士於是俗以富爲不祥以貴爲不幸或舉秀才輒相仇讐故人廢詩書而畧典禮又畏觸法習尚儉素男子不植黨婦人不市遊久而成

俗亦云美矣迨天順初人始尚文樂仕而儉素之習因而漸移邇年彌甚在官有龍虎之稱在野有醵酺之燕厭故常而喜新說好品藻而善譏評　國初淳龐之氣鮮有存者記曰國奢示之以儉國儉示之以禮是在長民者加之意云

邑據江湖之間境内無高山大林惟烟水淼茫而已當其颶風倏起濤山浪屋聲

豪勢怒若不能一朝居之迨風止浪息萬頃一碧則向之聲勢已恬然矣故土人似之茲亦風水使然其間好德尚義者固不可以例論也右總論

童子年十二或十四始養髮髮長爲總角十六以上始冠女子將嫁而後笄冠笄之日蒸糕以餽親鄰名上頭糕

男女議婚大率以門楣爲重亦互擇人而

兼决於命卜故遲速不同亦有指腹爲婚者聘[illegible]裝送稱家有無間或論財違者[illegible]也初聘用禮數盒名住口言不再[illegible]也及行正聘則用五六事或三四事中有名謝允者有專饋女之祖父毋者名太禮有兼饋其外祖父毋者名外太禮又有啓媒啓話啓盒司箋謝媒諸儀各遣僕從至其家男家曰抑盤曰拜廳女家

曰擡帖用男從曰押帖用女從各欵贈之視
他僕役有加及娶則女家有迎裝鋪房
浴嫁坐氈抱嫁送嫁男家有催裝迎花
冠入門有跨鞍牽綵迎龍捫帶升座掠
鬢坐牀挑巾前筵後筵轉拜拜竈諸儀
特爲煩猥不能悉載然惟西鄉以華侈
相競東鄉則取具成禮而已
有喪之家始死計於親友仍裂巾帶遺至

親名入木孝至親往哭亦以繽帛襚之名遣襄亦有兼行奠禮者其他親友或吊或奠各視其家之貧富與往來之厚薄以爲差凡來弔者喪家皆設酒食以款之自遠至者仍饋路費用亦侈焉將葬先期致弔者練帛再弔禮之如初弔者至是始用賻儀發引之日親友集送至親則各具酒餚於途代喪家款客抵

墓拜別而散其報訃裂帛欵饋之儀一有疎漏則互相責望故近年或幷香楮奠賻皆却不受然後彼此帖然今多從之

擇地營葬多信堪輿之術又其流輩人各爲說故疑而難定有數年不葬者無力之家率從火厝至作佛事則無所吝雖官府禁諭不能止也又凡導喪悉用音

樂習以爲常惟沈副使盤一洗陋俗
歲時祭先雖走卒販夫亦不肯廢祭品豐
儉各隨其人獨諸子異居父母亡則各
設靈筵各題神主各立祠堂去古禮遠
甚嗚呼宗法之壞久矣
古禮雖不能盡行亦不至盡廢故冠笄無
三加之儀然必俟成童以上始行之則
與所謂過十歲鮮總角者異矣婚有回

吉即納吉請帖即問名大禮即納幣道日即請期下迎即親迎合巹俗於坐牀時行之呈湯上現即見舅姑今俗入門先見至三日始行贄禮祭祖即廟見古用三月今於三日行之喪有方相明器銘旌喪車挽歌纁翣祠土題主祭有三獻諸儀皆倣古禮猶有可觀右冠婚喪祭

邑人重去其鄉離家百里則有難色非公差仕宦不遠遊故無商賈而事農業業

雖最勤然習而安焉不之怨也若無産者赴逐雇倩抑心殫力計歲而受直者曰長工計時而受直者曰短工計日而受直者曰忙工佃人之田以耕而還其租者曰租户又少隙則去捕魚鰕采薪埏埴傭作擔荷不肯少休及歲告成公稅私租償債之外其場遽空者什八九然帖帖自甘不知尤怨

邑中多瘠田故當春初農人皆罱湖瀼之泥以壅之田高者則先去舊上而壅以新泥至夏末復市蔴餅加焉計其費率與藁直相當否則收必薄也

歲既穫即播菜麥至夏初則摘菜薹以爲蔬春菜子以爲油斬菜萁以爲薪磨麥穗以爲麵雜以蠶豆名曰春熟自是耕以藝稻至秋乃登周而復始迄無寧日

亦有不治春熟而植蓆草者其利倍於
春熟其穀減於春田亦畧相當也
邑當江湖之中最爲窪下每遇春夏之交
梅雨連綿河水泛溢則田潦隨之於是
農家集桔槔以車救之號大棚車往往
擊鼓鳴柝以限作息建瓴滴水以時畜
休雖婦女亦與焉不止餉饁而已正統
中周文襄公置官車公去車亦隨廢近

年以來民復苦旱高者至不可救嗚呼一邑而水旱具不免難矣哉

大明吳寬

吳江田父歎

原田浩無垠所向波浪白桔槔聲轢轢中有長太息借問何太息欲說重悽惻去年夏不雨禾根盡龜坼服勞豈無人一溉終有益下疲里胥命上應公家役北往防太湖南征戍疆場餱粮自我備衣裝自我餉點行賄賂頻家至仍户歷高秋幸微收租庸日催迫搜括罄缾罌取盈復貸質今年荷天休續食登麰麥下虞黃梅雨溪水俄沉濫青苗種未半渰死良可惜況聞吳江城頗隤爲衝激里胥昨夜下姓名著兵籍喧呼起丁夫羸粮聽驅策土功敢憚煩農事務未

隙郡伍接踵至壺漿競須索汝絲必喻斤汝粟必兼石汝粼鹽汝知各以是獲釋汝不從我言汝期往必刻官作雖有程暴露生疾疫苟寬目前患遑恤饑凍逼昔有伐竹木舁石運瓴甓甲免仍乙遷紛紛遞更易前日借軍儲公文明戒救動揺非上意求時事捃充令日横索租我至徒隸塞東家與西舍所過淨如拭因恩異鄉樂轉覺吾土窄雞犬不得存吁嗟至斯極非無賢守宰廉明盡臣職天高日月懸何由訴胸臆爾農聽我言饔飧聖所亟福善禍厥淫穹蒼不差忒爾其勤爾躬稟嘉以為則載歌石鼠詩悲風起叢棘

牛耕器具皆有名號**唐陸龜蒙耒耜經**農之言也民之習通謂

之犁治金而爲之者曰犁鑱曰犁壁斲木而爲之者曰犁底曰壓鑱曰策額曰犁箭曰犁轅曰犁梢曰犁評曰犁建曰犁槃木金凡十有一事耕之土曰墢墢猶塊也起其墢者鑱也覆其墢者壁也草之生必布於墢不覆之則無以絕其本根故鑱引而居下壁偃而居上鑱表上利壁形其圓負鑱者曰底底初入於鑱中工謂之鼈肉底之次曰壓鑱背有二乳係於壓鑱之兩旁鑱之次曰策額言其可以扞其壁也皆貤然相戴自策額達於犁底縱而貫之曰箭前如桯而樛者曰轅後如柄而喬者曰梢轅有越加箭可弛張焉轅之上又有如槽形亦如箭焉刻爲級前高而後庳所故曰箭以其淺深類可否故曰評評之上曲而

衡之者曰建。建，楗也，所以柅其轅與評。無是則二物躍而出，箭不能止。横於轅之前末曰槃，言可轉也。左右繫以樫乎軛也。轅之後末曰梢，中在手，所以執耕者也。轅，車之胷。梢取舟之尾，止乎此乎。鑱長一尺四寸，廣六寸。壁廣長皆尺，微橢。底長四尺，廣四寸。評底過壓鑱二尺，策減壓鑱四寸，廣狹與底同。箭高三尺，評尺有三寸。槃增評尺七焉。建惟稱轅。轅修九尺，梢得其半。轅至梢中間掩四尺。犂之終始丈有二。耕而後有爬，渠疏之義也，散墢去芟者焉。爬而有礰礋焉，有磟碡焉。自爬至礰礋皆有齒，磟碡觚稜而已，咸以木爲之，堅而重者良。江東之田器盡於是。按此篇皆論牛耕之器，若以人耕則但用耒耜而已。又藝麥有槌罱水有車取土有蔄茇草有鍚箕場木一軏刈稻有犁曝稻有竿擊稻有桃翻穀有爬脘穀有櫳去粃有篩扇栗有車或擊犁有枷削藁有鍇餘不能盡述也

以牛耕或以人耕各從其便然牛惟富室畜之餘不能辦也

凡田計畝索租下自八斗上至一石八斗而止佃戶輸之田主田主具酒食或就以粟勞之名曰租米其貧民春夏告貸於富室至冬率以二石償一石者名曰

生米雖七八月貸出息亦同故吳人有出門加一之諺又有汁出賴賴強如做債之謠賴賴淋漓貌言禾半熟而汁出淋漓者刈而食之猶勝舉債也其貸銀錢者則出息五分名曰生錢按此莫志所載乃成化以前事近年錢法不行而銀息自二分以至五分米息自四分以至七分絕無所謂倍償之事甚者或并

其本而負之雖租米亦然時之不同有如是夫

農既專力其用心自精占測氣候詳密多驗自元旦至歲暮凡風雷暘雨之變潦暵豐歉之兆趨避弛張之宜咸有口訣韻語彙類極繁謂之吳中田家五行乃其大畧則有可紀者元旦侵晨占風雲風自東南來則歲大稔東次之東北又次之西則歉西北有紅黃雲則稔白黑

則歎以瓶汲水日準其重輕爲水旱自元日至十二日而當一歲之月重則其月多水輕則旱十五夜月中建一尺五寸之表以候雨暘建木表於地據表之長而中分之爲七寸半者二月影適及爲豐過則水不及則旱二月八日祭祠山之神候西南風而知有秋三月三日聽鼃聲午前鳴者高田熟午後鳴者低田熟四月十六日望晴雨以候歲晴則水雨則旱惟陰雲爲佳芒種後遇壬日爲黴始黴中多雨故謂之

黴天夏至日起時時分三節共十五日中時有雷則雨仍多謂之倒黃黴立秋日忌雷鳴秋後虹見爲天收言收數減也八月二十四日爲稻藁生日雨則雖得穀藁亦腐重九晴則藁乾小雪日雪則穀賤又四月二十日爲小分龍五月二十日爲大分龍皆忌雨覔春夏甲申日雨米貴又有鰕荒蟹亂之語餘不勝載

每歲暮春邑人多治蠶蠶有節目其初收也以衣衾覆之晝夜程其寒暖之節不得使過過則有傷是爲護種其初生也則以桃葉火炙之散其上俟其蠕蠕而動濈濈而食然後以鵝羽拂之是爲攤烏其既食也乃熾炭于筐下并其四圍剉桑葉如縷者而謹食之又上下抽畨晝夜廵視火不可烈葉不可缺火烈而

葉缺則蠶饑而傷火致病之源也然又不可太緩緩則有漫澁不齊之患編經曰蠶薦用以圍火恐其氣之散也束桔曰葉墩用以承刀惡其聲之著也是爲看火食三四日而眠眠則擿眠一二日而起起則餧是爲初眠自初而之二自二而之三其法盡同而用力益勞爲務益廣是爲出火蓋自此蠶離于火而葉

不資於刀矣又四五日爲大起大起則雞雞則分箔雞早則足傷而絲不光瑩雞遲則氣蒸而蠶多㦗疾又六七日爲熟巧爲登簇巧以葉蓋曰貼巧驗其猶食者也簇以藁覆曰冒山濟其不及者也風雨而寒則貯火其下曰炙山晴暖則否三日而闢戶曰亮三五日而去藉曰除托七日而采繭爲蠶洛山矣方其初

妝也親賓俱絕往來及落山乃具牲醴饗神而速親賓以觀之名落山酒自是往來如故然惟塘西爲盛以其接壤湖州故從其俗他鄉雖有不能及也

大明 高啓

詞 東家西家罷來往晴日深窗風雨響三眠蠶起食葉多陌頭桑樹空枝柯新婦守箔女執筐頭髮不梳一月忙三姑祭後今年好滿簇如雲繭成早簷前繰車急作絲又是夏稅相催時

邑人生長江湖得水族之性故多善漁而

魚具最多〔唐陸龜蒙皮日休漁具詩序〕大凡結繩持網者總謂之網罟之流曰罛曰罾曰罺圓而縱捨曰罩挾而升降曰䍡緡而竿者總謂之筌筌之流曰筒曰車橫川曰梁承虛曰笱編而沈之曰箄矛而卓之曰矠棘而中之曰叉鏃而綸之曰射扣而駭之曰桹置而守之曰神列竹於海澨曰滬錯薪於水中曰槮所載之舟曰舴艋所貯之器曰笭箵其他或術以招之或藥而盡之皆出於詩書雜傳及今之聞見可考而驗不誣又擇其任詠者作十五題曰網曰罩曰罺曰釣筒曰釣車曰魚梁曰叉魚曰射魚曰鳴榔曰滬曰槮曰種魚曰藥魚曰舴艋曰笭箵〔宋張達明〕增損爲漁具圖各系以詩其題十七曰釣曰罾

曰斷曰裏叢曰罭罛曰沉罛曰笱椵曰旋網曰椵曰罾潭曰鰕籠曰撩浮其曰網曰罩曰釣車曰鴨榔曰叉則仍其舊云網有三等最下爲鐵脚魚之善沉者遇之中為大絲網上為浮網以截魚無遺網皆有疎有密又別有兜有踏有簖有撒有扛秋風大發以舟載釣繫餌沉之巨浪中取白魚謂之釣白又施網於湖去水而一二尺經繩水中俟其躍入而取之曰調網其取

鯉者曰港調天寒以火自炙以湯自沃投石穴取魴魚方春遊食則藥之令盡浮又有畜鸕鷀令食而吐之者其取班魚針口魚則掣銀魚則或掣或注或牽黃鱔則或張或掣鰕蟹則或張或簖或牽而鰕則又或盪或[竹孫]或拖而不牽縴蕭承流而障之曰蟹籪纖筏爲逆鬣而[illegible]籠之曰鰕籠釣之名有二曰谿曰經亭

之名有四曰移罩曰撳罩曰罩簽曰砌青釣鰍釣鱔釣鰻均謂之釣而鈎各不同其在溪浦者爲箪港瀆爲罾罾別有趕蘆葦之間者爲乂列於海瀣曰滬數舟連絡發其匿而得之者爲艋艘艋艘則衆扣竹器以出之薪而掐之者爲蕪蕪有張有掣皆窮極巧妙以與魚遇其舟則各隨網而異製故其名多因之又

有羊頭夾壘露罟之名其行於水中則
或方或反或前後相尾其相尾者爲䑯
艋已捕而貯之有笥有筒有笭之屬漁
人以魚入市必擊鼓賣之其賣者欝以
魚斗數魚以二斤半爲一斗唐皮日休詩趂暇無
事避風濤一斗霜鱗換濁醪莫怪兒童[illegible]盡行煙○雨漉車鰲令不
復擊鼓用斗男女花于舟中足盤辟不
伸市中自辨大明高啓詞後綱初沉前綱起夫婦生來業淘水忽

驚網重力難牽折得雙魚滿船喜不敎持賣去南津且向沙頭祭水神願得年年神作主無事全家臥煙雨不論城中魚貴賤換得酒歸儂不怨

歲既穫水田多遺穗又產魚鰕紹興人多來養鴨千百爲群牧其卵以爲利邑人呼爲鴨客僦富室之宇以居率五日抽一日之卵爲僦直彼此稱便其他羊豕雞鵝之類土人亦嘗畜之以規微利云

市井多粟帛牲畜日用之物交易亦頗任

真非若郡城之繁華粉飾卒不可辨也其行賣于市者或非全或擊竹裝擔皆分色目見其裝則知其所藏業右生

正月元日官府望　闕拜賀禮畢即盛服謁先師及城隍神縉紳達往來交慶民間則晨起爆竹設奠于祠堂次拜家長親戚隣里更相賀藏爲椒栢酒蒸節糕以待之爇栗炭于堂中謂之旺相插

芝蔴梗於簷頭謂之節節高自此士女
集梵宮燒香答願少年遊冶翩翩徵逐
隨意所之或投瓊買快鬪九翻牌博戍
賭閒舞棍踢毬凡三日而罷
立春日前期縣官督委坊甲整辦什物選
集方相戲子優人小妓裝扮社夥教習
兩日謂之演春先一日縣令率僚屬往
迎于東郊前列社夥殿以春牛士女縱

觀闐塞市街競以蔴麥米荳抛打春牛其優人之長假以冠帶傅粉黛乘馬驢率先嗷躍以隸卒圍從謂之春官遇官府豪門各有贄揚致語以獻利市遇襤褸猥漢衝其節級則摭而杖之亦有譃浪判語不敢與較至縣中舉燕鄉達亦與焉至日鞭牛碎之隨以綵鞭土牛角以鼓吹分送鄉達而民間爭取春牛土

置牀云宜田蠶宴集以春餅爲上供

十三日以糯粒投焦釜老幼各占一投以卜終歲之吉凶謂之爆孛婁亦曰米花又曰卜流（言卜流年也）

十五日爲上元節先數日賣燈謂之燈市燈有楮練羅帛之屬繪鏤人物故事或爲花果蟲魚動植之像其懸紙剪人馬於傍以火運之曰走馬燈好事者或爲

藏頭詩句任人商揣曰燈謎亦曰彈壁
燈而豪家富室則有繚絲魚魫綵珠明
角羊皮麥絲竹縷流蘇寶帶鰲山諸品
價高者數人聚博勝者得之喧盛不減
燈夕至期則伐竹採柏結棚於衢巷以
綴燈星布珠懸金鼓煙火喧闐深夜其
夕會飲以米粉作丸子油䭔之屬食之
行遊五日而罷十三日試燈十八日收

燈近來衰甚宋范成大燈市行吳臺今古繁華地偏愛元宵燈影戲春前臘後天好晴已向街頭作燈市疊玉千絲類鬼工剪羅萬眼人力窮兩品爭先最先出不待三五迎東風兒童種麥荷鋤倦偷閑也向城中看酒壚博簺雜歡呼夜夜長如正月半災傷不及什之三歲寒民氣如春酣農家亦幸荒年少始覺城中燈市好

是月坊巷鄉村各爲天曹神會以賽猛將之神相傳神能驅蝗故奉之會各雜集老少爲隸卒鳴金擊鼓列隊張蓋遍走

城市富家施以錢粟自元日至十五或
二十日而罷罷日有力者裝攤雜劇極
態所聚不下千人村閭亦有爲醵
[illegible]人醵米五升納於當年
會長以供酒之[illegible]手集以美
少年爲神仙公子錦衣花帽羽扇綸巾
餘各裝演雜劇徧走村落富家勞以酒
食或兩會相遇於途則鼓舞趨走自成

行列歌唱答應亦各有情至十一月會長廣列酒殽凡在會者悉至老者居上少者居下賤者居外使稍通句讀之人敬讀　大誥或教民榜文一條然後酒行無筭連會三日而罷然此會惟一二三都有之餘不盡然也

十二月三日俗傳為北極佑聖真君生辰民間雜集親友就家啓醮酌水獻花謂之

聖會親友輪年遞建歲以爲常是日男女皆戴薺花諺云三春戴薺花桃李羞繁華

清明前兩日謂之寒食人有新亡者其家必倍悲痛名新寒食至戚則往祭其几筵俗呼排座清明插柳滿簷青蒨可愛男女亦咸戴之諺云清明不戴柳紅顏成皓首是日士女並出祭墓俗呼上墳

排座上墳必用蛤蜊蟛蝑角粽青團諸
品牲醴隨宜
是日有競渡之戲蓋本楚俗以端午節爲
之蓋憫忠魂而慰民思也於吴無與焉
然相習成風有不可曉者每當農務未
興禁烟之際呼集少壯裝駕龍舟歌哨
齊發往來如飛觀者空里抵暮而歸按
此乃元末時事故實志載之今已久廢

三月二十八日俗傳爲東嶽天齊聖帝生辰邑中行宫凡八處而在震澤鎮者最盛清明前後十餘日士女拈香闐塞塘路樓船野舫充滿溪河又有買賣趕趁茶餅果梨而塑粧傀儡走獸飛禽餳笙鼗鼓瑣碎戲具以誘悅童曹所在成市

立夏之日男女各試葛衣云解注夏之疾

四月八日俗傳爲釋迦佛生辰僧尼浴佛

徧走閭巷煑餳水荳以餽人名浴佛荳
受者答以錢粟
端午爲天中節饟角黍作雄黃昌陽飲以
綵絨雜金線纒結符袋戴之釵頭互相
餽遺兒女輩綵索纒臂長者簪艾葉榴
花以辟邪道士則折紅黃色紙書天師
像爲辟惡靈符分送檀越而醫家亦以
雄黃衣香送於常所往來者家家買葵

櫑蒲艾貯之堂中硃書五月五日天中節赤口白舌盡消滅之句揭之楹間或採百草焚之以辟蚊蚋及醬以共藥品覓蝦蟆收蜈蚣斬蛇頭皆以製藥

夏至包麥糕祀竈祭祖皆用之

六月六日膾肉褁麵作匾食食之俗呼餛飩是日洗頭髮滌梳具及舁貓狗浴之河中

七夕人家設瓜果酒殽於庭或樓臺之上爲乞巧會談牛女渡河事切茄累麵剪雞簇花以油沸之名曰巧果婦女對月穿針謂之乞巧

七月十五日爲中元節俗傳地官赦罪之辰故亦謂之鬼節官府祭厲民家多持齋誦經薦奠祖考僧舍建盂蘭盆會宋時巳有之嘉熙中郡守王遂怪其不經

作文禁之是歲竟不敢建今俗是日多
用五更以素食祭祖相傳云亡者赴盂
蘭盆會之急故早祭之新亡之家尤早
仍有此謬不能革也
八月十五日謂之中秋是夕人家有賞月
之燕或攜榼長橋垂虹之上聯袂踏歌
無異白日
九月六都人爲燈會朔日集于八角亭裝

演劇戲雜以金鼓夜則各持華燈徧遊
村落爛然而來如星毬萬點富家皆設
酒食以勞之至望日而罷
重九日人家以麵裹肉炊之名重陽糕其
登高飲燕者必簪菊泛萸猶古人之遺
俗也
十月朔日名焼衣節人家祭奠[illegible]祖考持
齋薦亡至親亦祭靈座或有[illegible]掃松浇

墓之禮者
冬至謂之亞歲邑人最重是節前夕名節
夜家家祭竈有用葷品者祭畢家人聚
而食之明日官府民間各相馳賀一如
元日之儀舂粢糕以祀先祖并以饋遺
更速燕飲謂之節酒罷市三日
入臘併力舂一歲粮藏之土瓦倉中今多
用蒙囤經歲不蛀壞俗呼爲冬舂米

成大冬舂行

臘中儲蓄百事利第一先舂年計米羣呼步碓滿門庭運杵成風雷動地篩勻箕健無粃糠百斛只費三日忙齊頭圓潔箭子長隔籮耀日雪生光土倉瓦龕分蓋藏不蠹不腐常新香去年薄收飯不足今年頓頓炊白玉舂耕有種夏有糧接到明年秋刈熟隣叟來觀還歎嗟貧人一飯不可賒官租私債紛如麻有米冬舂能幾家

是月農事告成民間多有刲羊豕以祭五通之神而報歲事者在郭曰燒年常在野曰謝場祭畢速親友餕之謂之年常

酒古諺云雞豚秋社芋栗園收李四張三來而便畱殆此謂也

凡宴會以乾飲乾不畱涓滴格不聽其自斟不得攔格起不許起身住不許數住四字爲令主人先出自飲稟令衆賓推善飲者一人或二人爲監令坐中聽其覺察凡犯令及諠譁失禮者皆有罰或監令自犯則衆賓舉之罰用倍斟有不能飲者則稟於席長定其分數

此令一出四座肅然主人安坐而客皆醉近年多用擲骰乞令於客各以次及而監令則仍舊云

十二月二十四日謂之交年是日掃屋塵名曰除殘丐者塗抹變形裝成男女鬼判嗷跳驅儺索乞利物俗呼跳竈王人家各換桃符門神春帖鍾馗福祿虎頭和合諸圖粘貼門壁亦有至除夕始換

者是夕祀竈品用葷及糕荳餳餅以爲竈神言人過於天帝故禱之兼取膠牙之意祭畢則爇火爐於門外雜楮錢焚之謂之送竈是夕早寢以爲行瘟故安靜以避之

唐陸龜蒙祀竈解

竈之壞者請新之既成又請擇吉日以祀之曰竈在祀典聞之舊矣祭法曰王爲群姓立七祀其一曰竈達於庶人庶士立一祀或立戶或立竈飲食之事先自火化以來生民賴之祀之可也詐者曰其神居人間伺察小過作譴告者又曰竈鬼以時錄人功過上白於天當祀

之以祈福祥此俳出漢武帝時方士之言耳行之惑也苟行君子之道養老而慈幼寒同而飽均喪有哀祭有敬不忘禮以約已不忘樂以和心室暗不欺屋漏不愧雖歲不一祀竈其謟我乎苟[redacted]小人之道盡反君子之行父子兄弟夫婦人執一爨以自糊口專利以希詐崇奸而禱非雖一歲百祀竈其私我乎天至高竈至下帝至尊嚴鬼至幽[redacted]果能欺而告之是不忠也聽而受之是不明也下不忠上不明又果何以爲天帝乎

宋范成大祭竈詞　古稱臘月二十四竈君朝天欲言事雲車風馬少留連家有杯盤豐典祀猪首爛熟雙魚鮮豆沙甘鬆粉餅圓男兒酌獻女兒避酹酒燒錢竈君喜婢子鬬爭君莫聞猫犬觸穢君

莫嗔送君醉飽歸天門杓長杓
短勿復云乞取利市歸來分

二十五日用赤豆雜米爲粥以辟瘟家人大小皆徧餐有出外者亦覆貯待之名曰口數粥亦多以餅代之至新正三日乃食及獻異居異姓尊長示一家之意

宋范成大口數粥行　家家臘月二十五淅米如珠和豆煮大杓撩鐺分口數疫鬼聞香走無處餳姜屑桂澆蔗糖滑甘無比勝黃粱全家團圞罷晚飯在遠行人亦留分褓中孩子强教嘗餘波遍沾獲與臧新元時氣調玉燭天行已過來

萬福物無疵癘年穀熟長向臘前分荳粥是日夙興持齋誦經燒燭拈香俗傳天帝降世察人善惡故以此迎之謂之接玉皇亦有祭人靈座者是夕爆竹觀儺宋范成大爆竹行歲朝爆竹傳自昔吳儂政用前五日食殘荳粥掃罷塵截筒五尺煨以薪節間汗流火力透健僕取將仍疾走兒童却退避其鋒當堦擊地雷霆吼一聲兩聲百鬼驚三聲四聲鬼巢傾十聲連百神道寧八方上下皆和平卻拾焦頭疊牀底猶有餘威可驅癘屛除藥物添酒杯盡日嬉遊夜濃睡各燃火爐於門外

熖高者喜，古謂之籸盆，俗云相暖熱。宋范成大燒火盆行：春前五日初更後，排門燃火如晴晝。大家薪乾勝豆藍，小家帶葉燒生柴。青煙滿城天半白，栖烏驚飛啼格磔。兒孫圍坐雞犬忙，鄰曲歡笑遥相望。貴宮氣應纔兩月，歲陰猶驕風栗冽。將迎陽令作好春，正要火盆生暖熱。

田間縛藁篠於長竿，擎而燃之，以祈絲穀，名照田蠶。宋范成大照田蠶行：鄉村臘月二十五，長竿燃炬照南畝。近似雲開森列星，遠如風起飄流螢。今春雨雹繭絲少，秋日雷鳴稻堆小。儂家今夜火最明，的知新歲田蠶好。夜來風猶西復東，此占最吉餘難同。不惟

桑賤穀芃芃仍更苧麻無節菜無蟲

大明高啓照田蠶詞東村西村作除夕高炬千竿照田赤老人笑祈小兒歌願得宜蠶又宜麥明星影亂棲烏驚火光辟寒春巳生夜深燃罷歸白屋共説豐年眞可卜

除夜祭祖及門井之神是夕設饌於竈先爇火爐於門迎神而祭之名曰接竈復爆竹焚辟瘟丹家庭舉燕則長幼咸集祝頌而散謂之分歲**宋范成大分歲詞**質明奉祠今古同吳儂用昏蓋土風禮成席徹夜未艾飲福之餘即分歲地爐火暖蒼朮香飣盤

果餌如蜂房就中脆餳專節物四坐齒頰鏘冰霜小兒但喜新年至頭角長成添意氣老翁把盃心茫然增年反爾減吾年荆釵勸酒仍祝願願翁尊前且強健君看今歲舊交親大有人無此杯分老翁飲罷笑撚鬚明朝重來醉屠蘇

分歲罷小兒遶街呼噭云賣汝癡賣汝獃世傳吳人多獃故兒輩戲欲賣之宋范成大賣癡獃詞除夕更闌人不睡厭禳滯鈍迎新歲小兒呼噭走長街有癡獃召人買二物於人誰獨無就中吳儂仍有餘巷南巷北賣不得相逢大笑相揶揄櫟翁塊坐重簾下獨要買添令問價兒云翁買不須錢奉賒癡獃千百年

更深人靜盡灰於道衆亏矢以射祟見女終夜不就寢名守歲云延年雞且鳴持杖擊灰積致詞以獻利市名打灰堆

宋范成大打灰堆詞　除夜將闌曉星爛糞掃灰堆打如願杖敲灰起飛撲籬不嫌灰涴新郎衣老媼當前再三祝只要我家長富足輕舟作商重船歸大特引犢雞哺兒野繭可繅麥兩岐短衲換著長衫衣當年婢子挽不住有耳猶能聞我語但我如願不汝呼一任汝歸彭蠡湖

或有禱竈請方抱鏡出門竊聽市人無意之言以卜來歲

休咎者是日官府封印不復判署至新正三日始開而諸行亦皆罷市男女服飾煥然一新此一歲風俗之大畧也右歲時

閨閫謹嚴惟吳江爲甚婦人非至親不輕見客婚姻喪葬亦不苟出此風俗之最美者也

習俗奢靡故多僭越庶人之妻多用命服

富民之室亦綴獸頭不能頓革也
國初風俗淳厚貴賤有等故家子弟雖不能繩祖武而胥隸之流猶知讓之不敢抗禮不敢並行或相遇于途則拱立而俟其過故舞文者少焉正德以前此風尚存近年來縱肆無忌而隸卒尤甚勾攝則以拒爲詞索賕則呼錢爲分至有自謂不願博一舉人者吁痛哉

生儒應試則提調官與僚佐至學宮簪花掛紅俻馬而送之導以綵旗音樂至此郊外飲餞仍贈以贐名曰送科舉有中式者歸則迎而賀之郡中統宴則縣自俻花幣旗皷綵帳酒席如期應之復贈白金百兩爲坊價至會試則復餞之如初仍俻以贐再赴則贈長夫二名贐亦如初　朝廷待士之禮有司奉行之意

可謂厚矣厚矣爲吾輩者可不思所以
自奮而報効之哉
邑人尚鬼故好淫祀俗重五通之神家爲
立祠鄉村則建小廟於門外奉之惟嚴
有疾則禱之甚者羅列酒筵割牲獻爵
皷吹歌彈以燕之與生人無異其他徧
禱諸神靡所不至愈則歸功于巫不愈
亦無悔也邇來士大夫家多不肯行然

婦人篤信而孝子不欲傷其心卒亦未免從俗終不能盡革也

邑人皆信佛法而四都尤甚以爲真有天堂地獄之說而畏慕之也故子多者止留其長餘悉爲僧父母亡僧歸薦之則隣里欣豔稱其脱地獄而登天堂也是以緇黄之流接踵而出故有小西天之稱他都不然也

僧寺割爲幾房房各占戶謂之門徒凡有
佛事各隨所占赴之他房不得而與也
歲時則印經呪書其祖先稱號及子孫
姓名分送所占以爲薦亡之助道士亦
然第無經呪耳右崇尚
吳音淸柔歌則窈窕洞徹沈沈綿綿切于
感慕古有吳趨行吳音子又曰吳歈亦
有白苧舞拂舞白符舞白鳧鳩舞皆有

歌又有子夜歌子夜四時歌蓋亭本吳
中產而鳧鳩亦江鄉水國之物故因所
見以寓意若子夜則女子名也又有江
南曲黃竹子歌江南弄採蓮曲採菱曲
其初皆吳人田野之作後乃用諸大樂
氏故今皆入樂府以音擅于天下按諸
曲之音可以驗風氣之淸嘉矣大凡五
音惟商最淸故子夜江南皆入商調餘

可類推今之竹枝雖鄙褻不足道然亦有三緯之遺意焉有先以欸乃發聲而後歌者有既歌而以欸乃爲餘音者其聲清遠其意悽愴亦自率乎性情之真今之樂猶古之樂殆謂是歟右聲歌

古稱吳爲東夷其言鴃舌由今觀之則有未盡然者大抵語必有義最爲近古如相謂曰儂隔戶問人曰誰儂應曰我儂視之乃識曰却是你儂指他

人而稱之曰渠儂　湘山野錄記錢王歌云你輩見儂的歡喜在我儂心子裏謂中州人曰傖周玘曰害我者諸傖子也陸玩曰幾作傖鬼顧辟疆曰不足齒之傖宋孝武目王玄謨爲老傖言寧可曰耐可音如能可漢書楊越之人耐暑註與能同李太白詩耐可乘明月又耐可乘流直上天皆讀如能言人胷次不坦夷遑獨

見以迕人者曰奊奊音如列挈漢書奊奊而無志節言人不慧曰獃音如僮范成大有賣癡獃詞言人猶與不前猛者曰墨杘音如眉癡皮日休反招魂土瞍眛而下墨杘言人蘊藉不躁暴者曰眠娗音如緬忝出列子言人進退不果曰佁儗音如熾賦司馬相如賦仡以佁儗柳子厚夢歸賦紛若倚而佁儗兮問爲

何如曰寧馨音如寗莫志作能非亨山濤見
王衍曰何物老嫗生寧馨兒駡人曰老
狗漢武故事上嘗語栗姬怒弗應又駡
上爲老狗詈小兒桀猾不循理者曰雜
種晉書前燕載記贊曰蠢兹雜種奕世
彌昌見人有不當意者曰看嘴鼻金史
宋破金泗州守將畢資倫不肯降繫獄
十四年及盱眙守將納合買住降北望

哭拜謂之辭故主資倫見買[illegible]罵曰國家未嘗負汝何所求死不可乃作如此嘴鼻也言人聆言不省曰耳邊風杜荀鶴詩百歲有涯頭上雪萬般無染耳邊風物微暖曰溫暾王建宮詞新晴草色暖溫暾白樂天詩池水暖溫暾人有病曰不快華陀傳體有不快起作一禽之戲言人疎朗曰不耐煩庾炳之傳爲人

強急而不耐煩曰不潔曰鏖糟霍去病鏖皐蘭下註云盡死殺人爲鏖糟蓋血汙狼籍之意詬人傭工曰客作三國志焦光饑則爲人客作飽食而巳呼女子之賤者曰丫頭劉賓客詩花面丫頭十二三男女冠笄曰上頭花蕊夫人宫詞新賜雲鬟使上頭草木稺而初萼者曰始花音如試月令桃始華蟬始鳴註皆

去聲言人戲擾不已及作事不循理者曰嬲音如裹嵇叔夜書嬲之不置鄙人營生曰經紀唐太宗勑滕王蔣王曰滕叔蔣兄自能經紀不須賜物鄙人之庸賤微薄者曰小家子霍光傳任宣謂霍禹曰使樂成小家子得幸大將軍言曰間小食曰點心唐史鄭傪夫人云我未及餐爾且可點心言人作事無據者曰

没雖當又曰没巴鼻蘇長公詩云有甚意頭來富貴没些巴鼻使奸邪言人虛僞不檢者曰樓頭蓋宋時臨安何家樓下多亡賴以濫惡物欺人其時有何樓之號樓頭者何樓之惡魁也謂事曰事際南史王晏專權帝雖以事際須晏而心惡之謂罷曰罷休史記吳王謂孫武曰將軍罷休語非功詞曰蹇楚辭以蹇

爲發語聲此則以爲語助也問何人曰遐箇詩云遐不作人註云遐何也假人而姑警諭以何之曰受記見夷堅志又如謂虹曰鱟謂巳然曰哉謂嬉戲曰薄（莫志作孛）相又如以秀爲鯽濡以團爲突欒以精爲鯽令是以二字反切一字以成聲也此方言也兒音若倪則支韻入齊羨音若岡則庚韻入陽又音若異則宥

韻入寘拏音若拏則虞韻入麻呼小兒爲拏兒拏子孫也此方音也莫志又以來音若釐則灰韻入支今不盡然或古有之而今改耳右語詁

吳江縣志卷之十三

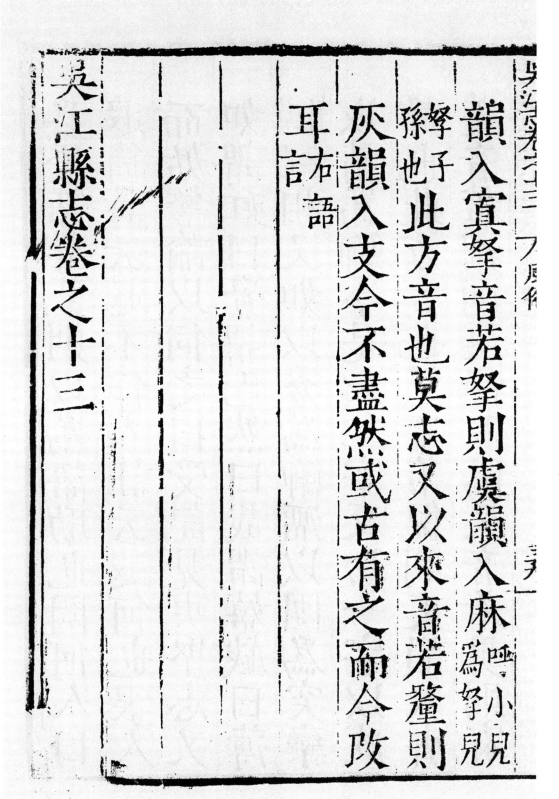

吳江縣志卷之十四

典禮志四

典籍表

梁

玉篇三十卷

輿地記三十卷

建安地記二篇

符瑞圖十卷

顧氏譜傳十卷

分野樞要一卷

續洞冥記一卷

玄象表一卷

顧侍郎文集

通史要畧一百卷未就

國史紀傳二百卷未就　並顧野王撰

晋 張季鷹集　張翰撰

唐 松陵集　皮日休輯

宋 松江集　孫覺輯　石處道增輯

松江續集　范成大輯

拙菴雜著三十卷

拙菴外集四卷　並趙磻老撰

唱道野集　王伯起撰

論語集解

古今語説

王信伯集四卷　並王蘋撰

尚書傳

春秋傳

禮記傳

漢唐論

步里客談　並陳長方撰

春秋類書

拙鄉居士集　並王詡撰

時齋集　沈義甫撰

野客叢書三十卷

巢睫筆稿五十卷　並王楙撰

春秋讞議

貞白英華集文

水雲清嘯集詩　並王原傑撰

張清夫詩集　張淵撰

漁唱稿　朱良實撰

松陵續集　朱良實輯

樵唱集　朱鳳撰

儀禮註　顧諒撰

朦菴集　丁敏撰

湘山樵寓集　蕭規撰

詩義

論語提要

史學提綱

守約集　並吳簡撰

吳樵稿　鄒奕撰

嘯古集録　盛應發撰

韻書群玉

滴露齋稿　並盛輿撰

儀古集　凌昌撰

臞菴稿　梅鼐撰

大明

雪區稿
霞外集　並吳復撰
寄翁集　朱應辰撰
桃溪集　吳顒撰
仲易詩集　徐衍撰
釣鰲集　陶振撰

陶菴集　張燾撰

原道詩　盛逮撰

西齋集　沈澉撰

東村詩稿

北征集　並莫禮撰

澄菴集　何源撰

東溪集　並謝常撰

桂軒稿　梁時撰

噫餘集

盛御醫集一名流光集　盛啓東撰

同里先哲記

蒙菴集

歸田稾　並吳驥撰

盟鷗集　盛偲撰

家禮節要一卷

日記六卷

嘉魚志三卷

石湖志四卷

由菴集十九卷

詩文集二十二卷　並莫震撰

易齋稿　尹寬撰

休休翁集　盛杲撰

歸閒稿　何昇撰

學鳴集　汝訥撰

新昌志

吳江志

石湖志　並莫旦修

貞孝録

鱸鄉集　並莫旦撰

小雅日鈔

禮疑

禮纂

西村集

西村雜言　並史鑑撰

平望鎮志

楓江集　並曹孚撰

傳響集　崔澂撰

來齋集　汝泰撰

管窺集

默菴集　並吳億撰

居易稿十八卷　宋文昌撰傳入本例延黄業身

月橋遺稿　姚明撰

仰高集　宋恩撰 文昌之子

笑菴集　僧靜可撰

半江集十二卷　趙寬撰

懶溪集　吳棃撰

好齋集　王哲撰

古直稿　沈愚撰

吳尚書疏議

治河通考十卷　並吳山撰

維石奏議　吳巖撰

漁菴集　趙宏撰

讀易日記

周恭肅公集　並周用撰

浮浮集　張源撰

同川集

宋元遺事

四禮規　並陳理撰

茶谷集　黃喬撰

陸田遺稿　周相撰

尊江存稿二卷　張銓撰

水西諫疏二卷　沈漢撰

曹縣志

說鈴

九華集

東行集　並陳策撰

榆村稿　李炫撰

寓衡稿

續衡稿　並李濟撰

同里志　李⿰王賁撰

南船紀

牧越議畧

吴江水利考　並沈啓撰

心學纂言　沈應元撰

少虚山人稿　沈察撰

食品集　吴禄輯

周[illegible]演義十二卷　徐師曾撰

奇門纂要

遁甲全

七元禽演

並沐撰

吳江縣志卷之十五

典禮志五

祠廟

盛將軍廟在盛墩祀吳司馬領濠寨盛斌斌事見名宦傳中卒葬於此故邑人即其墓置廟建置無考

昭靈侯廟祀唐李明明太宗第十四子初封曹王後爲蘇州刺史有惠政梁開平

四年封昭靈侯廟在縣治東北唐先天二年勑建宋元符三年知縣石處道修

處道自撰修廟碑

元符三年春正月上以盛德即大位旋乾轉坤一正造化號今風動巍巍煌煌窮廣極袤有知無形莫不被服其寵光而翺翔乎和氣凡天下神祠列於祀典者必命有司致祭而修完焉吴江昭靈侯廟内腐外毁左支右吾偶形繪容缺滅弗備春秋薦享亦不復設名在實廢禮甚易而人莫行大恩既降協於輿情廼鳩群材廼會衆工官給其費私獻其力革陋爲壯除敝以新門廬潔嚴儀像赫赫幽秘恍惚若憑而安考於圖記乃唐曹王明太宗第十

四子也善飛白鳥迹書見稱於時謂露
中爲蘇州刺史遺惠餘愛民不能忘先
天二年始立此廟有黄蛇居其中人益
異之水旱疾癘是禳是祈罔敢或怠而
舊無碑刻俗失其傳朱梁開平間淮寇
圍蘇州甚急錢鏐禱之輙自潰去江表
以寧既而奏其事乃以爲漢臣而封此
侯爵豈褒顯之意歟蓋廟食於縣境几
十有二號曹王者七李明王者五去唐
未久載籍具存而時代之差以近爲遠
稱謂之謬或斥其姓名嗚呼修廟之歲
霖雨霑足江湖不溢土田加闢年穀大
穰於是邑之僚吏鄉之耆老皆以爲祀
事不可以不舉也故脩禮以格之名號
不可以不辯也故論其民而正之本末
不可以不紀也故摭其實而書之於以

頌上德之萬一而揚神休於無窮其辭曰皇帝正位浩浩其仁升日之旦發天之春隆恩誕敷流載溢覆于明于幽罔有遺漏具區之旁松陵之墟霄澄壤潔神靈是居有唐曹王太宗之季舊裝斯人人懷其惠聖政伊始嚴祠孔新禮舉名辯昔屈今伸報稱維何盻響貢祉禰億萬年陰相宸扆今攺衍慶

昭靈觀侯像今廢互見寺觀類俗傳侯爲本縣城隍之神謬也又震澤鎮雙楊市名曹王廟初建無考元時此廟特著靈異歟至元十七年市人重建沈義甫記

村號李明大王廟胡店村號李社明王廟合路村號合應明

王廟龐山村金涇村貞龍涇村江澤村蘆墟村陳思村名李明之王廟塔村各有廟

夏侯廟在縣治內建置無考今廢

王益祥祠在學宮內建置無考今廢

三賢祠祀宋王蘋陳長方楊邦弼事見儒林傳中祠在震澤鎮宋寶祐元年邑士沈義甫建元至正中設教諭以主祠事未年燬於紅巾里人沈善長遷之思范

橋左大明天順中廢嘉靖十五年太學生沈嘉猷重建置祭田三十畝春秋祀之

知縣張明道重建祠記

仲尼肇兖濟之間於堯舜禹湯文武周公之道祖述憲章淑諸人以推於天下後世當時景從者鄒魯陳衛達於鄭宋曹許而下彬彬相望以振於中原吳在南服惟子游崛起而北學中國考之答述問難自所立言者精約簡當稱之者謂一所諸次於曾參向吳一人而已予嘗次一游上國孔門弟子祠廟所禮祀郕滕薛之小而大及於齊晉登豆行舉即地而分崇之皆冉閔之流也句吳南服巨區子游之外無聞焉程氏兄弟得千載不

傳之緒能排衆議潛心伊洛以妙洙泗淵源之精延平上蔡之區朱謝楊游諸公皆殊望於中原也於吳至北宋猶未有得所學於上國獨王氏信伯系本劍南福清而先甫仲舉來居震澤句吳人也以先世近羅浮於中立仲素得其緒餘而有所決擇款慕爲伊洛高弟於春秋之學能精研其微辭奥義及晚年作論語集解古今語說亦宋之子游也實祐間南康山長沈義甫建明教堂祠之配陳公長方楊公邦弼至元世立教諭一員主祠事後燬於紅巾里人沈善長復遷其祠於思范橋左淪湮迨今而宗系散處予同年文選郎王祿之名穀祥其的裔也學承私淑而祠貌於家松陵沈給諫之冢嗣嘉猷惟良學有所見以

朱程爲正悵古今得所學之正者吳之兩世子游信伯而已復振前緒去浮屠遺址建三賢祠宇主信伯而以陳楊二先生侑奠外捐腴田三十畝充春秋黍龠牲豆之資求記於予予嘗遠謫南荒轉秩松陵而吳俗之向往亦庶乎有所聞也吳之科第振天下未必皆知朱程之學爲正財賦甲於上國規規畦角粒之間未必皆脫然而無所係吝也惟良傑然於學無所惑而崇德莫侑無所因而能損其所有亦可謂拔於流俗而漸及於衆且遠也或者疑程朱所得與著述表章在海宇信伯登崇在鄉賢今亦不贅乎噫吹佛氏之燼而起象山之高恣者盈天下坐伊洛爲支離壞世教不淺矣能於信伯所得於伊洛者摩端

使趙開記

今上皇帝車駕南巡駐蹕松陵之梅墩乃於整飭六師之暇特念聖武布昭乎遐邇王靈丕振於華夷四海永清萬姓悅服悉本於天地山川神祇之所佑相爰恭行柴告東方之禮崇建嶽廟於梅坡之艮隅中立正殿三楹奉嶽神像翼以兩廡衛以石垣仍於殿之西壖力加畚築搆齋堂庖爨湢室凡三十餘楹以為道衆祝釐居守之所群工告成皇上喜率百僚詣殿庭載瞻載拜奠以玉幣精虔有加而神亦恍若降臨於綵雲香靄間靈斿繽紛鸞鶴迴旋風日交暢而焄蒿悽愴之天悉萬姓崩角稽首之地神人協慶福有攸歸皇上乃命臣開為之記以詔後爰序續如右而系之以頌曰於赫有宋享有中國河嶽

效靈翼翼我皇極泰山有神永奠東土茲翼聖駕陟降斯所帝乃曰都盍享以祠基殿妥靈皇釐是資磐石宗社萬古弗沕佑我生民蕆蕃黍稷麗牲有碑帝命勤動後有式者尚考斯文元至正二十四年徐安鄉捨地拓之大明正統四年道人陳[redacted]重建正德八年燬道盧士周[redacted]再建御史無錫朱紘記

壚村建置無考今廢皆有行宮

龍母廟祀陽山白龍母也郡志載宋胡偉碑文云相傳東晉隆安中繆氏女因出歸途日暮天欲雨忽遇老人詢姓氏君

主祠事　大明洪武二十九年革

張王廟俗稱賢聖廟在縣治西北永定橋東元至正十二年建

慧感夫人祠在聖壽寺中郡志云梁衛尉卿陸僧瓚嘗捨宅爲廣德重玄寺即今郡城承天寺有女不嫁經營其事既死祠於寺之東廡宋開寶中吳越錢忠懿王俶朝京師道出吳江大風幾覆舟見女子拯

之自言郡重玄寺之神元符中郡中禱
雨有應奏封今號郎護伽藍神也
顯應行祠在聖壽寺西廡元至正十二年
建神姓李名禄長興童莊人俗云列職
祠山宋嘉定中加封王號
文昌梓潼祠在儒學內初建無考　大明
正統十三年重建成化五年提學御史
陳選葺

順濟龍王廟在長橋南宋紹聖初知縣江
躋建武夷翁挺記紹興十五年賜額安
惠元至大四年僉行宣政院事甯居正
重建內有陽山龍母慈惠夫人祠
關王廟祀漢壽亭侯關羽在南門外　太
明嘉靖[redacted]年鴻臚寺丞吳滂建
玄壇廟在純陽道院神姓趙名朗字公明
與關羽同時人即趙雲子龍之從兄弟

也建置無考

靈順行祠俗稱靈官廟奉婺源土神五顯靈官在醋坊橋南初建無考　大明洪武十七年接待寺僧重建中有華光閣

蘇將軍廟又名蘇大司馬廟在莫舍村神名建置俱無考中有石塔高三丈許

吳京忠義廟在譚塔村初建無考其後張巇重建

聖姑夫人廟舊傳晉王彪二女長號聖姑次素姑常著屐涉水而衣不沾濕相繼卒人以爲靈而祀之廟在邵昂村初建無考　大明正統十四年里人許十贍重建又江澤村亦有此廟

三姑廟在朱村

白馬王廟亦在朱村又半墩村亦有此廟

張使君廟在栖胥村

簡城王廟在簡村

蘇王寶志作司馬王廟在韭溪

陳王廟在充浦村又芧塔程林二村各有廟

吳王廟在吳溇村又小坊清澤宋墓諸村各有廟

吳溇廟在儒林里

諸葛武侯廟在薛步村初建無考後侵於

民　大明正統中縣丞柳臻復之丞相祠堂在蜀中何年刱建太湖東曾煩先主垂三顧遂使孤臣守一忠此日昭心匡社稷至今洒淚泣英雄黎民輿感重修餙恭祝威靈保歲豐又荒浦村亦有此廟

周瑜將軍廟在七都

馬王廟在半浲村

周王廟亦在半浲村

蕭王廟在馬賦村

蛇瀆王廟在曹村

雲仙廟在雙楊村姊妹四人俱成仙初建無考　大明弘治中吳湎重建

高城王廟[illegible]在蠡澤村又馬賦郡志作馬城非後婕

外倚倚塔[illegible]村各有廟

南嶽廟奉南[illegible]衡山之神在十四都宋乾道中建[illegible]明永樂十九年里人丘繼宗修

大布明王廟在章奧村又蒜墟村亦有此
廟

蘇曹三將軍廟在後宫村

郭將軍廟奉唐汾陽王郭子儀在嚴墓村
中有祠山行祠

徐陳王廟在下莊村元至正中道士鈕景
蘭建　大明正德元年燬道士錢守真
重建

頭基王廟在檀丘市又平望鎮亦有此廟

金城王廟在吳涇村又桑盤村亦有此廟

陳許王廟在章塔村初建無考　大明洪武十五年重建天順七年再建

開潮元志作湖寶志作野王廟在范瀆村

徐王廟在富墓村

麋城王廟奉麋王郡志云麋王與越王遥戰越王殺之麋王無頭騎馬還武里乃

死因立廟於儫塔村
四明王廟在郭澤村又前後庵村各有廟
世子廟在半墩村
老子廟亦在半墩村
張羽林王廟未詳處所右私祀
徐師曾曰余志祀典而事神之禮備矣
復有祠廟則私祀也祀典稽諸邦禮私
祀逹乎人情惡得而廢諸然自盛將軍

昭靈侯三賢秦太尉數祠之外率多淫祀如南嶽之於湖廣東嶽之於山東龍母之於陽山老子之於真源武侯之於南陽關羽之於解州周瑜之於舒州趙朗之於真定子儀之於華州諸神廟食諒各有所令槩祀之豈不詭於非族之訓乎又如昭靈嘗爲蘇州刺史郡中祀之正也或諸邑一祀猶之可也乃至一

吳江縣志卷之十六

典禮志六

寺觀

叢林寺二十有一

聖壽禪寺在縣治西北延壽坊内故名北寺吳赤烏中建梁開平三年重建改興寶院晉天福七年僧志昇再建宋天聖二年賜今額建炎中燬於金兵淳熙三

年知縣趙公廣重建建陽陳武子記紹定三年僧德順增建觀音殿元至正元年再建 大明洪武中僧慈雲重建爲祝 聖道場十年設僧會司內有 制勑符驗皆 太祖 賜慈雲物也舊有鐘樓後廢中有[illegible][illegible]宅焉一區今多割爲居第歸併寺一蓊尤

大明崔澂登山亭

[illegible]山亭最高處登眺一徘徊明月邀未至好風先自來林深幽鳥哢地淨瑤花開薄暮鐘聲起遠

公猶未回

報恩禪寺

在庶村唐大中二年顧文通捨宅建宋慶曆中僧玄實重建　大明宣德中僧良璩再建

明高啓張憲報恩禪寺風雨聯句詩

大盲風簸天與憲凍雨翻海瀉魚蝦落半空啓蛟龍鬬中野勢吞九河黃憲功潤千里榦怒疑決沙囊啓振訶擡屋瓦橫行天兵馳憲大笑電女哆乾坤發生多啓道路暍死莽潦漲瀁濤川憲早去滅煙野谷號覓誰嘘啓木撼不自把神靈亦恍惚憲造化非勞且初占月離畢啓又駭泗没社必變其聖乎憲弗迷惟舜也陛岑氣如炊啓高葉聲若打陽烏翰不見憲乾龍

崇咎啞重翳晦復明啓餘點歇還灑
雖悅灌園人憲應慈渡江者侍王笑
楚賦啓及我慙周雅避思泰山巔憲
戰憶昆陽下旣霑想大田啓廣庇思
臣屢桔橰向晚停憲統扇末秋捨亂
號官私蛙啓莫辯來去馬卧驚浪喧
耳憲歸恐泥沒躁勿憂穫茅屋啓且
喜慰蘇若民斯歲有登憲國荷天錫
暇沛澤宜載歌啓
新篇試姑寫憲

西隱菴　在縣治西西南元大德八年僧志愚建久廢

南思菴　在九都元至治中僧正高建今廢

壽寧菴　在十一都元至正中僧能敬建大明正統十年僧宗密易地重

建初併普濟寺今併本寺

陳菴在十四都元大德中僧明鏡建大明正統六年僧宗圓修初併普濟寺今併本寺

觀音亭在十八都元至正中僧曇禎建大明宣德中僧一貞修

南渡船菴在外考尖元至正中僧普慧建大明正統八年僧曇祐修

百婆菴元大德中僧普寧建有老嫗百人績麻助役因名大明正統十年僧道訓修嘉靖十八年廢〇以上俱在二十五都

積善菴 郡志作積慶誤也在二十六都宋咸淳中僧智通建

清隱菴 在二十八都元元統中僧良錦建 大明洪武十四年僧如淨重建初併法善寺今併本寺

無礙講寺 在縣治右常樂坊西故名西寺梁開平三年僧本遂建晉天福七年賜額華嚴賢首教寺宋建隆三年吳越忠獻王嘗浴於此改今名紹興二年僧宗印邑人宋鄴重建 大明正統九年僧

文旭再建成化二十三年僧明亟增建藏殿宗訊增建閒雲樓歸併菴七

宋孫覿

普賢應夢記

西方有聖人懸隔山海在中州千萬里之外累數十譯不能通而學道之士秉心端嚴不入諸相一念會起遂撫四海於俛仰之中矣余嘗過松江無礙院兵火凋殘寺之入於草莽者十九獨有普賢一堂像設中峙將再輪奐之飾炳然余問其故僧曰邑人宋姓者營築此堂爲公媼追福之地夢一大士戴華冠被珠珞乘白象手執如意而翁媼導其前神清安隱蕭散如平生不見留滯冥莫幽陰之態既寤歎曰此普賢菩薩也於是敬信之心日以精進又圖

其像於家事之益虔道俗咸共瞻仰焉余聞惟聖人而後知死生之説鬼神之情狀人子念親屬纊之後影響昧昧然不知其所之也歸依佛祖涕淚請救援之火宅爲清凉山出之苦海爲極樂國解六結爲解脱門破十習爲無上道諸佛起感示現神通起幽作匿捷逾響報無可疑者答曰如是請書其本紹興二十年歲在庚午五月望日記

和倪庶叔韻

蓮院牡丹詩

霜氣稜稜草木窮花王忽綻幽欄中鮮妍首作三英端裁剪何須二月風芳艷已依銀色界清香不斷白蓮宮出礎品格無雙譽珍重人天造化功

壽堂題用禪師方丈壁

我到雲房是有緣坐移蓮刻聽禪詮江邊異日人應記吏部曾來見大顛

集善菴在縣後仙桂坊內元至元中僧普照建　大明景泰三年僧宗敏修今廢

真際菴元至正中僧德彰建久廢

普福菴元至正中僧法明建久廢○以上俱在一都

觀音菴在裏方尖元至順中僧興化建大明永樂初僧應增建宣德四年僧道淨修教諭吳驥記嘉靖二十年僧志高募修

北渡船菴大明洪武五年僧道印建今廢○以上俱在二十五都

西渡船菴大明洪武三年僧普明建

雙井庵宋淳祐中僧大熙建。以上俱在二十六都

寧境華嚴講寺在東門外東晉大明元年梁衛尉卿陸僧瓚捨莊僧嚴建名華嚴院東魏太平元年姚製重建晉開運三年僧弘佐增修宋元祐四年邑人姚得瑄施錢四十萬緡建浮圖七級高十三丈其隣舊有寧境院紹興五年僧從了捨併爲一賜今額並存二院之舊也時

有僧慧壽拓址增建建炎中浮圖圯邑人鈕氏修元至正二十四年燬於兵二十七年僧繼重建　大明永樂初僧文錦修十三年僧文炯重修增建西方殿進士吉水曾令得記正統一十年僧會智廉重建成化十六年燬僧祖蘭再建中有潮音堂西軒西樓今爲祝　聖道場歸併寺一菴七

宋張景修潮音堂詩　安得并刀剪半江詩翁吟

就筆頭檣過橋漁艇初收釣傍水僧軒不下窗南北虹垂具區闊東西雲起洞庭雙道人施食心無礙龍鬼應須向此降

元王蒙西軒詩

步躡霜沙入梵宮一軒佳趣屬支公剩開青瑣延明月疎植修篁待好風笠澤波聲春雨裏洞庭山色夕陽中江頭景物牢籠盡欲寄琴樽此養蒙

楊維禎西軒洗竹詩

華嚴寺裏斷雲師許我來題洗竹詩未論竿頭能進步且教節外莫生枝定回午夜秋聲滅經罷西軒暝色遲從此一塵無染著歲寒惟有此君知

成廷珪宿華嚴寺斷雲院詩

斷雲老師如斷雲無心舒卷自氤氳空山與之結爲侶遠道也堪持贈君黑夜雨隨龍聽法青山風引鶴同群江湖我亦忘機者半榻今宵喜見分

又明周用與同年曾別駕登塔詩北極闌干近憑高復愴神此心慚狗馬終日戒風塵白浪三江遠青煙萬屋貧懷人徒駐目何處問迷津

華嚴詩三江臨古寺真界逈囂塵看竹嘗過院山僧莫厭頻微風傳夕梵疎磬落寒津師肯開方便吾將寄此身

又重過華嚴寺題禪房菴壁詩幾年江上寺貧病往來稀夜雨花猶落春風燕復歸山僧方出定野客久忘機一啜巵中茗殘陽半竹扉

圓明禪寺舊在二十三都西車溪傍宋乾德中僧月覺建　大明洪武二十九年衍慶菴僧蒙極捨基拓建并菴爲一永樂初僧德城　奏請今額十五年僧宗與重建後廢正統初僧祚移建於二十都盛澤村俗稱

白馬寺正德十一年僧如瓊修嘉靖中僧壽源捨地拓之歸併菴一

元吳

復遊圓明寺詩

不到禪宮二十年庭前古栢已參天衰容自哂多華髮故舊相逢亦白顛勸客新醅春未煑留人苦茗夜重煎一窓風雨催歸興好向溪頭問釣船

大明高啓圓明寺訪圓山人詩

憐君不出戶結屢與僧同陰竹行廊遠香花掩殿空飯分齋鉢裏書寄藏函中茶宴歸來晚西林一磬風

迎恩菴在北門外顧公祠西北俗呼三里菴宋咸淳中祖遇祖建大明正統十二年僧恩宗修中有聽江軒嘉靖九年廢

土地菴宋端平中僧善淨建

茂靖菴宋端平中僧祖安建今廢○以上俱在二十五都

資恩菴宋景定中僧祖恩建久廢

吉祥菴宋咸淳中僧智寂建　大明宣德八年僧宗恩修今廢

報親菴莫志謂以親作恩元延祐中僧道信建久廢○以上俱在二十六都

南清隱菴在二十八都元至正中僧曉耕建　大明正統六年僧祖昌修今廢

慶壽菴在二十都元至正中僧本厚建大明成化二十年僧圓證增建西雲樓嘉靖十三年僧慶鎮修有續燈記趙寬撰初併殊勝寺今併圓明寺

接待禪莫志郡志並作教寺在東門外南津口俗稱南寺宋紹興十二年僧慧觀建紹熙二年僧寂照重建名承天萬壽禪寺元至元二十年僧正壽再建改今名　大明景泰二年僧湖濱重建內有祝壽放

生池具區一覽樓中書盧儒記歸併者

二宋羅處約詩漁翁沙鳥傍廻塘携印閑吟遠寺廊遠遠岫不離青草渡片帆時過緑苔墻風狂林木生清籟日暖漣漪動畫梁張翰思歸應有意幾多屏障水爲鄉

王禹偁詩松江江寺對峯巒檻外生池接野灘幽鷺静翹春草碧病僧閑説夜濤寒晨齋施笋惟溪叟國忌行香只縣官晝日門前照流水濯纓無便對闌干

以上三詩郡志誤録聖壽寺下

劉壽詩江滸收帆試倚闌目圍平野望尤寬氣吞四澤鵬搏近路入三山鶴夢寒壓曉幾思看浴日凌秋誰許傍觀瀾應憐低首邊塵客何日風枝得暫安

張[illegible]詩小檻超然著曲闌登臨聊使壯懷

寬浮天野水東南拆照座雲山紫翠寒
風定彩虹猶落照夜清紺塔卧微瀾自
公休暇宜來數寄
傲南窗膝易安

簡草菴在二都北宋淳祐中僧端建元
至元二十四年僧從圓重建
大明正統三
年僧德廣修

普慈菴在二十五都宋淳熙
中僧法崇建今廢

海雲禪寺在簡村宋陳無心建元至元中
僧明本重建天曆中賜額　大明宣德
中僧惠鑑重建歸併菴四今廢

渡船菴在一都大明洪武三年建今廢

觀音菴在二十三都元至正中僧善慶建今廢

慶壽菴宋咸淳中僧福慶建今廢

永寧菴元至正中僧智起建今廢　以上在廿六都

永福教寺在八斥祐名接待院以延四方雲水之客初建無考宋紹興二十一年僧宗澗重建通判李桴記歸併菴五

覌音菴宋建炎中僧和覺建舊志云善慶建

北隱菴宋建炎中僧覺瑞建今廢

留珠菴在卓墓村宋建炎元年僧德一建元天目洪喬祖追記趙孟頫書篆德一事詳仙釋傳中大明宣德三年僧会全修

大明吳簡寄題詩

太湖之陰決作孺招題遠接菰蒲川水上驪珠照明月門前翠竹搖蒼煙山僧讀書不生戶野衣听經迷傍船我來八月秋尚暑記得醉眠揚柳邊○俱在二月都南

崇福菴在廿五都宋咸淳中僧正修建元祐（延）元年僧全重建今廢

澄月菴在廿六都宋嘉熈中建今廢

崇吳教寺在充浦村梁開平二年僧妙義建　大明正統中僧師貞重建教諭吳驥記歸併庵十二

元錢惟善宿崇吳寺登樓望太湖詩

西望洞庭青插天蛾眉兩點秀娟娟勢翻震蕩蛟龍窟氣浸高寒牛斗躔支遁舁招過野寺龜蒙曾約種湖田倚闌不盡登臨興更駕長風萬里船

正宗庵在三都西元皇慶中僧福海建大明正統八年僧宗鼎修今廢

界福菴元延祐中僧妙圓建久廢

瑞雲菴宋建炎中僧文庚建久廢

興善菴元至正中僧一山建久廢

石溪子菴元至正中僧傑峯建久廢

寧慶菴元延祐中僧永福建久廢

積福菴元延祐中僧守約建久廢

施水菴元元貞中僧智聰建久廢

應緣菴元延祐中僧智昭建大明宣德七年僧善初修郡志誤併華嚴寺

滄洲菴元元統元年僧慧岩建初併顯忠寺今併本寺○以上俱在四

都
通化子菴在五都宋咸淳中僧子讓建久廢
福聚菴在十五都宋淳熙中建今廢
永定教寺在荒浦村宋淳熙五年僧坎堂建　大明宣德中僧祖流修正統中僧智璁重建歸併菴入大明高啓詩亂後僧何去門閒葉落時晝昏秋蠹老齋斷午禽饑罷說傳心法猶看賜額碑不知興壞理來此豈無悲

德慶菴宋咸淳中僧德全建元大德五年僧淨月重建 大明嘉靖二十六年僧福滄修

思孝菴莫志誤作孝思宋嘉泰中僧妙蓮建元至元中僧聽重建

上筌菴元大德中僧如海建

法海菴宋淳熈中僧淨月建

崇義菴元大德中僧悟了建今廢

楞嚴子菴元大德中僧志遠建 大明嘉靖三十六年僧大恩修○

以上俱在五都

流慶菴在十五都宋乾元中建今廢

江渡菴在二十六都元至正中建今廢

雙林寺在倪林里宋咸淳中僧了宗建後湖漲寺圯儒林里始興建招提倪林之人訴於有司郡將曹琝上其事因賜今額建炎中僧景宗重建　大明宣德中僧德禎修歸併菴七

妙華菴宋淳熙中僧紫頴建咸淳中僧易覺重建　大明正統十二年

僧普泓修

崇福菴宋咸淳中僧王清建今廢

巖峯菴元至正中僧海堅建今廢

吉祥菴元至正中僧道淨建今廢

普銘子菴元至正中僧崇銑建今廢○以上俱在六都

一真菴宋咸淳中僧彌芳建　大明弘治十年僧德崇增建主事郡人楊循吉記

圓照菴舊志照作熈誤也宋淳熈中僧普照建元至正中僧如玉重建

〇以上俱在八都

妙智教寺在半泽村唐開成中僧志雅建大明洪武中重建景泰五年僧文慶修中有北山堂野望軒歸併菴六今廢厥址猶存

東隱菴在充浦村宋德祐中建　大明正統十四年僧宗訊修莫志誤併無礙寺今廢

興福菴宋咸淳中僧大春建今廢

德成菴元皇慶中僧道成建今廢

遠塵菴元皇慶中僧海潤建今廢

延禄菴宋淳祐中僧如愷建

孝思菴元泰定中僧思賢建○以上俱在七都

寶覺講寺在曹村宋紹興十一年僧佛光建後燬僧元蘭重建歸併菴九詩[illegible]

山館夕飛策海城秋迹逐初來鴈情[illegible]欲下鷗晚雲黃葉渡斜日碧江流[illegible]懷思處聽鐘獨倚樓

妙峯菴　元至正中僧崇了建大明正統二年僧文欽修

崇義菴　元至正中僧德實建大明正統十年僧智實修○以上俱在八都

契如菴　郡志誤以如作順宋淳熙中僧惟空建大明正統七年僧自編修

東源菴　宋嘉熙中僧奉規建大明正統十三年僧宗軒修

正信菴　宋淳祐中僧祖圓建大明正統六年僧世堅修

善慶菴　宋咸淳中僧勤心建久廢

清涼菴郡志涼作照宋嘉泰中僧正宗建大明宣德六年僧守福修今廢

福慶菴宋咸淳中僧祖渦建今廢○以上俱在九都

思遠菴在十都宋景定中僧德興建大明正統十年僧法遠修今廢

普濟禪寺在震澤鎮宋元豐元年僧壽善建大明洪武中僧德心重建縉雲菴夢得記嘉靖中慈雲寺僧宗旺修中有石刻宋湖州太守孫覿啓珍物也歸併

寺二院一菴四**元錢惟善詩**初到湖邊寺相逢有顏師深悲十年事朗誦四懷詩高標窺春早寒燈照夜遲寧無一盃酒慰我鬢如絲

永樂禪寺在雙楊村宋淳祐七年里人周樂剛捨地僧實濟建挪貫記大明宣德七年僧煥重建成化中僧覺明增建御史黃著記**大明高啓詩**鬢髮隨鶴羽總秋零幾月江行思淛寘夜臥客舟聞詠史朝過僧榻共談經沙洲雨足蓴初紫林塢霜遲橘尚青後欲尋公會到處爾詩應在竹間亭

普向教寺在秋澤村宋紹興中僧敬道建久廢

圓通禪院莫志作寺在十六都宋景定中僧法顯建　大明宣德中僧道忠修

孝友菴宋咸淳中僧普明建今廢

延福菴宋淳熙中僧崇昇建　大明正統六年僧文達修今廢○以上俱在十都

圓覺菴宋寶祐中僧永文建　大明正統十二年僧守玄修

衆福菴宋咸淳中僧銘清建久廢○以上俱在十七都

奉先教寺在雙楊涇唐咸亨中僧雲居建

宋紹興初僧志京修　大明正統中僧志璩重建歸併院一菴七

崇慶院莫志作菴宋咸淳中僧志淳建久廢

定慧菴元至正中僧彌堅建今廢

崇敬菴宋咸淳中僧志正建久廢○以上俱在十一都

雲岫菴宋建炎中僧慶雲建莫志作文慶建久廢

圓乘菴宋紹興中僧深信建　大明正統三年僧宗志修

廣福菴宋乾道中僧鑑建　大明正統十三年僧道安修今廢

普慈菴宋建炎中僧能智建今廢○以上俱在十五都

華嚴菴在十六都宋紹興中僧友善建大明正統三年僧宗惠修

應天教寺在蠡澤村唐大中七年里人沈揆捨地僧祖生建乾符初僧超修賜名應天禪院宋大中祥符四年重建元大德中改教寺 大明永樂中僧義再建成化末僧道璿增建歸併寺一菴八

清隱禪寺在十四都宋景定中僧自新建 大明正統中賜額禪寺

僧道容重建

崇親菴元至正中僧道成建今廢

寂照菴宋嘉泰中僧永穌建按寳志寂照有東西二菴此不知其爲誰也○以上俱在十三都

流慶菴在十四都宋咸淳中僧懷葆建元延祐中重建大明景泰七年僧廣恩修郡志誤併普濟寺

添福菴宋乾道中建今廢

歡村菴宋紹興中僧梵森建今廢

圓成菴二其一宋乾道中僧録司建其一大明吳元年僧弘道修其二宋建炎中僧德一建今俱廢○以上俱在十五都

積散菴在十六都宋乾道中建今廢

明慶教寺在南麻村宋乾符中僧秘謐建大明宣德中僧善應修中有益友堂歸併寺一院一菴五

崇義禪寺莫志作院在十九都宋乾道中僧安秋建　大明宣德六年僧廣潤修

岳祠禪院在檀丘村宋嘉定中建咸淳中僧杲重建大明宣德三年僧廣潤修互見祠廟類

囑成菴在五都宋乾道中僧祖榮建今廢

普慈菴宋建炎中僧志勤建

寄隱菴莫志隱作印宋咸淳中僧震建○以上俱在十七都

時思菴元至正中僧思道建今廢

大慈菴宋咸淳中僧蔚興建○以上俱在十八都

顯忠教寺在梅堰宋王樞密祠堂也元大

德元年改爲寺僧道勝建　大明宣德中修景泰中僧法重建中有歸雲樓歸併院一菴三

戒定禪院在十九都宋淳熙中僧法授建元至大中重建久廢

善勝菴在十八都宋建炎中僧德勝建今廢

啓名菴郡志名作銘宋端平中僧清遠建今廢

復興菴元大德中僧明蓮建今廢○以上俱在十九都

積慶講寺在二十二都宋建炎元年僧戒

南建大明宣德中僧善見重建歸併

院一菴八

報慈禪院在盛澤元至正中僧本原建大明正統三年僧德講修嘉靖中廢十二年道人卜俊卽其址建江仙行宮通政崇德呂希周記

壽春菴在十八都元至正中僧大顯建大明成化十四年僧文謙修

慶福菴在十九都元至正中僧法璣建久廢

流福菴宋咸淳中僧本敬建今廢

惠明菴元至正中建大明洪武二十五年僧宗底修今廢○以上俱

在二十一都

定慧菴在二十二都元泰定中僧法輿建大明洪武二十五年僧元禎修今廢

謝天菴在二十三都宋淳祐中僧祖榮建大明景泰六年僧理徇修嘉靖十年里人張楠易地重建

會賢菴元至正中僧本原建今廢

下姚菴大明洪武二十五年僧如淨建今廢○以上俱未詳處所

羅漢講寺在黎里鎮西晉永熙元年里人

施氏捨地僧法燈建名普同院宋淳熙元年僧梵敷奏賜今額　大明永樂元年僧來與修宣德七年僧永文增建給事中松江陶育記歸併院一菴五[illegible]

寄寺僧詩 黎里人家石上緑華歸來[illegible]古林泉夢回竹擲聽猿嘯定起松韵[illegible]鶴眠暇日每留香積飯長年不離菩[illegible]禪老夫亦是幽幽者久欲相尋共釣絲

梵光院見寶志建置未詳今廢塚址尚存

無明菴郡志明作名宋皇慶中僧普明建莫志作起華建今廢

永安廨舍。元至正中僧起華建今廢。以上俱在二十三都

奉先菴宋咸淳中僧妙觀建大明正統十年僧普照修今廢塚址尚存

圓通菴宋淳熙中僧廣建今廢。以上俱在二十四都

永興菴未詳處所元至正中建今廢

殊勝教寺在平望鎮鶯脰湖之濱宋治平四年僧如信建元豐七年重建建中靖國元年蔡京趨朝過寺適信徒法昪書

華嚴經見京以寺額爲請京問書經至何品云至殊勝功德品京笑曰是宜名矣政和中京當軸遂奏賜今額建炎三年燬於金兵昇遂閉關十五年誦金光明經日三百部積五十萬部**法界誦經頌**我誦光明經自得三昧力舉起便周圓何用高聲覓一日三百部日輪猶未出見者總生疑我自心堅實乃克再建貢士孫銳記　大明正統元年僧宗式重建楊稽記嘉靖

三十四年燬於倭兵前有望仙亭互見公署類

歸併院二菴十

顯慶禪院在三都西宋紹興中僧滋榮建久廢

大士禪院在二十三都西宋淳祐中僧圓立建大明宣德二年僧宗瀛修今廢

善慶菴又名法華懺堂宋咸淳中僧可洪建大明洪武十一年僧嗣興重建正德十二年僧道璿修

骨池菴元至元十四年僧善瑩建菴南有蓮花池鄉人無葬地者皆水

葬其中故名至正中僧琇奏請賜額
圓照又以四面皆水波瀾在目故又
名曰瀾洲大明宣德八年僧德銘
修太常卿嘉興呂常撰記其事景泰
二年僧大霦重修大[illegible]開[illegible]遂
東風觶釣槎紅闌開傍白鷗沙■■際
也悟無生法綬步長廊寧散花■虛
詩不到目瀾洲何甚■時[illegible]聞瀾洲水
中央四面■如鏡忽然微塵起藹坐
水不靜僧作如是觀心目自寧樂不
爭與不覺乃是靜者性若作如是藝
靜業中大病不若及不蘭字與音不
變今人無多議我詩與印正■自瀾
議是木蘭洲我夢時時一瞬遊今日
問僧方証定滿家水竹似
丹止口以上俱在二十都

啓名菴在二十一都宋咸淳中僧華義建今廢

妙德菴宋咸淳中僧妙顯建久廢

德海菴宋淳祐中僧贊通建久廢○以上俱在二十三都東

化成菴宋咸淳中僧慧通建莫志作永福建久廢

乾元菴元至正中僧祖善建大明正統五年僧宗鼎修今廢○以上俱在二十三都西

奉親菴宋咸淳中僧嗣徹建久廢

渡船菴元泰定中僧明心建久廢○以上俱在二十四都

正覺菴在二十六都元至正中僧志林建　大明景泰二年僧善皎修

今廢

法喜教寺在九里村唐武德中僧西遇建後唐長興九年統軍趙某重建名崇福院宋大中祥符元年賜今額　大明景泰元年僧寧再建成化六年僧道際修教諭吳驥記歸併院一菴七

元謝應芳寄聞[illegible]伴題僧法喜寺詩　客來喜得平安信蕭寺樓居日掩扃湖近浪摇窗影白地偏苔

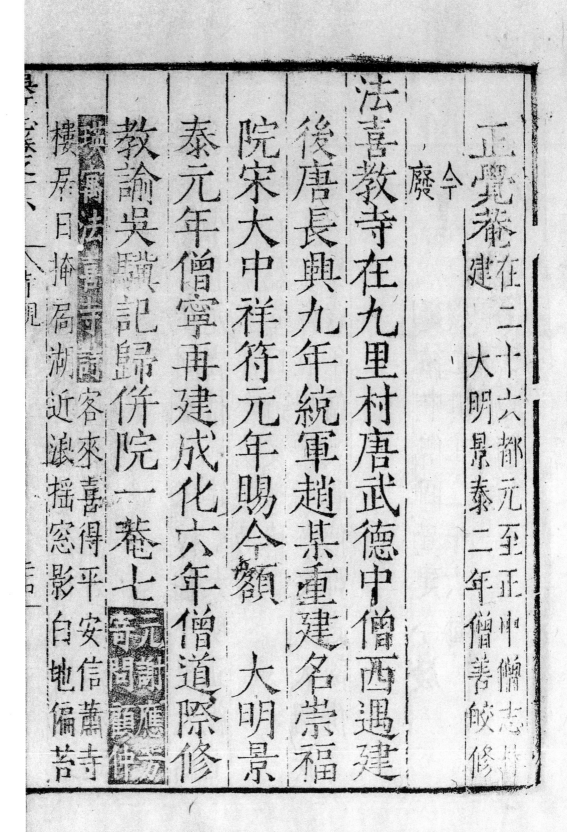

沒履痕青群賢方結蓮花社小楷尤鈔
貝葉經歲晚歸舟經甫里好尋漁父過
寒汀

慧日懺院在同里鎮宋淳祐中里人馬
元吉捨地建 大明正統七
年僧寧重建今改報功名
宦祠扁堂曰遺愛陳椿記

西歸菴宋淳熙中僧明菴建 大明景
泰六年僧文聰修郡志誤併聖
壽寺

圓明菴元延祐中僧圓覺建今廢
○以上俱在二十六都

普渡菴宋淳熙中僧
淺山建今廢

普濟菴宋淳祐中僧道成建今廢
○以上俱在二十七都
普同菴初建無考宋治平中僧道成重建今廢
南印菴元至正中僧可忠建今廢
北清隱菴元至正中僧了然建今廢○以上俱在二十八都
泗洲教寺在蘆墟村唐景龍二年建宋開禧中僧法行重建紹定中僧清杲修元至正中僧文玖重修　大明永樂中僧道璿再修正統中燬景泰中僧道珩重

建天順元年又燬弘治十五年僧慧鑑
再建趙寬記歸併菴七大明易恒詩幽尋林壑間春暝護禪關到寺過眉杖開門對面山燈傳青書永僧與白雲閒欲覔泗洲老高風詎可攀又開寺僧中彥翻經書掩關禪心秋水觀詩景夕陽山鶴下松雲破鹿眠苔徑閒老尋棲息地着意欲追攀

南詢菴元大德中僧普照建大明正統十三年僧覺寧修

德慶菴元至正中僧從善建久廢

流慶菴元至正中僧智福建○以上俱在二十八都

錢墳菴宋紹興中僧普盛建大明宣德七年僧可襲修嘉靖十六年廢

善聚菴元至大中僧原海建大明正統八年僧良琚修今廢

法華菴元至正中建大明洪武中僧妙淨修

圓通菴元至正中僧淨心建今圯

○以上俱在二十九都

別寺院十七

壽寧教寺在湖墓村建置無考今廢[illegible]

李繼本詩

鳴雨過青暐罷[illegible]

繞碧蘚庭空舀鶴迹江靜聽漁歌[illegible]

夏迎人少高年禮佛多飄飄飛錫處

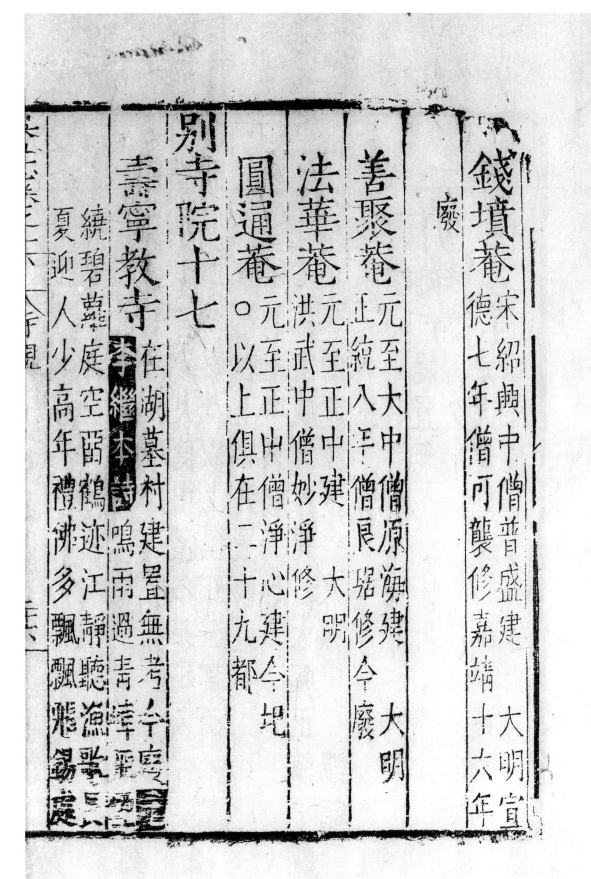

千里又

相過

明義禪院建置無考久廢

華嚴期堂元大德中僧名泉建久廢○以上俱在三都西

水月禪院在七都建置無考久廢

慈雲禪寺宋咸淳中建大明正統中僧道澤重建天順中賜額

中有浮屠

壽明教寺建置無考久廢

福田教寺元大德四年僧明琇建○以上俱在十都震澤鎮

觀音期堂在十一都宋咸淳中僧宏宣建今廢

福慶禪院在十二都建置無考久廢

通濟禪院在十六都建置無考久廢

仙林禪院在十八都西錢村建置無考久廢

明孝禪院在十[illegible]都建置無考久廢

慈尼教寺在姚田村建置無考久廢

永明期堂元泰定中僧法主建　大明正德八年僧戒珍修○以上俱在二十三都西

千佛亭在二十四都元至正中僧久住建　大明成化二年僧如真修今廢

普明菴在二十六都麗山湖濱元至正中建夜則懸燈於竿以指行舟　大明永樂中里人陳讓捐田三畝爲燈費嘉靖三年知縣王紀更名指明亭讓孫理記讓孝子晉孫也

普光禪院在二十八都建置無考久廢

叢林觀一

衍慶昭靈觀在縣治東北舊名昭靈侯廟

又名城隍廟互見祠廟類唐先天二年剏建
元至元十二年重建大德三年嗣天師
奏改今額　大明洪武中　詔正城隍
稱號於是有司奉　詔更建城隍廟而
觀額仍舊十五年設道會司二十六年
燬道士胡若拙修永樂元年道會趙宗
源重建弘治十六年住持李本清修歸
併觀二道院六

玉清洞真觀在同里鎮宋嘉定十三年里人葉資貴捨地建淳祐十二年賜額希夷元至正七年改賜今額道士黃中一增建玉皇殿里人章思忠塑飾神像大明洪武十七年道會朱守默重建增建佑聖殿宣德初住持蔡真靜再建吳巘記九年思忠子仲弘重塑神像何源記里人李永真重建佑聖殿吳巘記

瑞雲觀在韓墅村元[illegible]嘉定中里人[illegible]志寧建黃溍瑞雲觀在[illegible]吳江城東三十里所謂[illegible]澤[illegible]地[illegible]波聲蒼四望如一士氏安於[illegible]古風水木清[illegible]禽魚上下[illegible]固偃聖之然而[illegible]年[illegible]

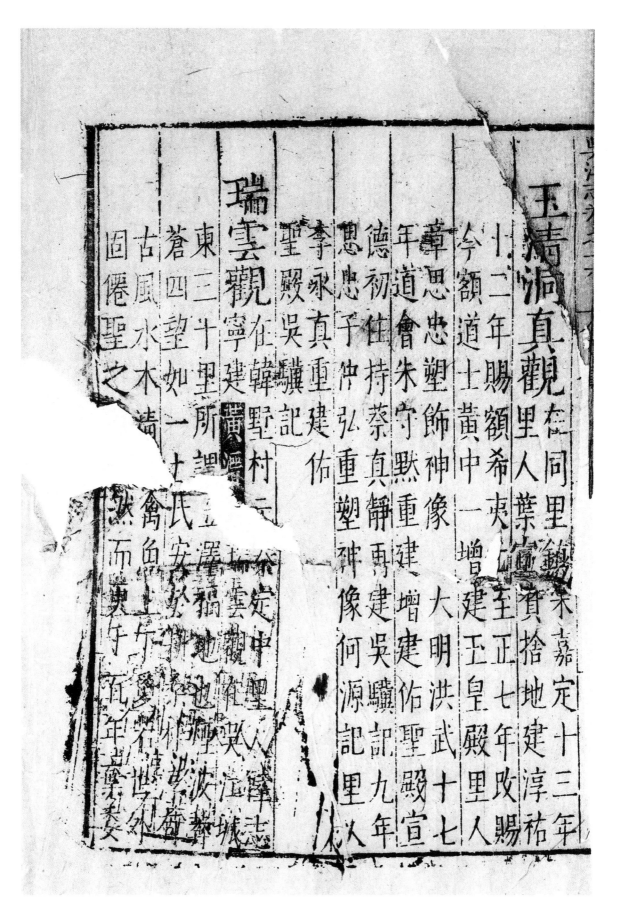

於田夫野老之手未有能啓其秘而專其勝者至元二十九年靜安陸高士始作菴其處於是昔之秘者無所伏勝者益以發紓大德九年復斥故宇易菴以觀合其徒而居焉觀之制中爲三清殿旁爲北斗玄天太乙三元別殿祠堂寢室講舍齋宮門廡庖湢次第畢備而爲役最鉅泰定二年乃告迄工爲屋以間計者百有餘繚以修垣除道成梁屬於南隸甿又割上腴之田千五百畝以資食飲百物之須其法之所宜有者無不給爲費一出於高士而高士之悉力殫慮二十年於此矣初菴之爲觀也教主嗣天師爲署今額至是所司具以觀成剡上天子特下璽書加護焉高士既

勵其徒俾勿替且飭其族之人毋敢有所侵懼後莫之考而或毀其成也爰伐石來徵文為記夫乾坤清淑之氣川融山結非有所量而儒經所錄洞天福地僅一百二十八神而明之不以其人徼幸以境與人遇而又蒙彼君師之力如此游而息焉者衎衎施施未有已也高士名志寧字景雲吳郡人中有假山號桃源大明吳寬

詩　笠澤磯頭訪瑞雲洞門高掩寂無聞重湖急雨過龍陣小塢亂石眠羊群有懷廬山陸修靜敢比會稽王右軍與客松陰論往事摩挲殘碣慨遺文今廢

崇真道院　在縣治東北元至大三年邑民沈守中捨宅道士沈真靜

建　大明正統四年道士楊湛然修
弘治十一年義官王賢重修嘉靖二
十七年道士周應祥
再修副使沈啓記

玉隆道院在克浦村宋建炎元年里人
料院許某慕許真君之風棄
官入道捨宅爲院大明洪
武十八年道士吳惟一重建

奉真道院在震澤鎮元至大二年道士
陳竹泉建大明洪武十四
年里人吳彥文修成化八年
住持倪玄綱增建三元寶閣

崇福道院在梅堰宋崇寧二年里人吳
野堂徐孟三捨地建大明
洪武十九年道士吳惟一重建永樂
十三年道士花景新再建正統八年

道士朱洞明成化十年道士沈希仁
相繼修同知汝楫記嘉靖四年封寺
丞吳棨重建
經歷管溥記

明真道院在洪里村元至正二年里人
沈玉淵捨宅道士萬弘道建
大明洪武八年
道士沈道本修

仁濟道院在同里鎮宋淳熙七年里人
金道隆建大明永樂[illegible]年
道士俞嗣宗里人吳道良重建天順
八年道士倪守真增建玄穹閣莫旦
記

別觀院十四

靈真道院在仙里橋南元至正十三年里人張玄通慕陳昉仙跡捨宅建大明永樂十四年里人吳道榮重建

高真堂在縣治西北永定橋南

純陽道院在長橋東南宋淳熙二年道士李子山建大明正統九年道士沈洞雲修

洞真觀在半涇村宋德祐元年里人謝長卿捨地建今廢

佑聖道院宋建炎元年里人吳思賢建大明洪武十一年天師張宇初扁今額宣德七年里人陸釗道士鈕永如重建

圓通寶閣宋乾道中建　大明永樂十年里人倪震重建正統十一年里人錢仲明增建文昌閣○以上俱在桃墩村

北聖堂一名衍慶聖祠在槐丘村元至正中道士沈一誠建　大明正統十三年道士陳守恭重建

朝真堂在十九都通真橋傍元至正中道士湯景和建後燬　大明洪武三年道士陳復暘重建正德八年道士徐永高奏復舊額

洞真宮在二十一都宋淳熙中道士陳守真建久廢

全真道院在黎里元至元二年道士何惟一建久廢

福德道院在上沈村元至正四年道士金悟真建大明宣德四年道士戴允真重建少卿湖州楊復初記景泰七年道士黃一中修少卿會稽陳蕃記嘉靖四十年道應祥徐師惠同修

清真道院一名玄天宮在平望鎮宋建炎中里人陳省元建大明洪武十年天師張宇初扁今額正統十年縣丞侯貴重建景泰五年里人費文進修嘉靖二十六年燬二十八年浙人童儒募建錢用商記

翊靈道院在同里鎮宋皇慶二年里人張守之建大明正統元年里人任伯通重建

玄明道院在庵村　大明洪武中里人募建正德十三年道會費本和脩後燬嘉靖四十年昭靈觀住持朱尚明重建

徐師曾曰余志寺觀並列叢林附以歸併其無附見者別志之巳廢者不削存舊額也新刱者不筆抑左道也雖廢猶詳其地慮假託也夫古之教者一而巳矣後[illegible]宗奉釋老於是其徒蔓衍而室廬[illegible]興蕭梁以來江南獨盛下迨胡元

尤爲侈濫於時一邑而二氏之宮至二千五百八所嗚呼極矣然二教並行而道宮僅當千二一此則有不可曉者豈其教弗及歟將由乎人也我　朝崇復正道漸加抑損然舊志所載尚二百有奇其無額者不與焉亦不爲少矣及今考之廢者過半則抑損之明效也然余觀乎興廢之際又不能無塵世堪哀之歎

焉若乃因以爲利而曰我崇正道則吾
不知之矣

吳江縣志卷之十六

吳江縣志卷之十七

官政志

守令表

知縣

宋

真宗咸平　王代恕 開封人贈尚書兵部員外郎

大中祥符三年　李恭 字可度

仁宗天聖

趙球 開封人家世武弁藏書最富以三班借職薦任宋以武弁爲知縣自球始仕至右侍禁

慶曆二年

李問 詳名臣傳

張先 字子野湖州人有惠政長於樂府仕至都官郎中郡志列江跡後

嘉祐六年

裴煜 字如晦

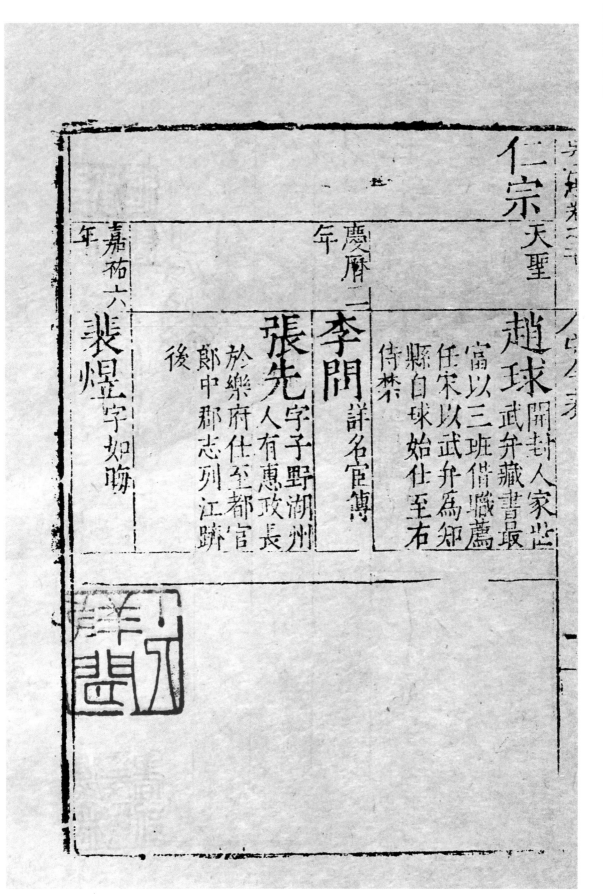

英宗治平三年　孫覺　詳名宦傳

神宗熙寧三年　林肇　字公權，進士，爲尚書屯田員外郎，自請來任，尋棄官去，時人高之

哲宗元祐二年　程端

石處道　端溪人。郡志列向子韶後，誤

紹聖二年　江躋

紀友一作交字聖士以水利不修連坐免官後復起至兵部尚書

元符　向子韶詳名宦傳郡志列紀友前誤

徽宗　崇寧　李光詳名宦傳郡志漏

政和元年一云建炎初　丘礪字師説朐山人遷國子監丞

欽宗	靖康元年	石義問
高宗	建炎	龔鑄郡志涌
	紹興	石公轍詳名宦傳郡志列栁檻後誤
孝宗	乾道元年	栁檻字安叟東海人
	三年	趙伯虛
	淳熙三年	陳翥延平人
	四年	趙廣郡志作公廣詳名宦傳

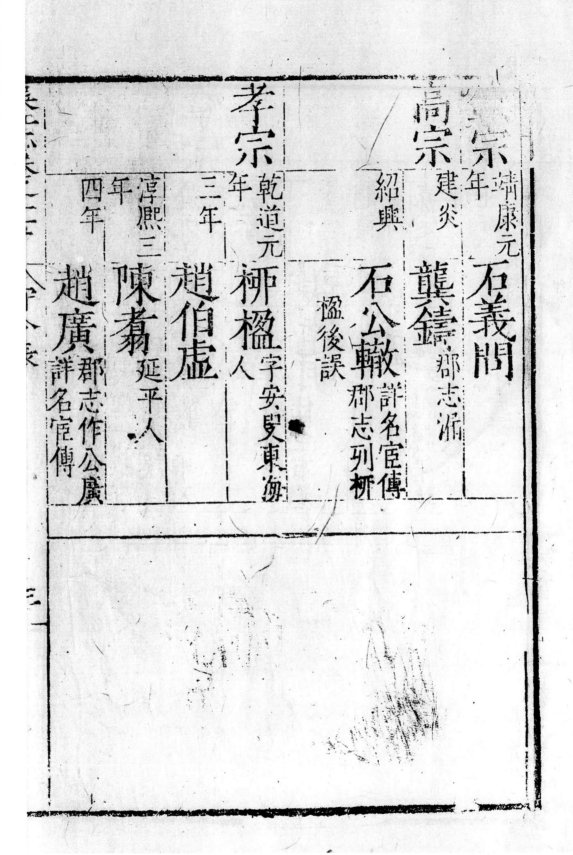

莫若冲 字子謙仁和人進士 仕至大理寺丞郡志列羅勳後誤

寧宗 慶元六年 吳衍 據賓志增入

嘉泰 王益祥

張達明 仕至右丞

開禧 羅勳 臨川人

嘉定元年 呂祖憲 祖謙弟婺州人

七年 孫仁榮

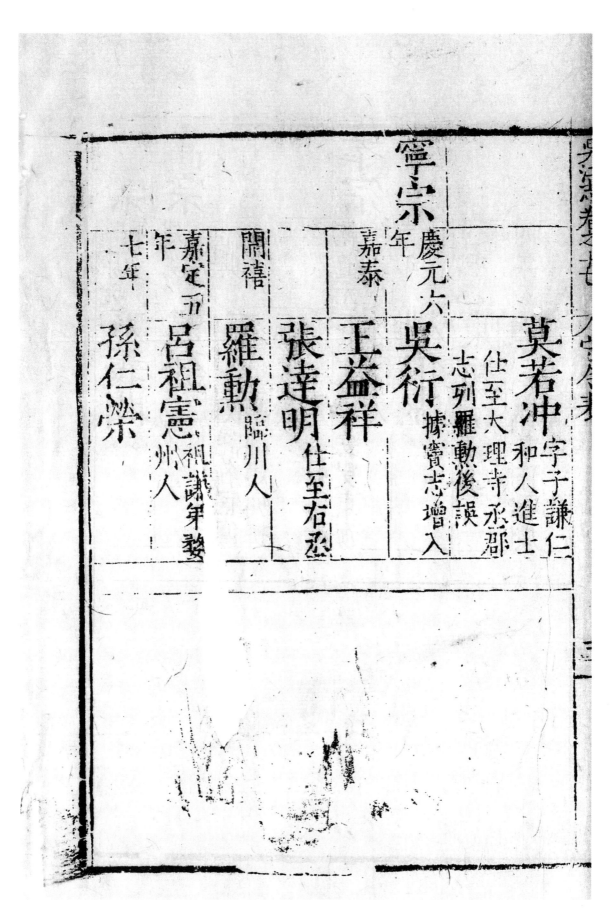

十三年　劉伯麟

理宗紹定四年　王從龍

李椿　維陽人仕至吏部侍郎

寶祐三年　曹良朋　字朋龜永嘉人

度宗咸淳　錢牧　郡志漏

十六年　周甲

元

世祖至元二十九年　王彔　詳名宦傳

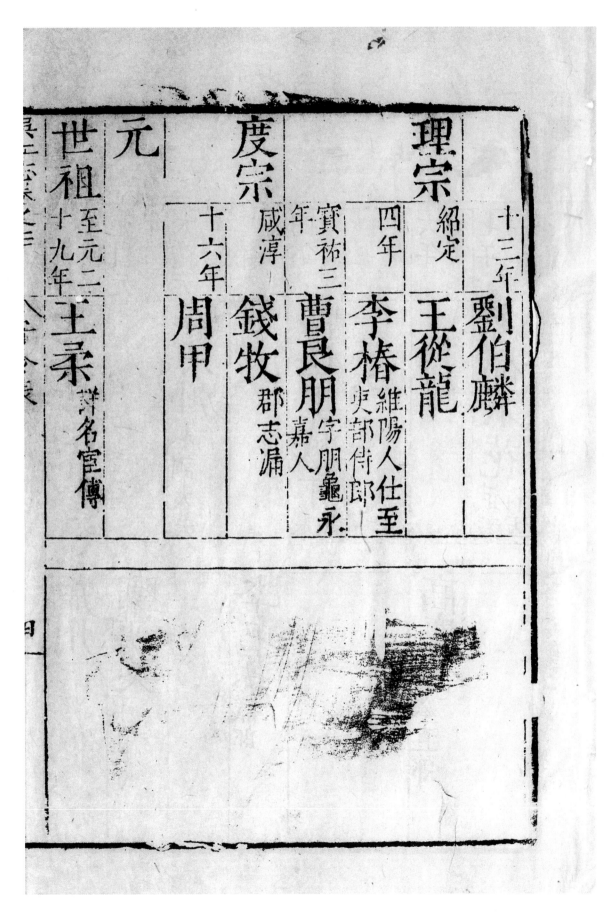

	達魯花赤	知州
成宗元貞元年		劉漢英承直郎
大德元年	哈只別奉訓大夫	
二年		李玘奉議郎
四年	帖怯里滅赤奉議大夫	
六年		高慶仁奉直郎
七年	忽都不花武毅將軍	

十年	忽都魯別奉訓大夫	
十一年	斡羅思奉議大夫	馬鑄奉議郎
武宗至大元年	暗都剌武節將軍	
二年	桑哥捌撒朝列大夫	
三年		皇甫璧有名宦傳
皇慶元年	斡羅私奉議大夫	
二年		馬合沙承直郎
仁宗延祐元年	驢兒奉議大夫	

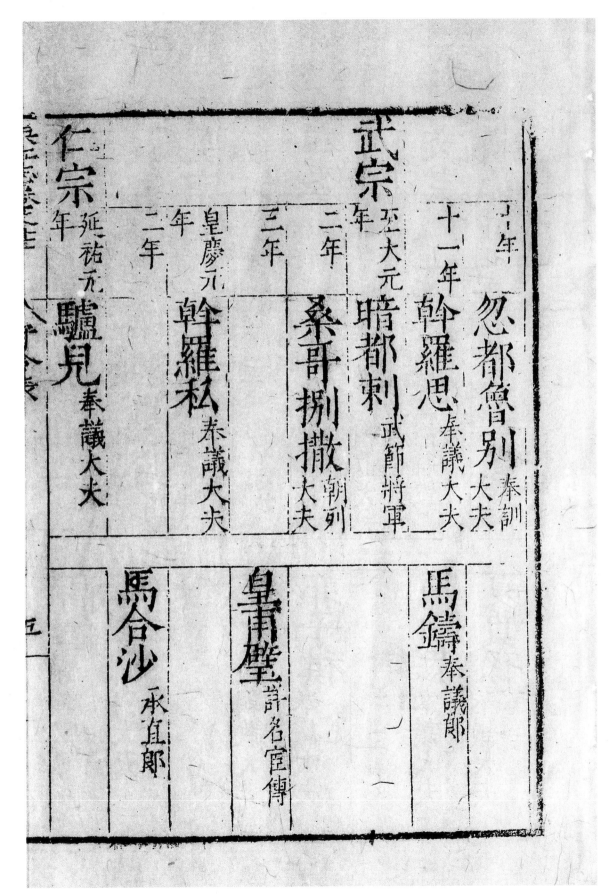

三年		高仁 詳名宦傳
六年	哈剌脫因 昭信將軍	陳璧 朝列大夫
英宗 至治二年	完者 武畧將軍	
三年		賈汝立 朝散大夫
泰定帝 泰定二年		郭子祺 奉議大夫
三年	搭里赤 朝散大夫	
文宗 天曆元年	大都 武節將軍	孫伯恭 奉議大夫
順帝 至順元年		夏質孫 奉議大夫

三年	的斤海牙朝散大夫	陳秉彝奉議大夫
元統元年	斡都蠻武節將軍	劉太初奉議大夫
至元元年	阿撒都剌奉議大夫	
四年		孫嗣遠
六年		干文傳詳名宦傳
至正元年	禀雅寶里奉議大夫	
		呂好問
五年	那海郡志作元年任詳名宦傳	

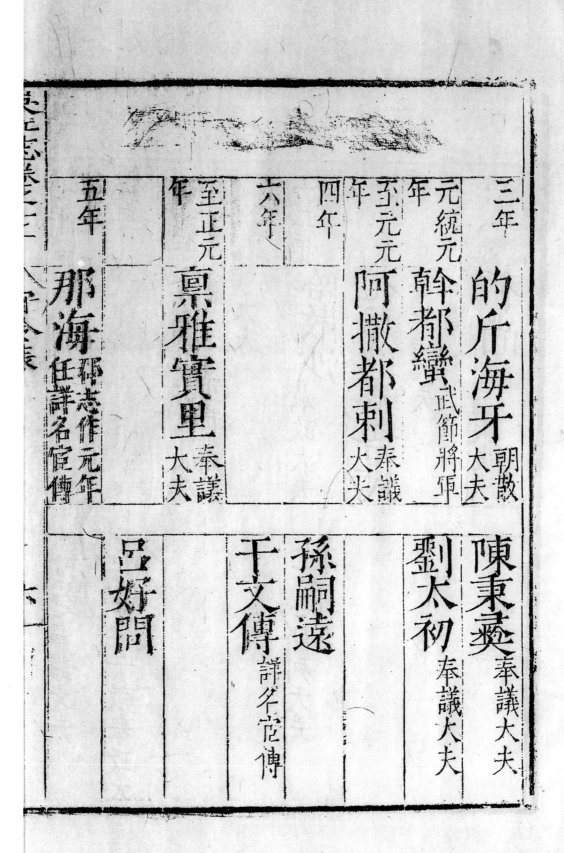

年		
七年		馬慶奉議大夫
九年		邵萬字子敬奉政大夫
十一年	馬羅羅藏藏朝散大夫	
十二年	哈散沙奉政大夫	杜真朝列大夫
	札牙進哈迷里氏奉議大夫	
十八年	和尚朝列大夫	

十九年	趙仁字伯壽奉訓大夫
二十二年	也先帖木兒昭信將軍　那海乃馬朝列大夫
二十三年	趙伯不花奉政大夫
二十五年	楊彛一作二十年任奉政大夫

大明

太祖吴元年

知縣

洪武二年　孔克中

五年　許莊

九年　王進

十三年　饒毅

十七年　張紀雲

二十二年　鮑以成

三十三年　蔣奎詳名宦傳

成祖

永樂元年　程鵬

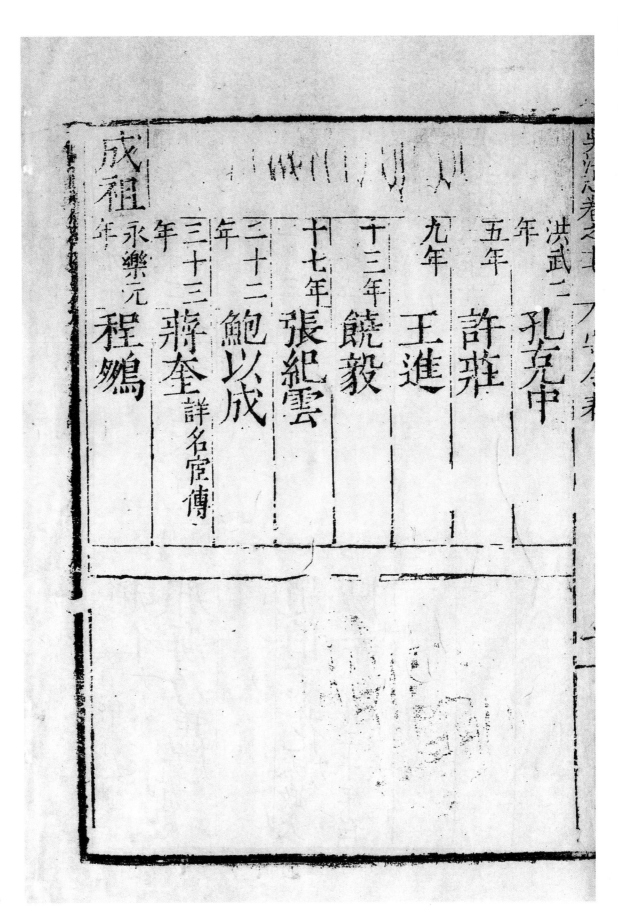

賈忠 詳名宦傳郡志列周冕後誤

五年 曹畆

十年 邢寛 詳名宦傳

十四年 陳厚

二十年 周冕

宣宗

宣德二年 張羽 由御史調任

十年 張肅

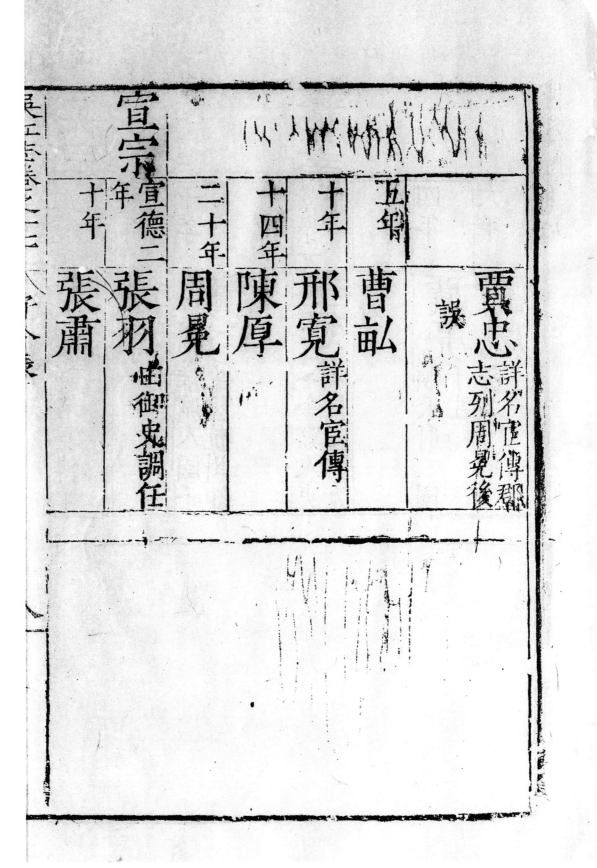

英宗

正統元年　葉錫　詳名宦傳

六年　徐壽

十年　龔貴　浦城人國子生陞杭州知府

景皇帝

景泰元年　王懋本　金谿人吏員縣丞陞任

四年　賈亮　順天府人國子生

六年　劉彪　詳名宦傳

英宗天順二年		章亮字文煥仁和人由御史謫任尋調吉水
復辟	四年	盧毅國子生
	五年	韓槃字簡夫安陽人由御史謫任陞邳州知州
憲宗成化五年		王迪字進道獲鹿人進士陞太僕寺丞
	十一年	馮衡字平叔合州人進士

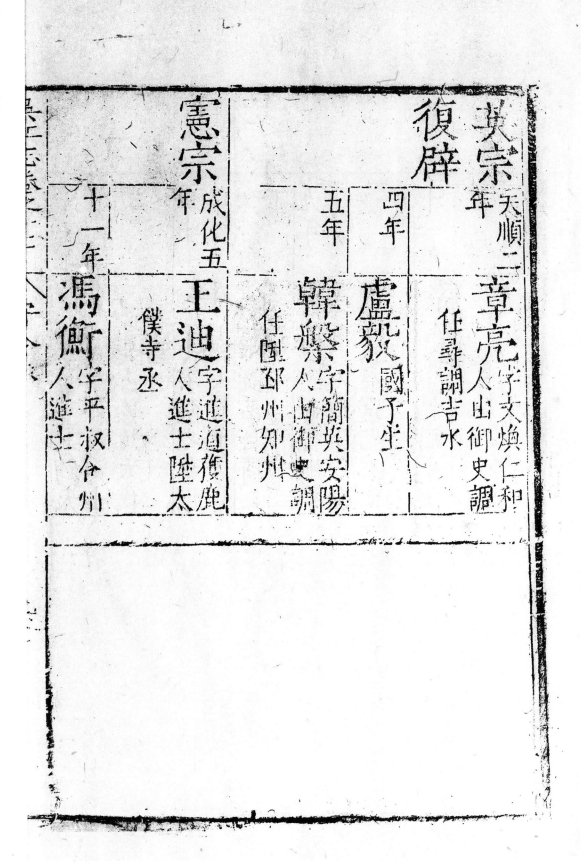

十七年　陳堯弼字汞鈞太和人貢士以憂去後陞太僕寺丞

二十一年　孫顯字微之華州人貢士

孝宗弘治四年　金洪詳名宦傳

九年　郭郛字子潛肥鄉人進士以憂去後召選監察御史

十一年　孫條字朝用平定人進士召陞戶部主事題名列劉澤後誤

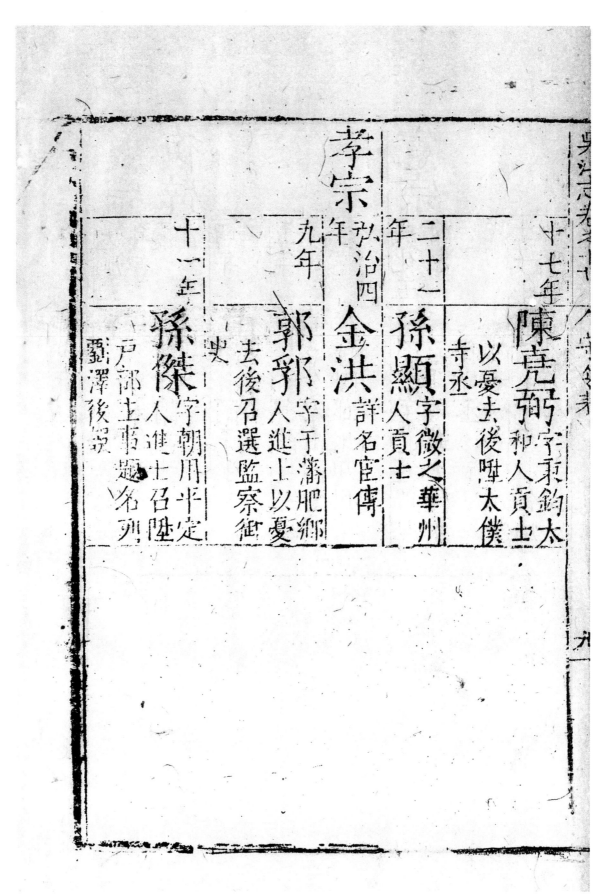

十三年　劉澤　字濟民濟寧人進士召選給事中

武宗

正德元年　錢玹　蕭山人進士調安霸

三年　王騟　昌平人貢士陞浙江布政司經歷

五年　蕭韶　南平人貢士陞戶部主事

九年　周偉　字秀卿新城人進士

十二年　溫濡　字化伯昭遠人進士陞戶

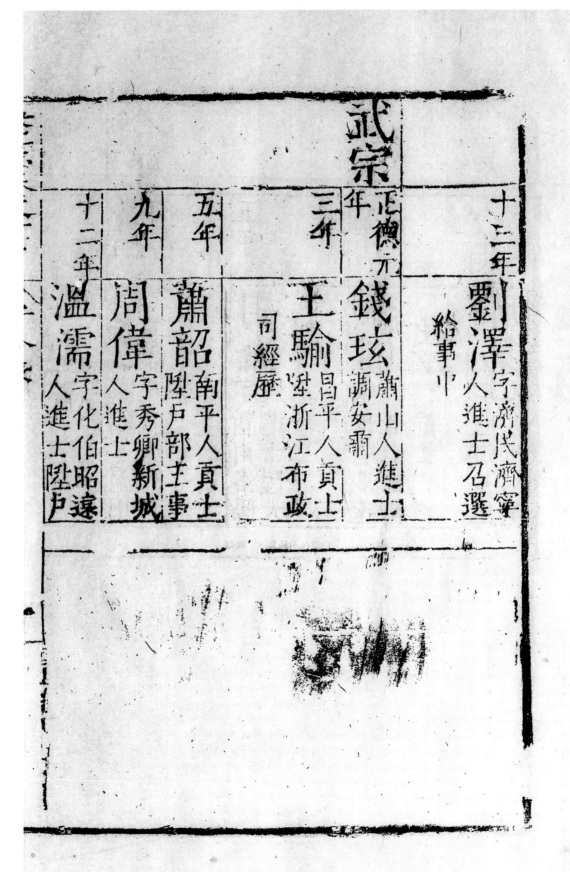

部主事

今上

嘉靖二年　王紀 字朝憲開州人進士陞戶部主事

五年　胡淪 字新甫洛陽人進士陞太僕寺丞

七年　徐岱 字世瞻威遠人進士由御史調任罷去

八年　邢第 字進卿長垣人進士召選

監察御史

九年 詹文光 字用賓江夏人進士 陞戶部主事

十三年 張明道 詳名宦傳

十五年 林應麒 字必仁仙居人進士 被論謫國子博士

十八年 喻時 字中甫光州人召選監察御史今爲南京右僉都御史

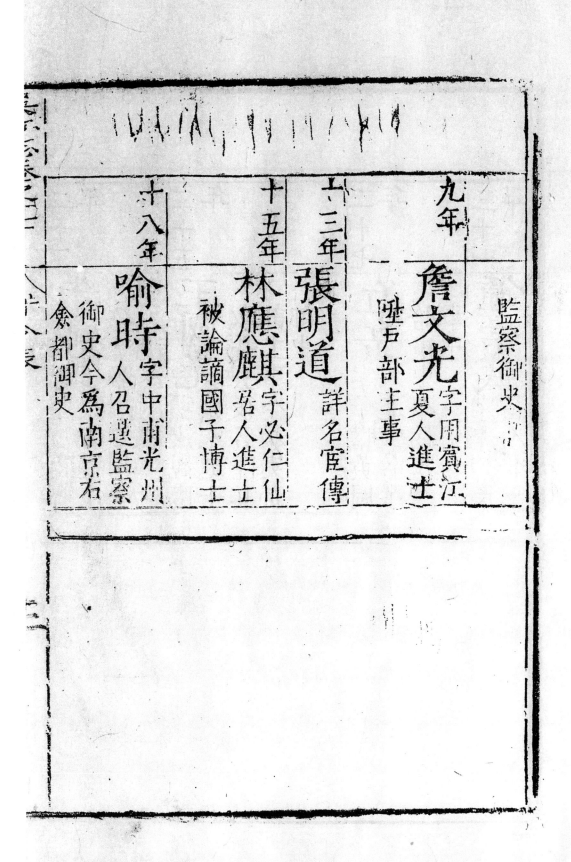

二十三年	朱舜民字虞肖齊東人進士召陞澤州知州今爲按察副使
二十五年	王國光字汝觀陽城人進士以憂去後召陞兵部主事今爲吏部郎中
二十七年	丘岳字子瞻黃岡人進士召選給事中今爲左給事中
三十一年	鍾崇武字季烈南昌人進士

	以憂去仕終刑部主事
三十二年	楊芷字文楨安陸人進士陞南京戶部主事今為南京兵部郎中
三十五年	曹一麟字伯禮安丘人進士被逮罷去
三十八年	李遷梧字茂陽安丘人進士

吳江縣志卷之十七

佐幕表

	縣丞	主簿	尉
宋			
真宗大中祥符		馬尋字子正鄆州人進士	聶復
仁宗慶曆三年			王庭堅詳名宦傳
哲宗元符		程俱詳名宦傳	徐勣詳名宦傳
徽宗崇寧		曾楙字叔夏贛州人	

仕至禮部尚書

政和元年

陳璀詳名宦傳

宣和

楊密字損之一作之損

高宗紹興元年

宋應

高文虎字炳如進士仕至中書舍人兼直學士國子祭酒

徐似道字淵子天台人仕至秘書少監棄官歸

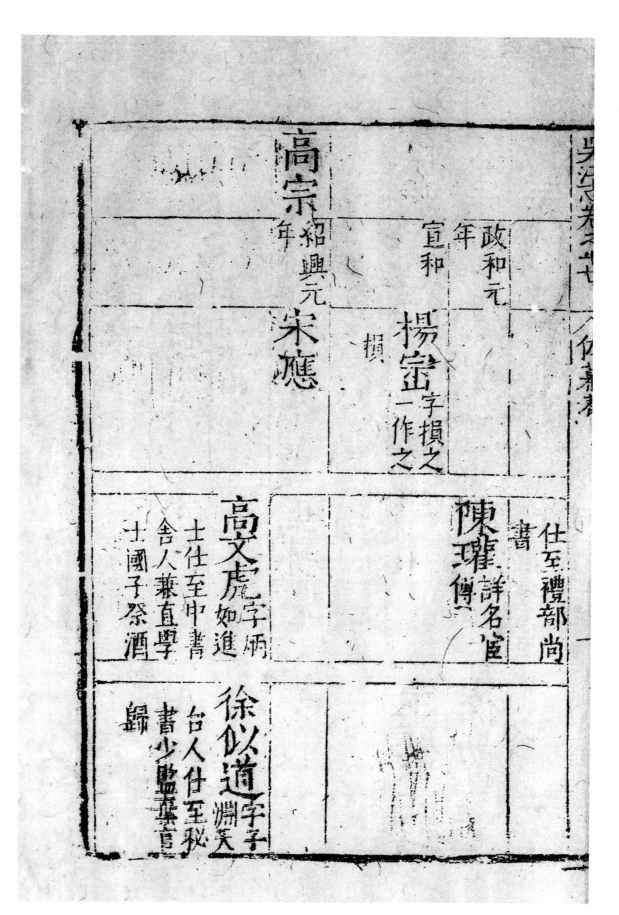

	十五年	孝宗 乾道	淳熙六年	寧宗 嘉泰元年		嘉定
		俞希尹			袁韶 詳名宦傳	趙希賢
	李衡 詳名宦傳		曾樞 懋孫			
楊同 祝師龍				彭法		黃翥

五年 謝杰

理宗 紹定二年 許景迂

四年 趙勳夫

同知 判官 提控案牘 都目

元

成宗 元貞元年 張定以後 徐允昇 韓儀

俱從仕郎

二年 啓德蒙古 李珪 李雄 張榮

	人承事郎			
大德元年	劉潤 承務郎	張幹		錢朝英
二年		田章	葉榮	
三年	杜國祥 承務郎		于辯	程鼎
五年	丑驢 忠顯			竇靖
六年	也先思	王英	張元德	

從仕郎

七年

八年
亦不剌
忠顯

九年
哈剌哈孫
詳名宦傳

十年

張惠
劉良弼
王諒

劉杲
孟榮

潘右正
胡熠
趙甫
鄭璧

武宗				
	至大元年	二年	三年	四年
	燕京奴 忠顯	孫郁 承直郎		張諒
張采			呂元新	毋誨
	王廷俊		韋從善	章紹復
李仲和		江楫		徐誾

仁宗

皇慶元年	六年	延祐元年	二年
曹國綱 奉訓郎		高士良 承直郎	阿的迷勢 從仕郎
高世先花 忠翊	洪楫 從仕郎		崔世傑 忠翊
		王文炳	
	齊天祐		王珪

			英宗	
四年	五年	七年	至治元年	二年
董炎 承事郎	孟伴哥 進義郎	阿不花	欣都 承務郎	常恕 忠顯
錢惟忠 [illegible]勇	杜澍 [illegible] 俱承事郎		宋官 傅伯顏	
	李祥	趙若擲		秦英
	王欽		李宗祥 郭彌正	

三年	泰定帝泰定元年		二年
木把刺 忠顯			任翥 承務郎
	張顯祖 忠翊 詳名宦傳	李擇善 承事郎	
	劉源		王世忠
韓珪			

三年	四年	五年	致和元年
安陽 昭信將軍	趙暘 昭信將軍		徐恕 承直郎
	和良 校武	蔣世英 忠翊	孔濤 承事郎
王英	李榮		
孟思聰			鄭茂芳

文宗

至順元年	二年		三年
	教化的 忠顯	孫茂德 承直郎	
忽都不丁 忠翊			段廷珍 以後俱承事郎
	阮世英	吴桂芳	
許燁		張漢英	

順帝　元統元年

里也速覺　莫志作顧珍，非。決事如流，恤民如子。

高士貴

范文忠　忠翊

牛耕禮

元守道

鄭壽翁

張禮

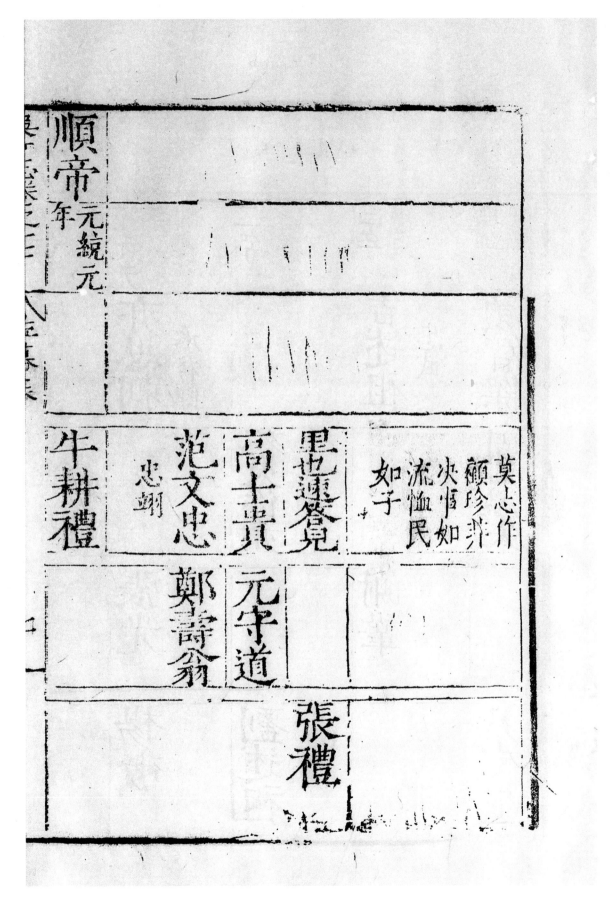

	至元元年	二年	三年	四年
	亦思剌 承務郎		吉述祖 忠武	顏智傑
承事郎		察火你赤 忠顯		周必溫失
	張光		謝輩	
	楊敝	劉述祖		尹文亘

	六年	至正元年	二年	三年
承務郎			黑迪兒 儒林郎	
以後俱從仕郎 元志作周必真 溫	南震翼	王成	段澄	小雲奚花
	錢惟賢			董弘道
		楊與權	陳濟	黃

五年	六年	十年		十二年	十三年
岳嵩 承信郎		彭質 承務郎			金剛訥
	嚴不顧覓	李秉易		王那海	

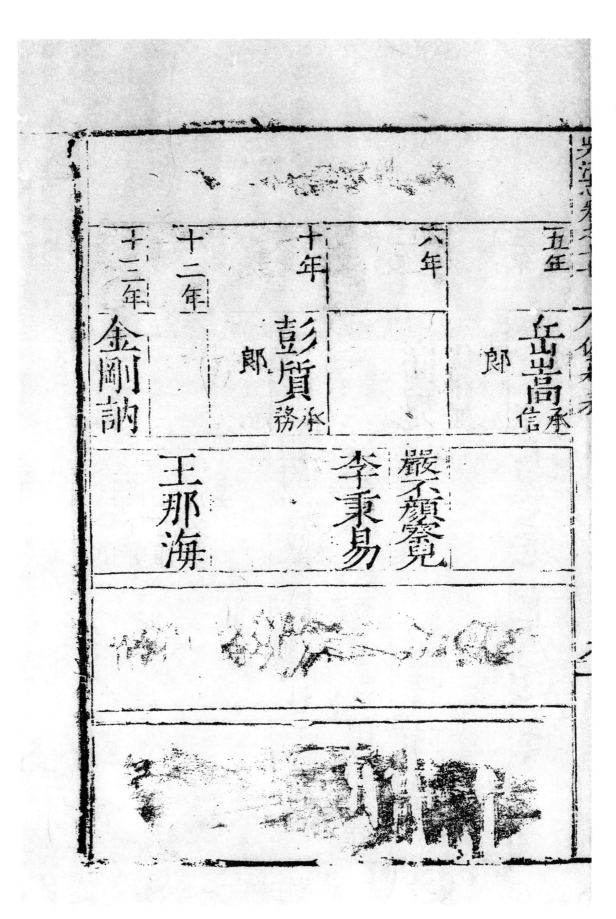

	十五年	十八年	十九年	二十年	
承務郎	聶亦者 承務郎			詹文質 字子儀 濠梁人 承信郎	
	桓哲帖木兒	朶列普化	徐澄		

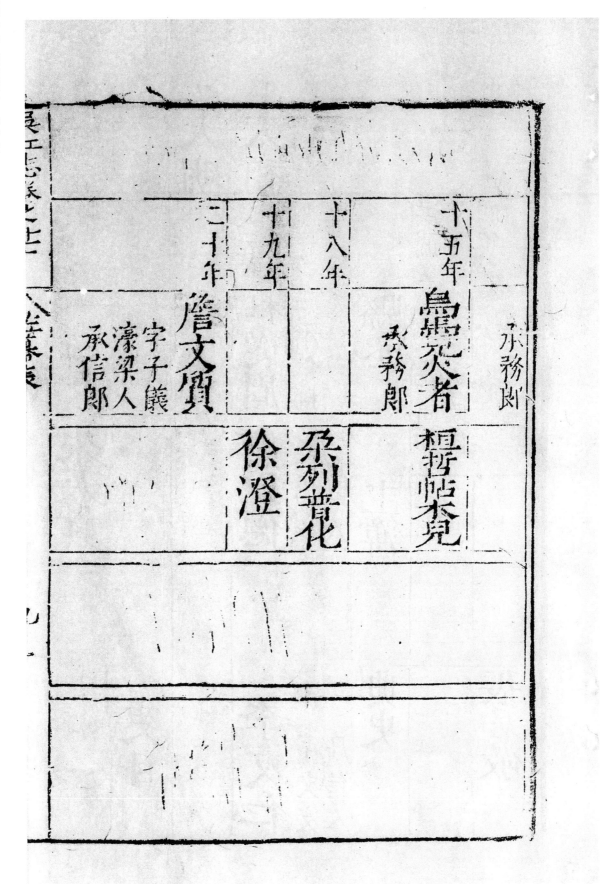

二十四年

朱天貴

吏目

大明

太祖

吳元年

杜從周　承信郎

熊以德　字以德　中興人

李友仁　字文友　廣信人

縣丞

主簿

典史

洪武二年

詹文質　同知改任

四年

張居敬

三十年
劉幹 陝西人 調衛經歷 作招磨

三十一年
陳耘 詳名宦傳

陳敏 詳名宦傳

蔣奎 詳知縣

成祖

永樂三年
李杲 榆次人 有異政

七年
蘇厚

十二年
李傑

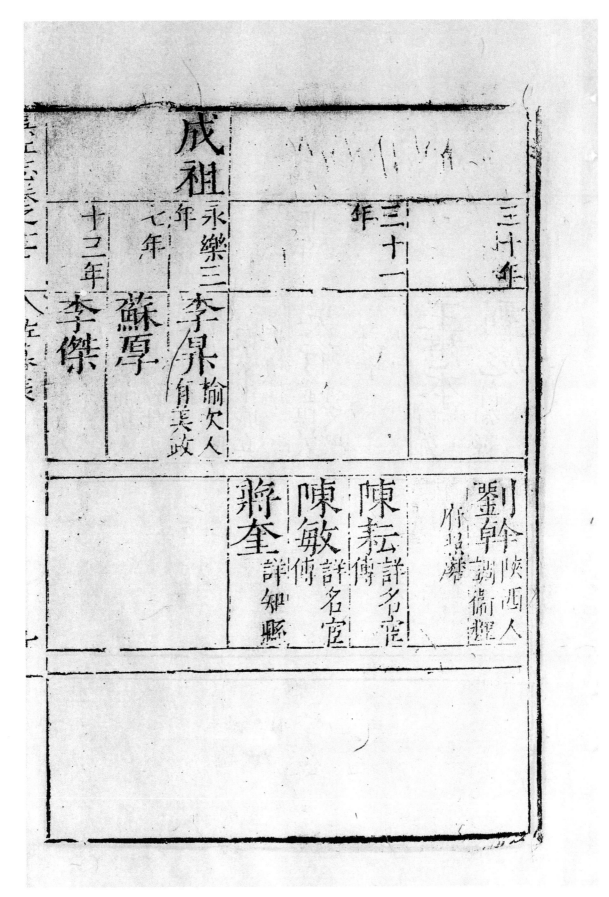

宣宗	宣德六年	栁臻 永嘉人
	七年	馬驥 蒲圻人 致仕去
英宗	正統二年	侯貴 汝州人 吏員陞 南京中城兵馬指揮
	四年	吴珩 鄱陽人 有文學
		王懋本 許州人 [illegible]
		劉彪 [illegible]知縣

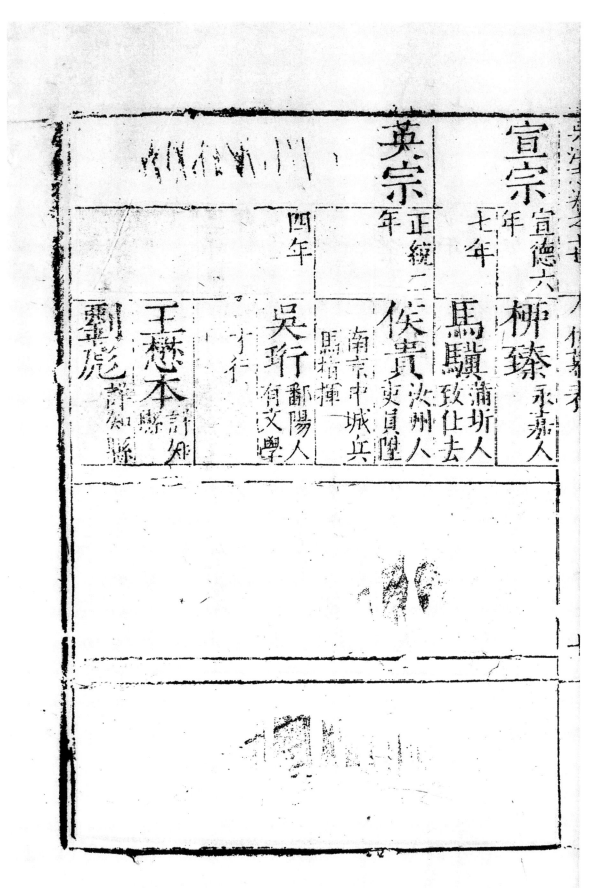

景皇帝 景泰二年 | 季仕進 義烏人國子生

英宗 天順二年 | 張以善 嘉魚人

復辟 四年 | 梁和 字貴和泰和人 賢良方正

憲宗 成化九年 | 劉漆

張昶

十四年 | 王瑾 莘縣人國子生

劉俊

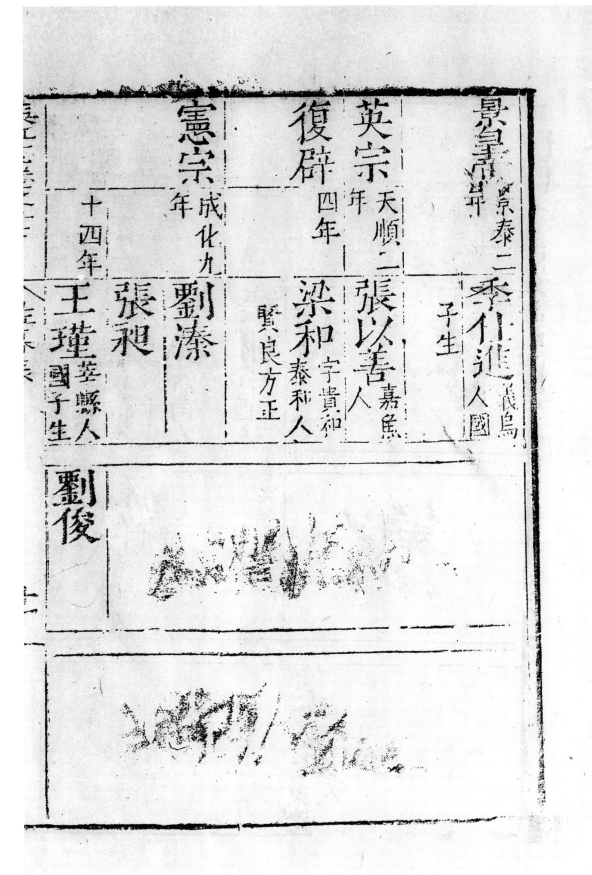

十七年	二十年	二十三年此後多殘缺無考年分亦畧彷彿耳
趙厚盩厔人國子生	盧金銅仁人國子生 張源濟南人 張珝陝西人	[illegible]
	孫祥香河人	[illegible]
		葉夔東莞人

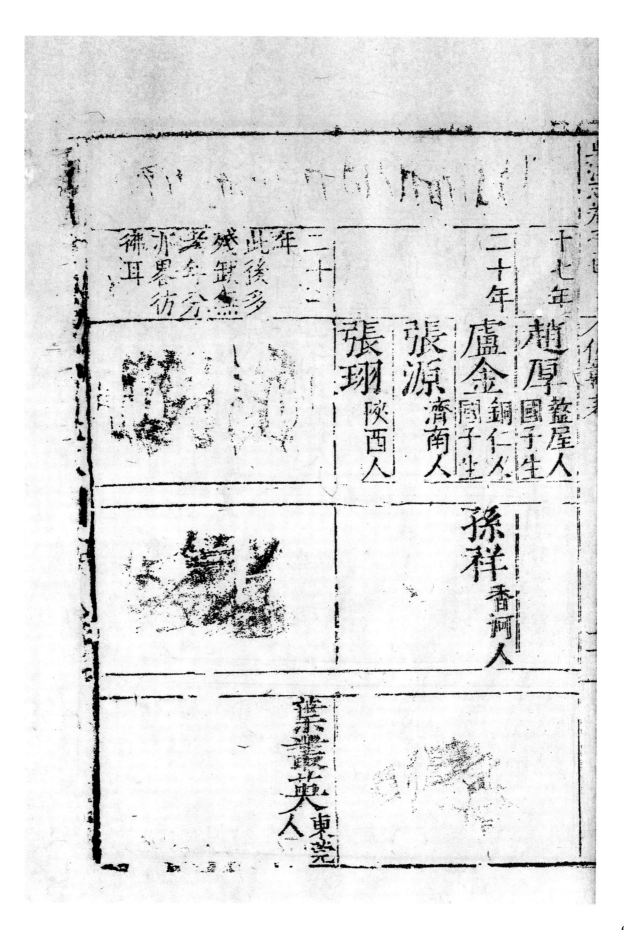

孝宗

弘治三年　米綱

四年　孔彥組曲阜人

十年　亢資

張裕洛陽人

李端河南人

尚繼先山東人

王鑑有傳名宦

康富

徐謙

項景亮

閔泰

顧思貳

馬遵

鄧瑄

王臥

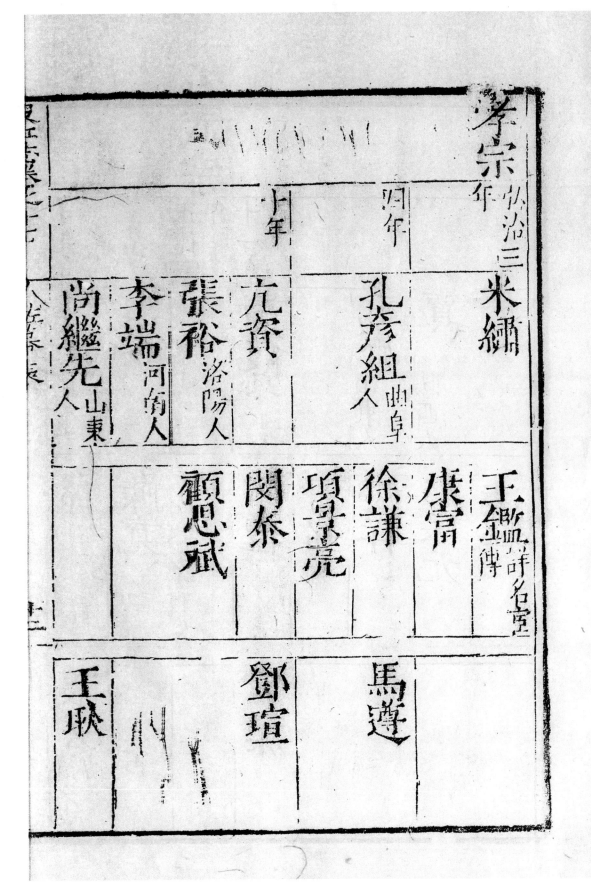

武宗

十七年

正德[redacted]年

十一年

靖希賢

毛濟 山東人

賈 陝西人

孫

陳寬

齊昌 餘千人

丁禮

雷銘

張祥

彭保元

淩曄

張玄 詳名臣傳

常鼎

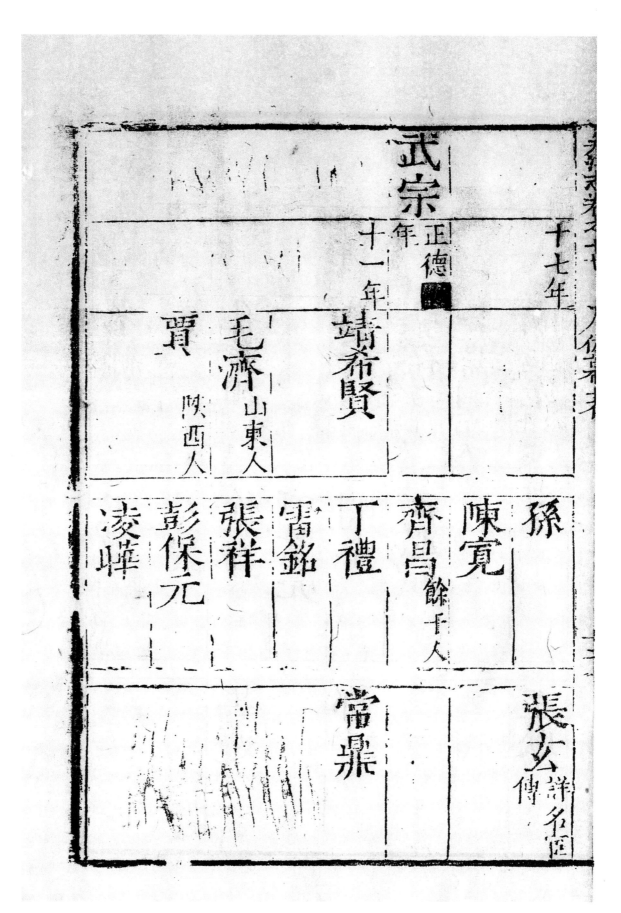

十四年
趙源清福州人
陳世誠
馮珵陝西人
孫麓西安人

十六年
胡松

今上
嘉靖元年
尹惟能
王璧

狄嵩
王經
張麟
章表
王本正
徐欽詳名宦傳

段鼎
何杲

二年

胡松

陳貫昌樂人

張良保字廷制晉江人歲貢

三年

林希賢字思齊合浦人

林鳳字廷儀鎮遠人

四年

馬琰字廷光欽州人國子生

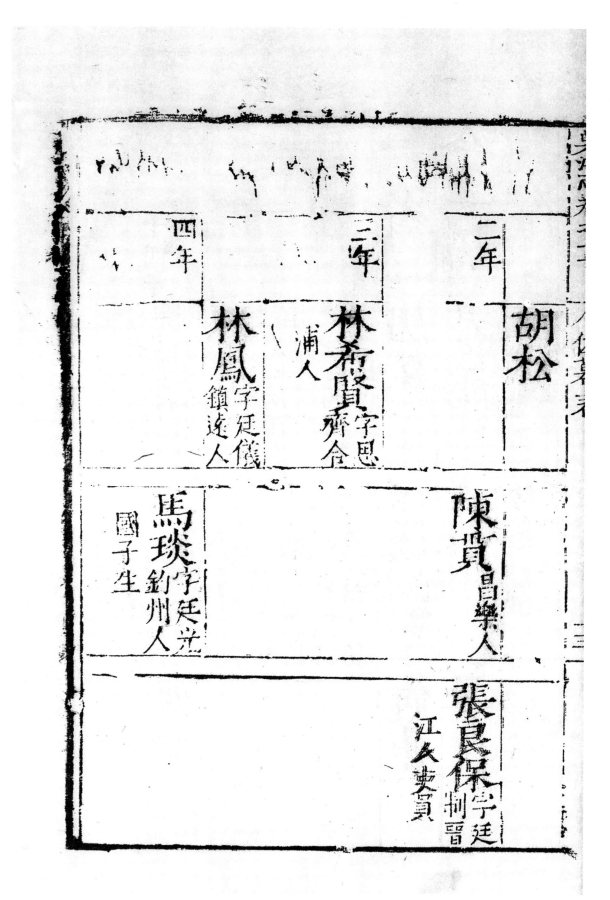

七年

湯殷 字文實南皮人
國子生

聶鳳 貴州人

張逵 字■餘姚人
進士由給事
中左遷

蕭宗欽

汪宗榮 石門人

周世禎

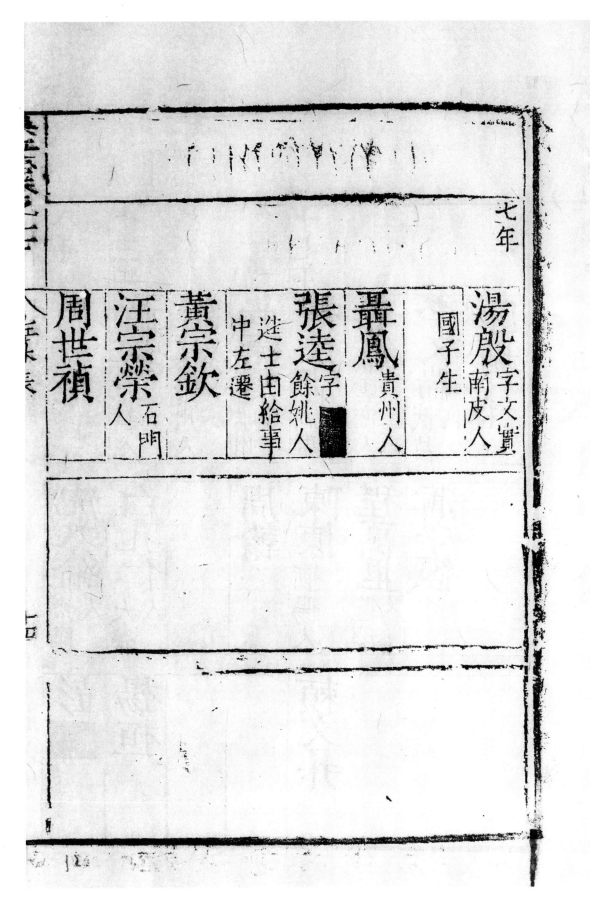

八年	十三年				十七年		
	蕭棠永新人	胡約欒州人	尚東震睢州人	扶桂清湖廣人	李錦雲南人	李文瑞武昌人	陳鏞餘姚人
沈大綸洛陽人	白孔仁大谷人		周翰	陳椂蘄陽人	程萬里隆慶人	蒲守經	
彭[redacted]	楊桓			賴文杲			

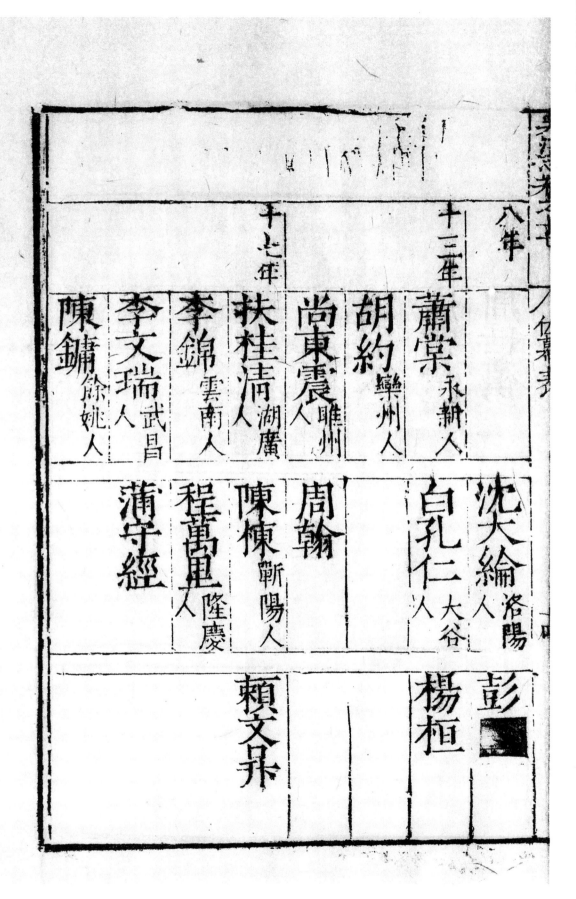

十九年　王德張

鄭瀛福建人吏員

王木鄉縣人貢生

胡應聘永年人國子生

二十三年　鍾貴南康人

皮鉞豐城人

二十四年　郭日環南康人

楊彥福鎮遠人

楊應麒

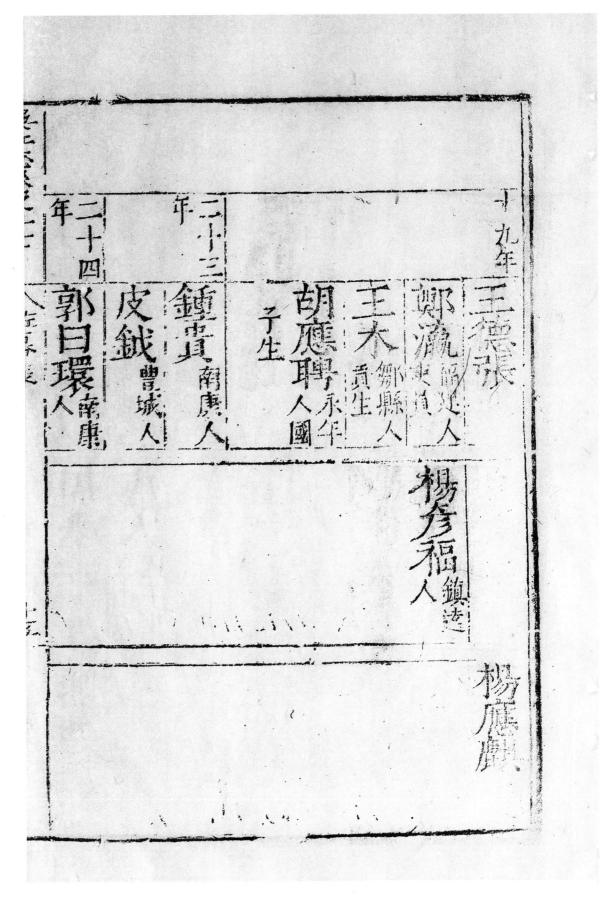

二十五年	劉瑜雞澤人	周臺	陳萬鎰湖廣人
	郭良密縣人貢生陞通渭知縣	唐人京山人國子生	
	徐應達上饒人		
二十八年	萬思謙字益南昌人由進士左遷陞嘉定知縣今任刑部主事		
三十年	李邦獻府鄉人貢		

三十一年

三十二年

牛

陸繼祖 金吾右衛人 國子生

席瑕 蒲州人

張允 稚縣人

劉良臣

馬仲 高水人 貢生

鄧鏻

方舜卿 莆田人

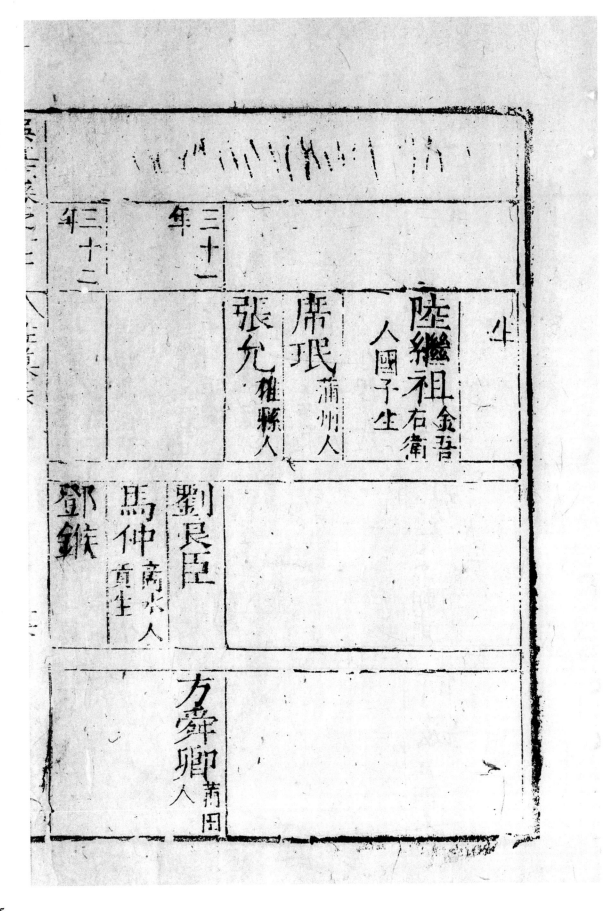

吳江縣志卷之七　人物

二十四年

王琚　武安人貢生由長垣調任卒于官

許衡　字晨登臨朐人貢生陞衛經歷

白忠　字蓋臣泰安人貢生陞府經歷

三十六年

趙德寬　字子厚山陰人吏員

楊天祐　字德周任丘人國子生

張沐　字朝肅臨川人吏員

何鎡　江西人

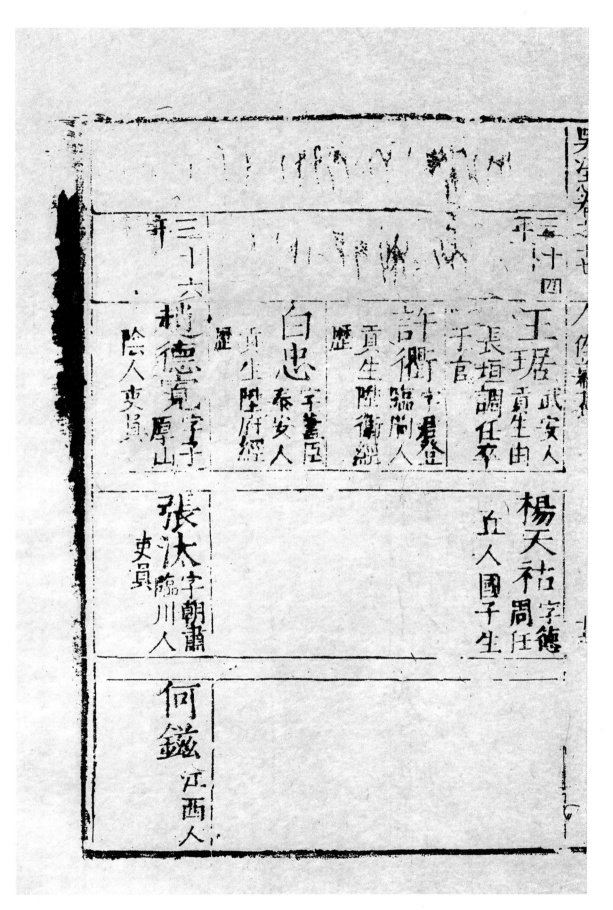

三十七年	三十八年	三十九年
王良慶字子俊錢塘人國子生 李鸛字文儀長興人國子生		樊文光字賓卿縉雲人國子生
李應祥字吉夫夏邑人	葉恩字天錫遂昌人吏員	
劉驄字彥德高要人吏員		

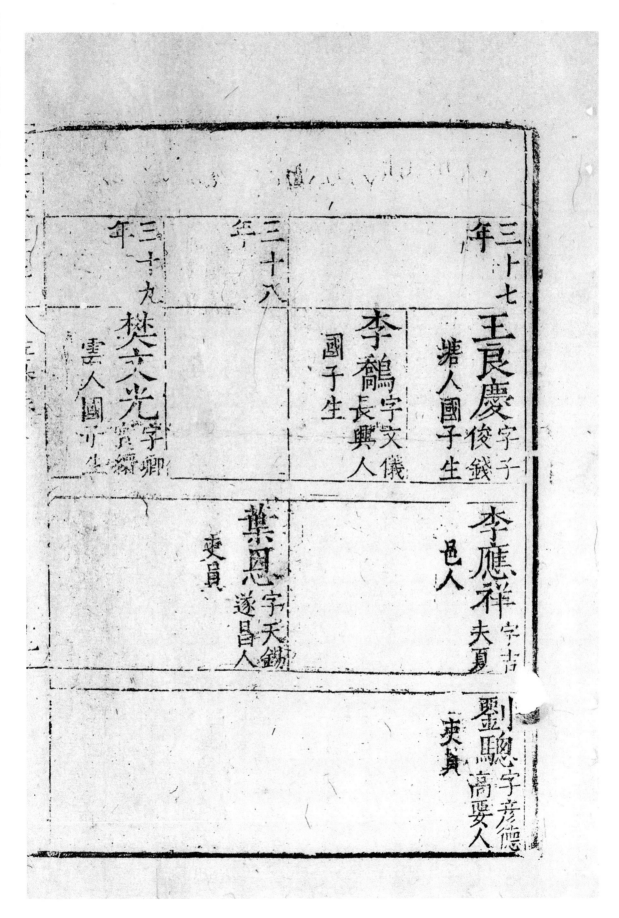

吳江縣志卷之廿七

儒官表

教諭　訓導

宋

度宗咸淳　楊瑛

元

世祖至元　陳祐

成宗元貞　李文虎

教授　訓導

	大德元年	謝起東
	四年	郭鄧
武宗	至大五年	方冲
仁宗	延祐元年	顧儒寶
英宗	至治三年	孔文栩先聖五十四世孫據寶志增入
順帝	至正十二年	朱廷珪
	二十年	郭梅西

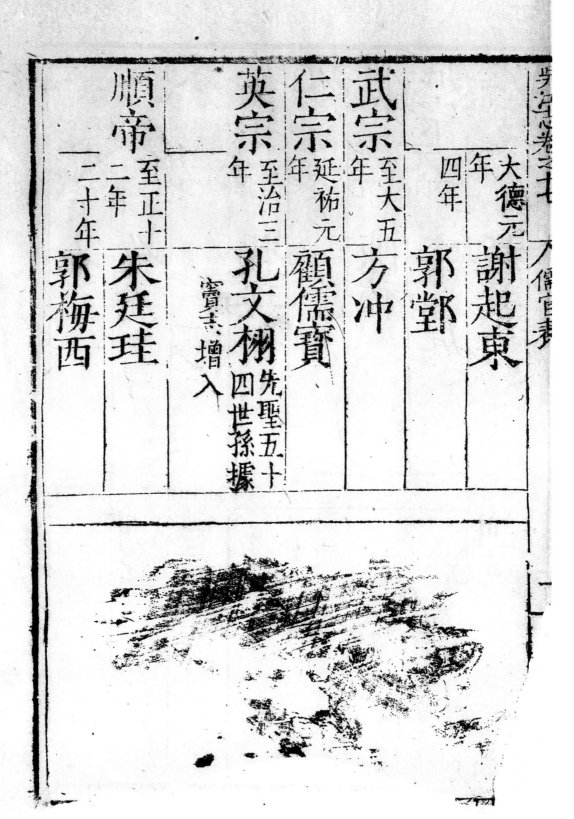

	教諭	訓導
大明		
太祖　吳元年		趙鈞 大梁人有文學
洪武三十年	汪茂實	
成祖　永樂十六年	袁時億 東安人有文學	
二十年	逯宏	林文遠
二十一年		董堅
二十二年	陳祿	

帝	年	上欄	下欄
宣宗	宣德二年	丁侃字秉和豐城人教士有方陞寧國教授	
英宗	正統元年		楊弼字之燮廬陵人
	二年	戚虎金華人	許伯金海鹽人
	五年	韓文昂江西人	林彤
	九年		伍煥江西人
	十一年		謝清
	十二年		馬倫

十三年　陳賓　字廷用懷安人儒士

景皇帝　景泰四年

五年

英宗　天順二年

復辟

三年　危俊　字彥英光澤人貢士

吳谷　字敬尚安福人

劉文輝　新昌人端謹善教陞伊府紀善

劉鉉　清江人

陳用貞　字善成東莞人爲人貞率和易長於詩文陞長樂教諭

八年

蕭御泰和人

憲宗成化三年　張紹莆田人貢士

江晟蒲圻人

八年

封紳藍山人

郭盛安陽人

楊廷賓

十一年　陳顒潮州人貢士

十八年

易寬良鄉人

十九年

楊永宜山人

孝宗

二十一年	弘治元年	四年	七年	八年	九年
魏璽武功人貢士	屠謙杭州人貢生卒於官		梁槃詳名宦傳	高志字尚志出身人貢士陞福寧知縣	
管廷瑄安福人貢生	林清南安人貢生	曹紀陝西人貢士		陳頊字子敬東莞人貢生	方文敏莆田人貢士

十八年

武宗

正德三年　林幹　懷安人貢士

六年　杜子新　字湯銘福寧州人貢士由富陽調任陞鎮江府教授

七年

高遷　霍州人貢士由濟源教諭左遷陞涿州學正

胡彪　字世美鈞州人貢生

左宏　蒲城人貢生

張勃　太原人貢生

今上　嘉靖

八年

高德崇　字進之，安陸人，貢士，以憂去

十四年

費寧　鉛山人，貢生，以憂去

黎元柱　廣西人，貢士

彭彥從　永嘉人，貢生

吳欽寧　萬安人，貢生

李鰲　江西人，貢生

李雲

張時暘　四川人，貢生

唐承儉　桂林人，貢士，以憂去

	王惟孝	詳名宦傳
十三年	葉稠	樂平人貢生陞鳳陽府教授
二十年	劉寵	鄱陽人貢士陞國子博士
二十四年	吳祿	進賢人貢生致仕
二十九年	嚴規	分宜人貢生陞太平府教

許士德	順德人貢士召陞汀州府通判
陳中益	海寧人貢生卒于官
龎中魁	徐溝人貢生卒于官
劉儉	莆田人貢生陞孝豐教諭
孔公戭	曲阜人貢生陞內黃教諭
黃宋	閬縣人貢生卒于官

授

三十年

三十五年

三十六年　沈朝臣德清人貢生由福州府訓導陞任

三十八年　莫期尹字任夫貴州衛籍長沙府人解元

三十九年

謝立敬安福人貢生陞樂清教諭

張禹臣潛川人貢生致仕

徐瑞龍游人貢生

尹奎江西永新人貢生

曾烈字元承平湖人貢生

林仕杲字樾賜連江人貢生

吳江志卷之十一

屬官表

巡檢

	長橋	簡村	因瀆	震澤	平望	爛溪	同里	汾湖
元								
順帝 至正	拜住							拜住
大明								
太祖 洪武	拜住	牛山	謝徵	李進	王信	孔克良	張覺	拜住
此後無考						曲阜人先		

							聖五十五代孫		
憲宗	成化		曹興	王森					
孝宗	弘治元年			席綱	高衡				
	六年						馮丞		
	八年		王申	郭岩			賈禧		
	九年								王璣
	十年		田文	鄭宗祿	胡敬			石純	許寧

十二年	李浩崔潔		劉茂杜精			
十三年		鄭舉李慶				雷霽
十四年	薛述吳聰			張慶		
十六年	蔡淵					
十七年			石碓		孫俊高山	
十八年		李聰王通賈昂		曹瑛		
武宗正德元年		張震滑潤				
二年	苗秀		彭柏森		尹紹張鐸	

三年		杜昺		莊敏 李聰	
四年	蔚瑛			殷雲	陳惠 張鎮
五年	殷軾				
六年	劉繁 張清			宋鐸 蕭澄	
八年	聶寬		張淳		張進 修義
九年		景宗		王叔通	
十年	李潮 王慎				徐深 秦杲
十二年		劉實		朱敏 李福	蕭增

十三年	魏達						吳傑	
十四年		劉臻				李宣		
十五年	劉玹		韓禮				周時	莫文通
十六年					李秀			
今皇帝								
嘉靖元年	閔文通	張棨		王蘭			龔廷瑞	
二年			劉勤			孫德新		
三年		邸宗			李槃	楊廷瑞	郝士奇	臧愷
四年			張安					

五年　朱通　冉昭　魏杰　李鵬

六年　薛通　郭宏　楊恕

七年　鄭孝　鄭現

八年　祝鶴齡　李鼎　周銘　趙俊

九年　張璽　陳楠　梅春　韓經

十年　孫賢　王信　胡咸勤　蘭謐

十一年　解永　張佑　毛羽　穆瑄

十三年　王鼎　于和　樊渠

十四年　李文獻　姜淸韓儀賈璘王[illegible]張綬

十五年　劉康　姚芽

十七年　常富　師寬周桂劉孜姜翥

十八年　楊文吉　劉幹

十九年　房鍾景憲程隆楚春　楊際春

二十年　董英

二十一年　王曙王宗許鏞徐淳　孟淵王度李時

二十三年　尚文　楚李

二十四年	馬川郭儀 劉鉞 高錦 林賢
二十五年	吳經 張鑾 貢王鉞
二十六年	徐韶陽 葉蘭
二十七年	貢科楊仲
二十八年	溫平李陽潘懷
二十九年	張化紀仲德蘇霖
三十年	駱裕厚 張璽
三十一年	溫重 梁鉞 鄭堂郭忠

三十二年		闞世英		王孟暘 高雷 姜鯤			
三十三年	張岑		樊恩		李守信		王體仁
三十四年				王卿		劉朝聞	張恩
三十五年	白奉					蔡良佑	
三十六年		程章					李審冊 張昂
三十七年			王衛 陳諭				

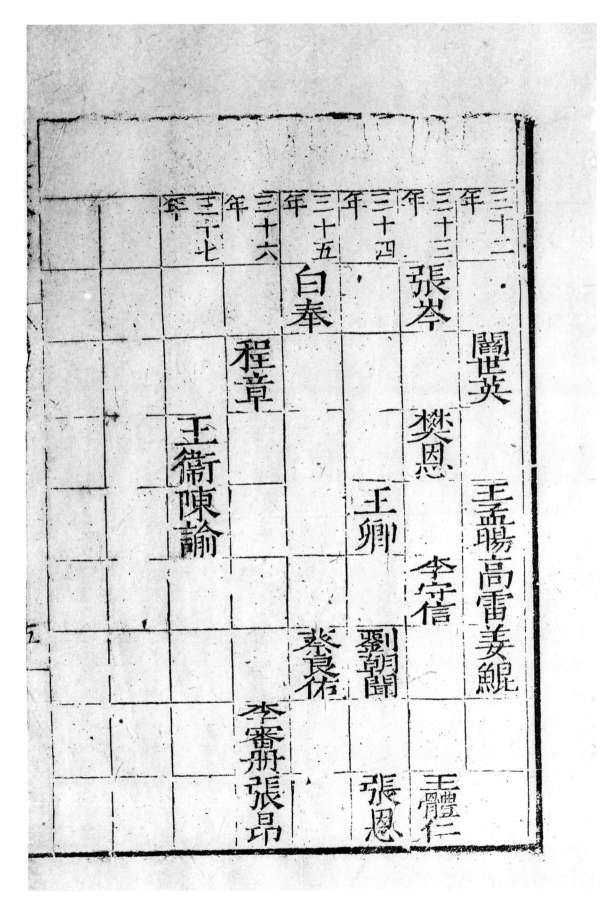

大明	太祖洪武元年	二年	成祖永樂元年	英宗正統二年	三年
驛丞 松陵	楊春				
驛丞 平望	孟德				豊義
大使		李從道			
訓術				吳鄧	
訓科				吳宗文	
僧會				智廉	
道會			趙宗源		

六年	天順五年	八年	憲宗 成化元年	九年	十五年
鄭溫中 應天鄉試中式					
	藍溶	孫麒			
			周顯		
				盛侑	
			正印		祖謨

吳昭　吳銓　沈經　如玘　費寀　和

後以子濟貴贈刑部主事

年分未詳　歐卿　潘瑞　永貽

武宗正德　陳焞　陸吏目　陳煜　張鳳　吳鑒　後以子涝貴封鴻臚　徐朝

陳寛 陛典史
段暘
丁聰 丞
吳禄 候缺

周邦

張雲
朱蘭
王昶
沈之惠
陳澐 後以子樁貴封刑部主事

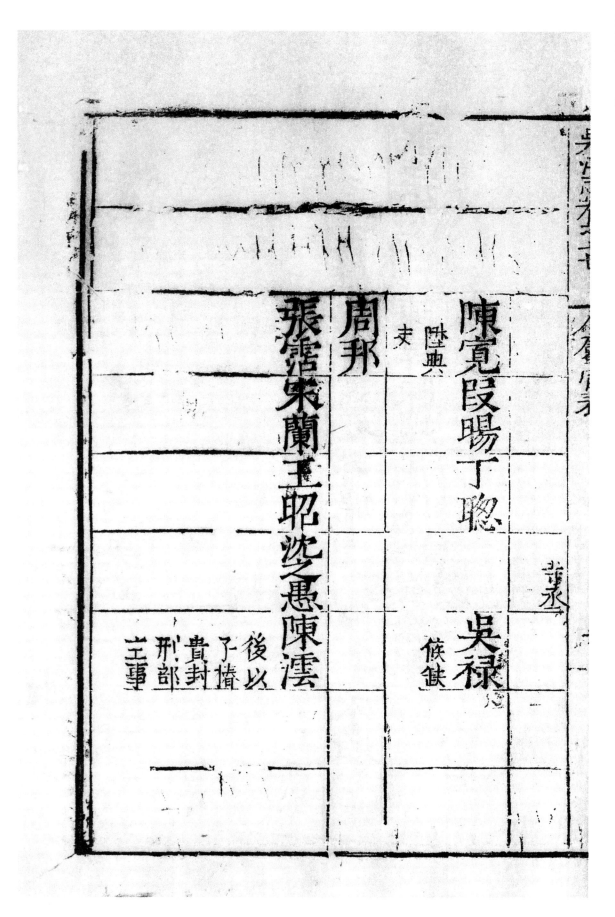

今皇帝 嘉靖

王鑰

董璵王覩和仁吳岳史銘信湖

候缺

彭用光湯山

李本清

覃克卿秀起鳳袁慶錢國有譔

候缺

鄭璽

姚繼宗

俞景李冠

王鑾

惟勤

候缺

候缺

張廷正　楊易潮

李泗　戴辰

曹　潘吳城

候缺

候缺

雷埶　蘇世豪

一

高舜卿　王福齡　陳鼎　鄒漢

候缺

郭試崇

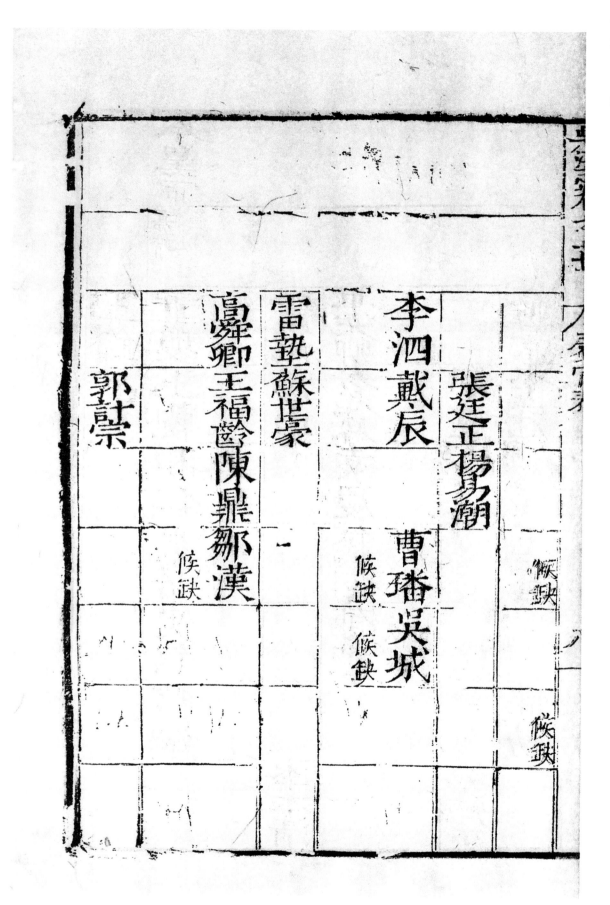

三十一年		王[illegible]	趙瓚
三十八年		劉世科	
三十九年			欒德素

吴江縣志卷之十七

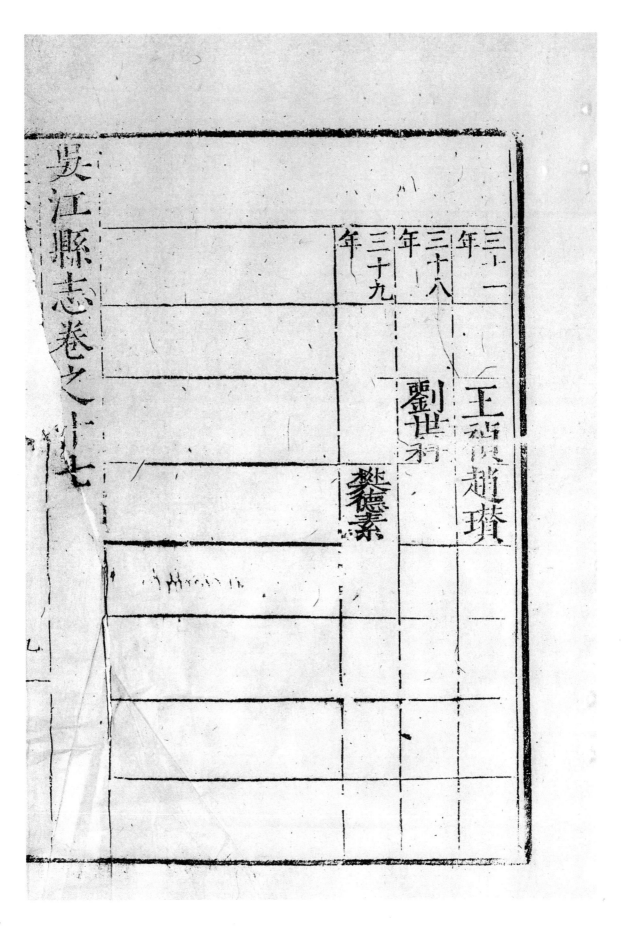

吳江縣志卷之十八

官政志二

名宦傳

宋

李問慶曆初以大理丞出知吳江與尉王庭堅建長橋後世賴之其他美政尤多今祀於名宦

王庭堅字世美慶曆三年尉吳江爲人精

敏沈毅政稱平允與令李問議率民輸
錢數百萬欲建廟學會有詔不許遂移
其材以建長橋民甚利之

孫覺字莘老高郵人治平三年以民曹掾
權知吳江（莫志云舉進士）縣有江橋延袤二百
丈役大難集覺募民修治勢愈雄壯又
河塘兩岸每以竹篠捍禦率數年一修
而湍致敗決覺又市石增築遂得支久

又葺祠廟亭榭詮次邑中留題百餘篇
爲松江詩集後知蘇州仕終御史中丞
向子韶字和卿開封人元符三年進士知
吳江郡人私鑄黃錢流布一路知府將
聽之子韶以爲不可騰書極言其害下
令禁之境内無敢犯者已而中司論其
事詔治故縱之吏諸邑皆曰太守命也
吳江令嘗力爭書具在子韶聞制使來

謂須被逮具裝以俟吏及門即行初知
府意子韶必以抗論不從爲詞子韶至
卒無一語獄成衆皆貶秩子韶獨賞一
官靖康中知淮寧府與金虜巷戰舉家
被害贈通議大夫謚忠毅令祀於名宦
石公轍字道叟新昌人紹聖二年特奏狀
元任南劒州教授紹興中轉知吳江初
學宫在縣治西南厄於兵燹公轍至即

開江營址改建焉又置田以養士卽今
學也邑人頌其功後通判平江府陞大
宗正今祀於名宦
程俱字致道信安人元符中爲吳江簿政
平訟理有循良之風優於文學作松江
二賦三高祠詩序遠近騰誦之仕終中
書舍人
徐勣字元功南陵人舉進士調吳江尉仕

終顯謨閣學士勷挺挺持正爲徽宗所
禮重而不至大用時議惜之
李光字泰發上虞人崇寧五年進士初知
常熟縣朱勔父冲倚勢暴横光械治其
家僮勔怒誠轉運使移令吴江光不爲
屈勔終不能害也仕至禮部尚書卒謚
莊簡
宋瓘字瑩中沙縣人元豐中進士徽宗朝

自正言遷司諫數言時政天下傾注之
政和元年再謫吳江主簿未幾卒贈諫
議大夫謚忠肅
李衡字彦平其先江都人徙居崑山紹興
中舉進士授吳江主簿部使者怙勢侵
民衡不忍以敲朴迎合即投劾去後起
爲仙居丞終祕閣修撰致仕歸崑山圓
明野墅與門人講解經義聚書踰萬卷

名其室曰樂菴學者稱爲樂菴先生卒年七十九所著有易說論語說易義等書及樂菴文集總若干卷行於世

趙廣郡志作公廣字德儉宋宗室也淳熙初知吳江爲政知本末先後既建廟學復取羨租以餼生徒凡郵亭使館橋梁祠宇一[illegible]葺殆遍以部使者薦[illegible]

袁韶字彥淳鄞人嘉泰中爲吳江丞時蘇

師旦挾韓侂胄威福撓役法提舉黄犖
檄韶覆田定役師旦密諭意吳江多姻
黨幸相容當薦爲京朝官韶不聽是歲
更定戶籍承徭賦者皆師旦姻黨師旦
怒諷言者將論韶擧亟白于朝且薦之
未幾師旦敗改知桐廬累官參知政事
浙西制置使卒贈太師越國公

元

王彔（寶志作彔承）字不剛大都人試安西王相府令史至元三十年擢吳江知縣屛除走隸專任信牌村民宴安又修繕官宇重建廟學及三高祠施爲咸有次第條理井然

干文傳字壽道其先汴人後徙居吳延祐中登乙科進士至元初歷官朝列大夫知吳江州在州以均徭賦爲先催科追

逮嚴立程限民亦不違村落之間不識吏胥至正中以禮部尚書致仕卒所著有仁里漫稿若干卷

哈剌哈孫大德九年同知吳江州事嘗語人曰牧民之官不忠勤何以盡職分不公正何以聽獄訟不慈仁何以得民心歲荒且疫爲之流涕白州長畱粟捄之曰寧咈上意以受責毋令民失所也

皇甫璧字君寶東平人至大三年以朝列大夫知吳江州不事智數政無矯飾待物一於誠始勉以文教申之以禁令人莫敢犯在州三載終始以廉能著稱

高仁字壽之濟南人延祐初以朝列大夫知吳江州以大義開曉百姓譁健束手而怙終賊刑歲役率先鉅室力稱事辦行省賑杭饑增州糴三萬石仁持不可

乃止又除塩運司虧課䌙丹陽金壇虛
稅民多德之
張顯祖泰定元年爲吴江州判官重建長
橋以石易木爲竇六十有二每竇用鐵
錭八條長十三丈重四觔仍布𣚦枋於
水底築址以防傾圮至久不敗今祀於
名宦
那海高昌氏由中書舍人提點資乘庫至

正五年爲吳江州達魯花赤階武畧將
軍養民以惠興築石塘水利甚博

大明

孔克中字庸夫先聖五十五代孫吳元年
知吳江州洪武二年改縣克中仍爲知
縣時承兵燹之後庶事草畧民俗鄙夷
克中葺遺舉遠起廢作新常如不及故
能諭民於理復以羨財重建縣治及亞

虹亭三高三忠二祠凡應祀廟壇罔不修飭一邑爲之改觀

陳耘福山人洪武三十一年主吳江簿涖政廉平民信愛之仕至紹興知府

陳敏仁和人洪武末爲吳江主簿明果而恕擢刑科給事中

蔣奎南昌人舉聰明正直洪武末主吳江簿尋陞知縣政號平允卒于官

賈忠字能誨冀州人永樂初克生員以守城功授寶鈔司提舉累陞吳江知縣忠有兼人之才處已廉明臨政勤恕秩滿去民上疏請留後遷當道同僚因誣執之忠不辯而退

邢寬北直隸人永樂十年知吳江撫字有道民啣其惠後擢成都知府

葉錫字玄圭永嘉人舉進士選翰林庶吉

士正統元年知吴江以廉謹聞未幾以
毋喪去任復除吴縣政事尤偉十年
詔大臣察舉天下藩省郡邑長吏治行卓
越者得十人令惟二人其一錫也　詔
賜燕于　廷加以命服楮幣紀功天官
以需擢任徐侍講理論其事曰玄圭爲
治一本經術先律巳而後齊人惟理之
從法之守他無恤也官長承迎之私不

行僚吏比周之情不接豪猾悤數之姦不得行故雖深得細民之心而忌者亦衆或軋之於上怵之於下咻之於傍玄圭堅不動至是而循良之效白焉時以爲知言十三年擢守寧國

劉彪湖廣人以吏授吳江丞景泰六年陞知縣居官不携[illegible]以廉幹稱

金洪字惟深鄞人成化[illegible]知靖江

縣調知吳江始至吏胥抱案牘請署以
嘗洪洪陽不省唯唯書之吏以爲易與
居三日請署如故洪怒曰若謂吾不事
事耶何戲之甚也摘三日所署出入隱
竄者杖之吏股栗稅長倚辦最爲繁劇
然諸役並受節制由是奸宄得以威行
於鄉閭洪寬其倚辦而裁其節制民兩
便焉獄訟滿庭案牘盈几移時而決又

以餘力從邑士大夫飲酒賦詩以爲常
然性苛刻迕之者必墟其地而後已此
則爲少短云召選監察御史

王鑑字克明吳橋人弘治三年主吳江簿
守巳廉潔常禄之外一芥不取其弟自
故鄉來鑑不悦遣歸太學生申顯知其
乏路貲也餽粟一斛巳而弟卒鑑召申
氏還之有馬役來謁循舊例獻白金一

兩鑑怒擲庭下草中其人言大人不受當見還奈何棄之鑑笑曰此吾過也命於草中覓還之每公宴同僚皆衣錦繡鑑獨衣布袍與之並列了無愧色人或規之鑑歎曰吾見世之黷貨者多矣歸則隨手蕩盡惟留醜聲於世耳且　朝廷使我來此作官不使我作盜也言者愧服在任九年滿去邑人作清官歌以

美之

梁矩，拓城人，弘治中領鄉薦，署學教諭，爲人嚴重廉潔，諸生饋遺悉却不受，有憐其不給者強之，乃受。訓導方某有心疾，遇長官輒詈辱之，手搏生徒以爲常，獨見矩愛敬如父，端坐不言，有所餉取，惟恐其知也。正德初被　召，臨行，邑中老幼奔送，舉手加額曰：安得假公爲吾民

父毋乎仕終臨洮知府

張玄陝西人弘治中爲典史以廉稱卒于官周恭肅公用以詩哭之曰儀狀忍見舊氊青代石誰書地下銘佳士秪應聊入幕好官何必盡明經荒祠稍稍題新字旅櫬行行見暮星此夜吳松江上月獨留清影照西廳公自註玄廉吏

徐欽陝西人嘉靖初爲主簿仁恕廉明凡

刑罪人每至泣下邑中水旱齋戒祈禱多獲奇應民以菩薩稱之謂其心之慈也卒于官即城隍廟西廡立像奉焉

張明道字希程羅田人嘉靖中舉進士拜都察院都事謫滁州判官擢知吳江政務大體不拘文法約束持己修潔[illegible]慈祥　國朝稱廉吏未有過於明者也居期年擢刑部主事去民[illegible]明

湖廣立碑紀德政仕終按察副使　今

天子紀元嘉靖十有三年歲甲午羅田張侯自判滁陽而令吴江越明年乙未冬甫及期刑部郎缺　廷議以侯嘗倅中臺宜乃還上請　可侯被　命刻日治裝戒行凡邑士大夫父老及兒童甿隸驟聞之徒莫不咨嗟涕洟歔欷戀慕欲挽留之侯亦依依不忍別去父老徐皐趙宏輩恐歲久事湮大懼無以稱侯之惠且以策嘗辱教謀礱碑以永其傳策辭不獲乃拜手而序之夫吴江東南望邑歲計五十萬石前令或弗執輙須於長賦者名常例其貳以下率倣之責於長長弗堪則轉科於民民坐是踣而長亦均病矣侯至手爲文以矢於神曰某

所不與民同心者有如日貳以下皆色動未幾猶有以壘敗者侯歎曰神其不我欺耶皁隸雇役銀例入官侯曰若亦有家也脩其身而受若直何居與其直而若梗吾法法之不悛遂還給之今歲夏大旱渴雨侯重爲民憂露禱於天且禮於闔邑應祀之神期於必雨已而果雨民感其誠然禾不不及秋者殆半乃以災告于撫巡諸公達諸　朝適臺檄屬吳縣朱侯來體覆而轉以吳縣屬侯朱至乃命民羅拜之謂朱曰民敝矣顧寬一分某亦不敢負若民邑當孔道使節日旁午餽送無度民苦煩侯至一切裁省或以薄讓侯侯退曰寧被譴剽民以要已名不忍爲也往時公宴治具窮極豐腆禁之亦從省故里長之役於鄉及

城之坊長其費比常減十之七民貧貸
於勢家積久度不能償多流散設法撫
徠之卒歸業民以訟至令自拘審非大
故不公差鄉民終歲鮮有識吏卒者或
事連骨肉則召至庭曲爲剖諭必令感
悔乃已未甞輕抵於法朔望視學進諸
生與談經義刺刺如家人語聞者適然
諸生時庭謁雖少年者必以禮遇事有
不得已言于侯率從厚社學久圯屬其
貳李侯文瑞葺之以便蒙養且倣古制
爲禮衣衣之名童子衣遴選鄉師時往
臨之察其教祠廟橋梁久多不治侯謂
邑之儀觀也不宜傾後人所在繕飭完
好然皆因事興工而民不知費邑有仙
里橋相傳陳晹昇仙處卽其上建仙跡
亭録昉詩及小學所載馮球事榜楣間

以警在服夫侯之治行類如此策固不足以知之竊謂大要以崇儉厚生睦倫敦化奬進人才彰癉善惡爲賢其極歸於爲民而已然而清修一節乃侯本心自前令以來所未有侯嘗曰利與害相須吾幸居官食祿而復苟圖若天道何且人生所享有限何若子子爲子孫計雖所得俸資居常不令有餘凡遇禮賓及時節喜慶事費皆已出不煩民閒一貧媼鬻其孫以償官逋得直偶亡去一孤竪亦以官逋被繫訴於侯侯憐之皆爲代償他所爲惠及無告者多不能載廨舍罄懸薪水時或不贍家人有難色侯不顧瀕行止携來時兩敝籠去侯性疎闊公暇閒從縉紳之賢者觴詠垂虹雪灘之濱則追歎盡日舒嘯風煙其於

[illegible]之所以為民者實

[illegible]惻怛[illegible]情而形於作興鼓舞

[illegible]從簿書期會之為務俯使侯

[illegible]月則政成而民方攸賴而侯惜

去余矣然前期而民心固已翕翕如此非

盛德能至爾耶如侯者雖古之遺愛其

亦不足尚矣碑成僧題之曰去思用最

表[illegible]治行而復系以詩俾民歌之庶幾

甘棠之意云侯名明道字希程號玉泉

學者稱玉泉先生已丑名進士詩曰侯

來何遲民汔勞止侯車至止民汔阜止

豈弟君子侯之謂矣父母孔邇胥相嫗

矣云胡言旋寧莫我顧天子有命不

遑啓處問爾　天子顯還我侯惠我東

人而莫不休侯日遠矣民之孔懷豈無

爾私維德之培嗣侯者誰維侯是師前

召後杜儷此穹碑

王惟孝字希舜貴州人嘉靖中以貢士來署教諭爲人壯直廉潔人不敢犯惓惓以成就人才爲務不營私橐諸生貧者必捐俸賑之擢富陽知縣仕終監察御史右文官

吳

盛斌赤烏中爲司馬奉詔與上大夫倪讓

將軍徐傑分畫地界建渭作田邑築塞
自青草灘至野和溪而斌之功居多及
卒邑人葬之仍立廟祀焉

五代

司馬福郡人始隸吳越王水軍爲遊奕都
虞候梁開平中淮人圍蘇内外阻絶王
遣援兵至莫知城中音問福潛行水中
三日入城中得報復出及救兵與城中

弓矢相應淮人以爲神進官都指揮使
吳越城吳江置軍鎮命福主之遂老於
職福美鬚髯屢爲諜者入城因翦其鬚
淮人卒不能識官布武

吳江縣志卷之十八

吴江縣志卷之十九

經畧志一

水利

禹貢云三江既入震澤底定司馬遷云昔禹之治水於吴則通渠三江五湖宋文帝元嘉二十二年楊州刺史始興王濬以松江滬瀆壅噎不利欲從武康紵谿直出海口穿渠浛功竟不立

隋煬帝大業六年勑穿江南河自京口至
餘杭郡八百餘里廣十餘丈備東巡
唐德宗貞元中蘇州刺史于頔繕完隄防
疏鑿畎澮列樹以表道決水以漑田
憲宗元和中湖州刺史范傳正開平望官
河淤澱
元和五年王仲舒治蘇隄松江爲路即今石塘
吳越錢氏嘗置都水營田使以主水事募

卒爲都號曰撩淺
宋眞宗天禧中江淮發運副使張綸同郡
守經度於崑山常熟疏五湖導太湖入
海復歲租六十萬斛
乾興元年詔蘇湖秀州積水害稼其發鄰
郡兵疏導壅閼仍令發運使[illegible]遣尚
書職方員外郎楊及往蘇湖秀州催督
疏導

仁宗天聖初蘇州水壞太湖外塘又海旁支渠堙塞廢民耕田八月詔轉運使徐奭江淮發運使趙賀董其事閏九月敕入内供奉官張永和相度自市涇以北赤門以南築石隄九十里起橋十有八或云四十餘浚積潦自吳江東赴海復良田數千頃流民得自占者二萬六千家歲出租苗三十萬

景祐初范仲淹守鄉郡議導諸邑之水上書宰臣呂夷簡具言水利其畧曰姑蘇四郊畧平窊而爲湖者什之二三西南之澤尤大謂之太湖納數郡之水湖東一派浚入于河謂之松江積雨之時湖溢而江壅横沒而已雖北壓楊子江而東抵巨浸河渠至多湮塞已久莫能分其勢矣惟松江退落漫流始下或一歲

大水久而未耗來年暑雨復爲沴焉人必荐饑豈可不爲之經畫乎今疏導者不惟使東南入于松江又使東北入于揚子以至於海乃爲利耳夫水之爲物蓄而停之何爲而不害決而流之何爲而不利或曰江水巳高不納此流某謂不然江海所以爲百谷王者以其善下耳豈獨不下於此耶江流若高則必滔

滔旁來必復有姑蘇乎矧今開畝之處
下流不息亦明驗矣或曰日有潮來水
安得下其謂不然大江長淮無不潮也
來之時刻少而退之時刻多故江淮會
天下之水能畢歸于海也或曰沙因潮
至數年復塞豈人力之可支其謂不然
新導之河必設諸閘常時扃之以禦來
潮沙不能塞也每春僅理閘外工減數

倍矣旱歲亦高之可救熯涸之菑澇歲則啓之可疏積水之患或曰陂澤之田動成渺瀰導川而無益也某謂不然吳中之田非水不植減之使淺則可播種非必決而涸之然後爲功也又松江一曲號曰盤龍父老傳云出水尤利如總數道而開之利必大矣畝澮之事職在郡縣然今之世有所興作橫議先至非

朝廷王之則無功而有毀故守土之人
無建事之意夫蘇常湖秀膏腴千里國
之倉庾也浙漕之任及數郡之守宜擇
精心盡力之吏不可以尋常資格而授
恐功利不至重爲朝廷之憂且失東南
之利也時轉運使亦委平江節度推官
張去惑分捍水道以功授將作監丞
寶元元年葉清臣爲兩浙轉運副使並太

湖有民田豪右據上游水不得泄而民不敢訴遂請疏盤龍匯及滬瀆入海民賴其利（以上係[illegible]流）

慶曆中通判李禹卿隄太湖八十里爲渠益漕運其口蓄水漑田千頃餘歲饑出羨粟三萬活饑民萬餘

慶曆二年守臣以松江風濤漕運多敗官舟遂築長堤界于松江太湖之間橫截

五六十里又修荻塘通湖州凡九十里
嘉祐四年招置蘇州開江兵士立吳江等
縣城下指揮五年轉運使王純臣建議
請令蘇湖常秀修作田塍位位相接以
禦風濤令縣官教誘殖利之戶自作塍
岸定其勸課爲殿最當時推行之
神宗熙寧三年詔天下陳理財省費興利
除害之策崑山人郟亶自廣東安撫機

宜上言蘇州水利具書與圖首言六失六得及治田利害七事大畧以爲古人治低田之法或五里七里而爲一縱浦又七里十里而爲一橫塘因塘浦之土以爲隄岸使塘浦闊深而隄岸高厚塘浦闊深則水流通而不能爲田之害隄岸高厚則田自固而水可必趨於江非專爲闊其塘浦以決積水也故隄岸高

者須及二丈低者亦不下一丈借令大
水之年江湖之水高於民田五六尺而
隄岸尚出於塘浦之外三五尺至一丈
故雖大水不能入於民田也民田既不
容水則塘浦之水自高於江而江之水
亦高於海不待決洩而水自湍流矣方
是時也田各成圩圩必有長每一年或
二年率圩之人修築隄防浚治浦港故

浦港常通而隄防常固至錢氏有國而尚有撩清指揮之名者此其遺法也洎乎年祀綿遠古法隳壞水田隄防或因田戶行舟及安舟之便而破其圩古者人戶各有田舍在田圩之中欲其行舟之便乃鑿其圩岸以為小涇小浜說者謂浜者安船溝也今所謂某家涇某家浜之類是也或因人戶請射下腳而廢其隄或因官中開淘而減少丈尺或因田主只收租課而不修隄岸

或因租戶利於易田而故要滲沒吳人以一易再易之田爲白塗田所收倍於常稔之田而納租亦依舊數故租戶樂於間年滲沒也或因決破古隄張捕魚蝦而漸致破損或因邊圩之人不肯出田與衆做岸或因一圩雖完傍圩無力而連延隳壞或因貧富同圩而出力不齊或因公私相吝而因循不治故隄防盡壞每遇春秋之交天雨未盈尺湖水未漲二三

尺而低田一抹盡爲白水又在江水之下民田既容水故水與江平江與海平而水不復泄矣且以吳江言之隄岸高者七八尺低者不下五六尺或用石甃或用樁篠或二年一治或年年修葺而風濤洗蕩動有隳壞雖水退之後暫獲豐稔求其久遠之效則不可得也朝廷始得亶書以爲可行有旨令亶至兩浙

運司與本路提舉倉司同共相度聞奏
先是詔司農陳白利害五年十一月除亶
司農寺丞提舉兩浙興修水利亶至蘇
比戶調夫同日舉役民以爲擾多逃移
會呂惠卿被召言其措置乖方元豐元
年正月一日有旨停工令官吏各具利
害聞奏人皆驩然十五日庭下方張燈
吏民二百餘人交入驛庭喧鬨斥罵燈

悉踩踐驛門亦破亶幞頭墮地一小兒
在旁亦爲人所挈諸縣令被遣出郊者
皆嗚鐃散棄遂罷役奪亶司農寺丞送
吏部流内銓
亶既廢其子將仕郎僑又嗣緝其說大畧
云浙西昔有營田司自唐至錢氏時其
水源去委悉有隄防堰閘之制旁分其
支脉之流不使溢聚以爲腹内畎畝之

患是以錢氏百年間歲多豐稔唯長興中一遭水耳暨納土之後至于今日其患方劇蓋由端拱中轉運使喬維岳不究堤岸堰閘之制與夫溝洫畎澮之利姑務便於轉漕舟楫一切毀之初則故道猶存尚可尋繹今則去古既久莫知其利營田之司又謂冗職既已罷廢則堤防之法流决之理無以考據水害無

已至乾興天禧之間朝廷専遣使者興修水利遠來之人不識三吳地勢高下與夫水源來歷及前人營田之利皆失舊聞受命而來恥於空還不過遽採愚農道路之言以爲得計但以目前之見爲長久之策指常熟崑山枕江之地爲可導諸港而決之江開福山茜涇等十餘浦殊不知古人建立堤堰所以防太

湖泛溢渰没腹内良田今若就東北諸
渚决水入江是導湖水經由腹内之田
瀰漫盈溢然後入海所以浩渺之勢常
逆行而瀦於蘇之長洲常熟崑山常之
宜興武進湖之烏程歸安秀之華亭嘉
禾民田悉已被害然後方及北江東海
之港浦又以水勢之方出於港浦復爲
潮勢抑回所以皆聚於太湖四郡之境

當潦歲積水而上源不絕瀰漫不可治
也此足以驗開東北諸渚爲謬論矣又
見太湖蓋積十縣之水一水自江南諸
郡而下出領阪重復間當其霖潦積貯
谿澗奔湍迤邐而至長塘湖又潤州之
金壇延陵丹陽丹徒諸邑皆有山源併
會於宜興以入太湖一水自杭睦宣歙
山源與天目等山衆流而下杭之臨安

餘杭及湖之安吉武康長興以入太湖
即古所謂震澤也昔禹治水凡以三江
決此一湖之水今則二江已絶唯吴淞
一江存焉疏洩之道既隘於昔又爲權
豪請占植以菰蒲蘆葦又於吴江之南
築爲石塘以障太湖東流之勢又於江
之中流多置罾斷以遏水勢是致吴江
不能吞來源之瀚漫日淤月澱下流淺

狹迨元符初逮漲潮沙半爲平地積雨滋久十縣山源併溢太湖當蘇湖常秀之間陂崦浦港悉皆瀰漫四郡之民惴惴然有爲魚之患凝望廣野千里一白少有風勢駕浪動輒數尺雖有中高不易之地種已成實頃刻蕩盡此吳民畏風甚於畏雨也吳松古江故道深廣可敵千浦向之積潦尚或壅滯議者但以

開數十浦爲策而不知臨江濱海地勢高仰徒勞無益愚今者所究治水之利必先於江寧治水陽江與銀林江等五堰體勢故跡決于西江潤州治丹陽練湖相視大崗尋究亟管水道决於北海常州治宜興隔湖沙子淹及江陰港浦入北海以望亭堰分屬蘇州以絕常州輕廢之患如此則西北之水不入太湖

爲害矣又於蘇州治諸邑限水之制閘吳江之南石塘多置橋梁以决太湖會於青龍華亭而入海仍開浚吳松江官司以隣郡上戸熟田例敷錢糧於農事之隙和雇工役以漸闢之其諸江湖風濤爲害之處並築爲石塘及於彭匯諸湖瀼等處尋究昔有江港自南經北以漸築爲堤岸所在陂淹築爲水堰秀

州治華亭海鹽港浦仍體究枯湖澱山湖等處向因民戶有田高壤障遏水勢而疏決不行者並與開通達諸港浦杭州遷長河堰以宣歙杭睦等山源決于浙江如此則東南之水不入太湖爲害矣此前所謂旁分其支脉之流不爲腹內畎畝之患者此也水爲東南患其來久矣獻其端者大抵二説一則以導青

龍江開三十浦爲說一則以使植利戶浚涇浜作圩岸爲說是二者各得其一偏未容俱是何以言之若止於導江開浦則必無近効若止於浚涇作岸則難以禦暴流要當合二者之說相爲首尾乃盡其善但施行之後自有次第耳必不得已欲兩者兼行以規近効亦有其說若欲決蘇州湖州之水莫若先開崑

山縣之茜涇浦使水東入於大海開
山之新安浦顧浦使水南入於松江開
常熟縣之許浦梅里浦使水北入於楊
子江復浚常州無錫縣界之望亭堰俾
蘇州管轄謹其開閉以遏常潤之水則
蘇州等水患可漸息而民田可治矣若
欲决常州潤州之水則莫若决無錫縣
之五卸堰使水趨於楊子江則常州等

水患可漸息而民田可治矣世之言水利者非不知此然開浦未久而汙泥尋塞決堰未多而良田被患何也蓋雖知置堰閘以防江潮而不知浚流以泄沙漲故有堙塞之患雖知決五卸堰水而不知築堤以障民田故有飄溺之虞且復一於開浦決堰而不知勸民作圩垾浚浮浜以治田是以不問有水無水之

年蘇湖常秀之田不治十常五六愚故
曰要當合二者之說相爲首尾則可盡
其善某嘗論天下之水以十分率之自
淮南而北五分由九河入海書所謂同
爲逆河入于海是也自淮而南五分由
三江入海書所謂三江既入震澤底定
是也而三江所決之水其源甚大由宣
歙而來至于浙界合常潤諸州之水鍾

於震澤震澤之大幾四萬頃導其水而入海止三江爾二江已不得見今止松江又復淺汙不能通泄且復百姓便於巳私於松江古河之外多開溝港故上流日出之水不能徑入于海支分派别自三十餘浦北入吳郡界內即先父比部水利奏中所謂向欲導諸江者復南而北矣某聞錢氏循漢唐法自吳江縣

松江而東至于海又沿海而北至于楊子江又沿江而西至于常州江陰界一河一浦皆有堰閘所以賊水不入久無患害爲今之策莫若先究上源水勢而築吳松兩岸塘堤不唯水不北入於蘇而南亦不入於秀兩州之田乃可墾治今之言治水者不知根源始謂欲去水患須開吳松江殊不知開吳松江而不

築兩岸堤塘則所導上源之水輻輳而來適爲兩州之患蓋江水溢入南北溝浦而不能徑趨於海故也儻效漢唐以來堤塘之法修築吳松江岸則去水之患已十九矣震澤之大纔三萬六千餘頃而平江五縣積水幾四萬頃然非若太湖之深廣瀰漫一區也分在五縣遠接民田亦有高下之異淺深之殊非皆

積水不可治也但與田相通[illegible]
所以風濤一作回環四合無非水者[illegible]
非全積之水亦有可治之田瀦瀉之餘
其淺淤者皆可修治永爲良田况五縣
積水中所謂湖瀼陂渰僅三十餘所雖
水勢相接畧無限隔然其間深者不過
三四尺淺者一二尺而已今乞措置大
作隄防以圍其水復於隄防四傍設爲

斗門水瀨即大水之年足以瀦蓄湖瀼之水使不與外水相通而水田之圩岸無衝激之患太旱之年可以決斗門水瀨以浸灌民田而旱田之溝洫有畎畝之利坐收苗賦以助國用

哲宗元祐中宜興人單鍔著吳中水利書畧曰蘇常湖三州之水爲患久矣今觀其迹自溧陽五堰東至吳江岸猶有之

一身也堰閘則首也宜興荆谿則咽喉也百瀆則心也震澤則腹也旁通震澤衆瀆則絡脉衆竅也吳江則足也今上廢五堰之固而宣歙池九陽江之水不入蕪湖反東注震澤下又有吳江岸之阻而震澤之水積而不洩是猶有人焉桎其手縛其足塞其衆竅以水沃其口腹滿氣絶欲不死得乎且五堰久廢而

三州之田十年尚有五六熟猶未爲大患也自吳江築岍以後十年之間熟無一二何者岍界吳松江震澤之間岍東則江岍西則震澤江之東則大海也百川莫不趨海今築此隄横截江流遂致震澤之水常溢而不洩浸灌三州之田每至五六月湍流峻急之時視之則岍東之水常低於岍西之水一二尺此隄

岍門水之跡可覽矣又覩岍東江尾與海相接之處茭蘆叢生沙泥漲塞已成一村昔爲湍流奔湧之地今爲桑棗場圃之區一邑之賦雖增三州之賦實減即而較之不知幾百倍也夫江尾昔爲茭蘆今何致此盖未築岍之前源流東下最爲峻急築岍之後水勢遲緩無以蕩滌泥沙以至增積而茭蘆生茭蘆生

則水道狹水道狹則流洩不快雖欲震澤之水不積其可得乎今欲洩震澤之水莫若先開江尾茭蘆之地遷沙村之民運其所漲之泥然後以吳江岸鑿其土爲木橋千所橋洪各闊一丈每十橋可開水面二十丈千橋共開水面二千丈隨橋洪開茭蘆爲港走水仍於下流開白蜆安亭二江使湖水由華亭青龍

入海則三州之水必大減矣昔監司恐虧損商稅遂塞安亭一江夫籠截商稅利謂能有幾耶太湖之廣昔云三萬六千頃自築吳江岍及諸港湮塞積水不洩又不知其愈廣幾多頃也時蘇軾在翰林奏其書請行之弗果

元祐六年閏八月知杭州林希言太湖積水爲蘇州大患乞委監司相度開決廢

使民田可耕流移復業遂詔左朝奉郎邵光與本路監司同導决之元豐三年賜米三萬石開蘇杭州運河淺澱六年樞密院裁定蘇州開江兵級八百人專治浦閘

紹聖中浙部水溢詔賜緡錢二百萬以振之轉運副使[illegible]被害即損二百萬償仍歲如之將何以繼請官貸錢

七十萬緡東北道吳江開大盈顧匯二
浦柘湖新涇下金山小官浦悉入於海
自是水不爲患
元符三年二月詔蘇湖秀州凡開治運河
浦港溝瀆修疊隄岸開置斗門水堰等
役開江兵卒
崇寧元年置提舉淮浙澳牐司于蘇州以
知崑山縣鮑朝懋提舉管幹二年宗正

丞徐確提舉常平考禹貢三江之說以爲太湖東注于海松江正在下流向來潮泥湮塞水溢爲患請自封家渡古江開淘至大通浦直徹海口七十四里以常平緡錢米十八萬三千餘充調夫之費係下流

徽宗大觀元年九月中書舍人許光疑奏蘇州之患莫若開江浚浦蓋太湖入海

然後水有所歸今境內積水視去歲損二尺前歲損四尺良由開松江瀆八浦之力吳人謂開一江有一江之利瀆一浦有一浦之利願委官詳究利害遂詔吳擇仁相度而開江之議復興矣十一月詔委本路監司檢按松江古迹疏導及命陳仲方爲發運司屬官相度蘇州積水三年兩浙監司奏請開淘吳松江

復置十二牐

高宗紹興二十三年諫議大夫史才言浙西民田最廣而平時無甚害太湖之利也近年瀕湖之地多爲兵卒侵據累土增高長堤彌望名曰壩田旱則據之以溉而民田不沾其利澇則遠近泛濫[illegible]民田盡沒欲乞盡復太湖舊迹使[illegible]各安田疇均利

孝宗隆興六年十二月監進奏院李結獻
治田三議一曰敦本二曰協力三曰因
時敦本之法要在治田當如郟亶所議
取塘浦之土以爲隄岸若但知决水而
不知治田則所開浚之地不過積土於
兩岸之側霖雨蕩滌復入塘浦不五七
年填塞如舊前功盡棄矣詔令胡堅常
相度以聞其後戶部以三議切當但工

力浩澣欲諭有田之家各依鄉例出錢米與租佃之人更相修築庶官無所費民不告勞從之

淳熙十三年羅點提舉浙西常平以澱山湖洩諸水道戚里豪強占以爲田故水壅不洩民田病之奏乞開濬有旨命點躬親相視開掘農民聞命歡躍不待告諭各裹糧合夫先行掘鑿於是澱湖巨

浸復爲良田條下流

理宗紹定五年知府吳淵以吳江石塘橋梁摧圮給錢三十萬米一千二百石命邑令李桃巡塘官綦鈕修葺又植蒲葦楊柳以爲捍

元成宗大德八年五月都水少監任仁發著水利議荅大畧謂宋蘇軾有言若要吳松江不塞吳江一縣之民可盡徙於

他處廢上源寬濶清水力盛沙泥自不能積何致有湮塞之患哉自歸附後將太湖東岸出水去處或釘柵或作堰或爲橋及有湖泖港汊又慮私鹽船往來多行塞斷所以清水日弱渾潮日盛沙泥日積而吳松江日就淤塞正與蘇軾所見相合大抵治之之法有三浚河港必深濶築圍岸必高厚置閘竇必多廣

設遇水旱就三者而乘除之自然不能
爲害儻人力不盡而一切歸數於天寧
有豐年耶是年十一月上疏疏導至九
年二月畢工
泰定帝泰定元年江浙行省以平江松江
通海河道壅塞軍民官勢侵占水面爲
田遞年水旱相仍官民虧失大利委官
同本處正官踏視講議到吳江舊江三

道烏泥涇大盈浦二河合挑緣癸巳歲
禁止動土請工部論報云上項河道江
浙省已嘗講議修則官無虧糧民可足
食難與其餘土木之工一體停罷奏命
行省左丞朶兒只班知水利前都水少
監任仁發董督常州湖州嘉興平江與
本府不分是何人户實有納苗田一頃
五十畝差夫一名計四萬有奇每名日

支口糧三升中統鈔一兩賜仁發銀一錠襖子二領始於是年冬十二月次年正月訖功仍令講究久遠不致淤塞良法

順帝至正元年中書以江浙行中書左丞相欽察台開府言浙西水利近年有司失於舉行隄防廢弛溝港湮塞水失故道民受重困今後莫若都水監官歲委

一員分治仍令各處農事正官帶知圍田署銜責任有歸及監察御史言宜復立都水庸田使司慎選諳曉水利恪守官箴之人披按圖志討論舊治於必合開挑之處將原額租稅除豁合用工本官爲支給使專其任責以成效於是奏立使司復於平江路設置命工部尚書禿魯行省平章政事只里瓦歹南行臺

與浙西廉訪司官一員選知水利之人相其舊迹必合開挑各處農事正官結銜知渠堰事聽受使司節制由是肇工於是年冬十月撩漉吳松江沙泥浚各閘舊河直道與滸渠張涇及風波南俞北俞鹽鐵官紹盤龍浦滙六磊石浦等塘役夫一十九萬八百人用糧四千七百石鈔三千一百錠各有奇次年春二

月訖功
至正中潘應武言决放湖水畧曰太湖三萬六千頃受納三州之水溢流而下一路徑下吳松江二百六十餘里抵海又一路自急水港五十里下澱山湖由港浦而入海錢王時置撩淺軍宋理宗朝立水軍無非爲去水計也歸附後軍散營廢河港湮塞其澱山湖中有山寺宋

時在水中心東有出水港五各闊十餘丈通潮水往來潮退則引湖水下大曹大盈等浦入青龍蟠龍江而出海古人謂之尾閭門宋法禁人占湖為田為淺水路故也歸附後權勢占據為田今山寺在田中雖有港漊悉皆淺狹潮水河水不相往來攔住去水東南風水回太湖則長興宜興歸安烏程德清等處泛

澱西北風水下澱山湖泖則崑山常熟吳江松江等處泛濫皆因下流不決積水往來爲害如人便溺不通水滿胸腹所宜開濬以救百姓復言便宜畧曰伏詳東坡先生曰三吳之水瀦爲太湖太湖之水溢爲松江以入海海水日兩潮潮濁而江清潮水常欲淤塞江路而江水清駛輒隨滌去海口常通則湖中少

水患此數句包盡浙西水路下一駃字斷盡浙西水性駃疾也言水性駃疾也水流要駃如萬馬之奔驟也自歸附時招民官慮恐哨船入境據掠鄉村將河港釘塞吳江長橋實三州太湖衆水之咽喉沿塘橋洞實鄉村河港之脉絡今多被釘斷亦有築實爲壩者所以不流不活不疾不駃請詳言之吳江沿塘橋

道三十六座及葑門外至七里橋多有上下橋道今皆壩塞不通數内第四橋下水路來自湖州大錢港衝出塘東湖泊間入笠澤湖汾湖自蜆江下急水港直至瀫山湖今皆被人占據又瀫山湖北一帶自廟兒頭港至趙屯浦一百餘里共有港浦一十三條今皆淤淺長橋南塊水至龍王廟側今被壩塞五十餘

丈見盖房與軍戶居以至太湖出口狹小水不通徹易致泛濫今宜令湖塘河瀆知縣職銜帶提領縣尉職銜帶巡視但有圯塞隨即修浚如此則自然永無水患實爲公私無窮之利也

大明成祖永樂二年　朝廷以蘇松水患爲憂命戶部尚書夏原吉疏治尋遣都察院僉都御史俞士吉賫水利集賜原

吉使講究拯治之法以聞原吉奏曰浙西諸郡蘇松最居下流太湖綿亘數百里受納杭湖宣歙諸州溪澗之水散注澱山等湖以入三江頃爲浦港湮塞匯流漲溢傷害苗稼拯治之法要在浚滌吳松江諸浦導其壅滯以入于海按吳松江舊袤二百五十餘里廣一百五十餘丈西接太湖東通大海前代屢浚屢

塞不能經久自吳江長橋至夏駕浦約百二十餘里雖云通流多有淺狹之處自夏駕浦抵上海縣南蹌浦口可百三十餘里潮沙漲塞已成平陸欲即開浚工費浩大灩沙泥淤浮泛動盪難以施工臣等相視得嘉定之劉家港即古婁江徑通大海常熟之白茅港徑入大江皆係大川水流迅急宜浚吳淞南北兩

岸安亭等浦引大湖諸水入劉家白茅
二港使直注江海又松江大黄浦乃通
吴松要道今下流壅遏難疏傍有范家
浜至南蹌浦口可徑達海宜浚令深闊
上接大黄浦以達湖泖之水此即禹貢
三江入海之迹每歲水涸之時修築圍
岸以禦暴流如此則事功可成於民爲
便

英宗正統五年六月廷臣奏言江南賦稅多取給於蘇州其田卑下常有渰溺之患宜設法疏浚以利生民從之令巡撫侍郎周忱等兼總其事許以便宜處置忱檢視嘉定吳淞江直流百里餘東連大海西接太湖而北平坦滋生草蔓民因開墾成田江水壅塞不能通流乃親往江上立表于江心督民間挑修崐山

縣顧浦自是水得疏洩矣
正統七年吳中大水繼以七月十七日颶
風時巡撫侍郎周忱預奏量留官糧府
一十二萬石縣亦五六萬石賑濟其年
各處低圩岸塍俱被衝塌時水利等官
先已被巡按御史何永芳奏革公奏取
曾經任過辦事官量撥一二十員准其
歷俸年月管修田圩開塞河道畢日送

回未半事完

景皇帝景泰五年夏大水渰浸田禾經久不退侍郎李敏知府汪滸議當開浚白茆等塘以洩之滸躬往常熟縣相視時久不疏濬壅成隄堰近民耄倪皆卧泣其上以求免言一開浚則堰下之田亦就浸矣滸不許強之挑濬青墩浦橫瀝塘共五六里以通白茆塘鑿開三堰約

三四里引水通鮎魚口其海口淤塞漫生叢葦仍挑去約千餘畝於是水得歸海

英宗天順二年巡撫左副都御史崔恭訪得吳淞江利病即親詣其地以三年二月督工挑浚分江爲三段崑山縣自夏界口至白鶴江挑[illegible]六十七丈上海縣自白鶴江至[illegible]挑四千六十七

丈嘉定縣自卞家渡至莊家涇挑五千五百六十七丈江深一丈一尺面濶十丈二尺底濶四丈出舊江一萬三千七百一丈係下流

憲宗成化十年巡撫右副都御史畢亨與知府丘霽議開吴松江面濶一十四丈五尺底濶八丈五尺水深一丈二尺自夏界田起至西莊家港嘉定崐山二縣

分挑

孝宗弘治四年五年七年吳中大水給事中邑人葉紳疏請疏導　朝廷從之八月勑工部侍郎徐貫與從行主事祁萃會同巡撫都御史何鑑知府史簡尋訪水道通塞之由以吳江萬六千人開濬長橋水竇疏太湖之水以及吳淞江盖江口被民田之及叢生葦荻蔓延數千

畝至是犂除之以長長吳崑山常熟嘉定等縣十萬五千餘人挑濬白茆港并斜堰七浦塘共長一萬四千餘丈并東開鹽鐵塘十八里西濬尢涇七里民夫皆給以口糧計八萬八千二百六十餘石由是諸涇港首尾皆貫於白茆而水有所歸矣

弘治中巡撫都御史似其講求水利邑人

史鑑獻議曰吳江之地土踈水緩左江右湖故水之爲患也特甚太湖東南巨浸即禹貢之震澤也其西北納荆溪宣歙蕪湖宜興溧陽溧水數郡之水西南合天目富陽分水湖州杭州諸山諸溪奔注之水瀦聚于湖汪洋浩瀚不可涯涘而松江承其下流（松江吳江古名也）即禹貢所書三江既入之一也逶迤曲折洄流

洑逆行百餘里始入于海而吴江據江湖之會屹然中流每遇霖雨積旬潦水漲溢渺然無際或風濤大作吞嚙衝擊其害甚於雨東風則江水西浸西風則湖水東汎俄頃數尺人力莫施故瀕江之人謂之賊水者此也議者徒欲開一渠濬一涇置一牐以爲治之之方是皆狗一徧之見而無救患之益也何則吴

江水多田少溪渠與江湖相連水皆周
流無不通者特有大與小急與緩之異
爾假令斷置一牐而北流者自若東開
一渠而西溢者如故固不當與諸縣治
法同也竊以爲今日措置之方其要有
四一曰築隄吳江之田皆居江湖濵支
流旁出皆蕩漾不可以名計苟不致力
於隄防以禦捍之則未見其可也　國

朝永樂中治水東南尚書夏忠靖公創
於前通政使趙君繼任於後無不注意
於隄防皆妙選官屬分任諸縣而二公
則周爰相度而考課焉其法常於春初
編集民夫每圩先築樣墩一爲式高廣
各若干尺然[illegible]隄如之其取土皆於
附近之田又必督民以杵堅築務令牢
固隄既訖工令民箭泥填灌取土之田

必使充滿復於隄之内外增廣其基名爲抵水蓋隄既高峻無基以培之則歲久必頹矣又課民於抵水之上許其種藍而不許種荳蓋種藍必增土久而日高種荳則土隨根去久而日低矣此雖爲瑣碎難行然亦可使民由之而不知也厥後二公去任二三十年閒豈無水患而不至于大害者良由隄防猶存之

力也然人亡法廢隄日就傾水患復作正統間尚書周文襄公講求二公之法而損益之由是水患漸平民安其業近年以來法度廢弛壞者什七八欲求水之無害難矣爲今之計莫若上按三公已行之成規嚴爲之制官屬躬親臨視務臻實效毋令吏胥得售其姦則隄防有成民免其害矣二曰審分洩吳江之

地當太湖東南其在南者分衆流以入湖吳漊港宋家港朱家港蠡思港直瀆港黄沙港韭溪是也其居東者引湖水以入江瓜涇港七里橋柳胥港虹橋長橋三江橋三山橋定海橋萬頃橋仙槎橋甘泉橋白龍橋是也又自縣治至平望四十里間亦係分洩湖水之所今爲石塘雖便往來前輩嘗言其有害水道

故鑿竇以通水流近年傾圮俗吏鄙夫不知大計輒堙而築之又湖水多渾易爲停積沿湖之人多種茭蘆歲久成田咸登糧額遂致水道日微又瓜涇港長橋正當太湖東流入江要道至爲深濶而瓜涇港居民慮爲盜賊所侵苟利於已輒寅緣巡捕官爲之築堰長橋又爲豪家堙塞規爲田宅水遂不通爲患極

夫今則入湖者汎濫而南流矣入江者
洄流而西浸矣日滋月長其害將見甚
於今日伏惟深爲利民至計不惜小費
不求近效不惑浮言一切疏濬仍爲之
防不許踵襲前迹則水有所歸而無泛
濫之患矣三曰務車救夫水之泛溢者
既築隄以障之矣水之壅遏者又疏渠
以導之矣而水之停積者若不竭力以

車戽則何從而減之乎然民之貧乏者或無力而弗供豪猾者又恃頑而不服以致互相推調坐視陸沉在乎上之人爲之激勸而安集之爾往年水患初作上自長貳下至簿史無不躬親看視奔走道路未嘗寧居故諺有救水如救火之言此言當急不當緩也頑者治之貧者寬之由是人知警勸而法在必行自

近年設立水利官後一切委之然地既廣遠卒未能周居東則西不知在南則北罔卹欲求其無悞難矣伏望著爲令典今後水潦凡任牧民之任者悉令分投巡視督民而力救之務在水平而後返不可專委水利一官以悞大計如此則水患可禦而民有粒食之惠矣四曰專委任夫事功之成由委任委任之方

皆專一伏覩永樂年間凡興建水利歷
事皆責成糧長而官自節度之蓋糧長
之任職在農功賦稅而已用心必專自
近年以來添設塘長又立耆老復革去
塘長而立圖長又有屬官義官之委糧
長耆老之總紛紛多制十羊九牧民無
定志莫知所從且屬官望淺位卑民不
知畏義官總者又皆貪猾之人招權納

賂靡所不爲是皆無益於民適足以爲聚歛之端張其兼併之勢又況保選耆老圖長皆由糧長則其人可知倚法爲姦病民尤甚望將所設諸色盡行革去專令糧長圩長管之糧長管其都圩長管其圩縣之佐貳咸令分管地方往來巡視而正官總攬其綱考其殿最如此則法歸於一而民免浸漁之患矣

武宗正德四年五年吳中大水給事中邑人吳巖疏陳四事一曰疏濬下流浙西諸郡蘇松最居下流太湖綿亘數百餘里受納天目諸山溪澗之水由三江以入于海是太湖者諸郡之水所瀦而三江太湖之所洩也禹貢所謂三江既入震澤底定是也若下流淤湮則衆水泛濫矣爲今之計要在相其源委別其利

害以爲之區處如白茅港七浦塘劉家河此蘇州東北洩水之大川如吳松江大黄浦爲松江南境洩水之大川其間各有旁港支渠引上流之水歸於其中而並入於海此所謂源委也白茅一港自弘治七年疏濬之後巳二十五六年吳淞一江自天順間疏濬之後六十有餘年聞之白茅潮沙壅塞勢若丘阜吳

江僅如溝洫舟楫艱行其旁瀕支港汊多湮塞下流既壅上流曷歸此其間皆之可見者也今能濬白茅則蘇州東北之水有所歸濬吳淞江則蘇松東界之水有所歸水各有歸則太湖不溢而向來沮洳淤浸之土皆出而可耕矣二曰修築圍岸浙西之田高下不等隨其多寡各有成圍吳越以來素稱膏腴宋儒

范仲淹嘗曰江南圍田中有渠外有門閘旱則開閘引江水之利澇則閉閘拒江水之害旱澇不及爲農美利是知圍田全仗乎岸塍岸塍常利於修築水漲則專增其裏水涸則仍築其外務令堅固高濶可通往來隨其旱澇而車戽出入如此則先事有備而田皆成熟矣三曰經度財力四曰隆重職任

正德十四年差都御史李充嗣開濬白茆
港至
今皇帝嘉靖元年濬長橋南十字港長一
百九十九丈其北至顧公廟長四百六
十一丈東西濶五十六丈深二尺并修
築壁甃等圩九百七十圩本年工畢
嘉靖二十三年巡按御史呂光洵以地方
被灾踈開三吳水利濬長橋三江八斥

平望四處用工食銀一萬二千五百四十一兩六錢八分其麻溪等河五十九處隨田派夫通濬

沈啓曰東南爲天下水窟財賦特萃焉故治之之法爲詳而吳江又爲東南之窟其法亦有詳於他邑者嘗考 國初監官例差工部郎中或主事一員成化八年改設僉事帶銜浙江後復與部差

間設不常正德八年海島生變改設專備副使兼之仍不爲常嘉靖二十三年又改山東帶銜或有大工則間命重臣董之至於府有判縣有丞則皆專官蓋特制也知此則知所以重農之意矣其塘長圩長之設即周官土均稻人之意嘗觀稻人以瀦蓄水以防止水以溝蕩水以遂均水土均爲掌其平水土之政

而率以治之然則令之塘長遇有田塍傾圮溝澮湮徵梁塘崩損非所當率其圩長而經葺者乎緬惟朔望結報於官之法猶存則植塗通水修復文襄之政以裨耕稼以還流移不在茲歟此外又有導河夫銀盖祖吳越之撩淺卒宋之開江兵而歲徵里甲以備濬瀹修築之需者也嘉靖十七年議均田賦時無水

恩盡蠲革之二十六年復徵如故三十六年移爲驛遞修舡之費（互見徭役類）然猶存其餘以待水利之用焉其裁其復必有能權其輕重者矣

減水則例

水則石二各長七尺有奇（宋時定樹垂虹亭之北）其左一石横爲七道道爲一則以下一則爲平水之衡水在一則則高低田俱

無恙過二則極低田渰過三則稍低田渰過四則下中田渰過五則上中田渰過六則稍高田渰過七則極高田俱渰如某年水至某則爲災即於本則刻之曰某年水至此每年各鄉報到災傷官司雖未及遠臨踏勘而某等之田被災已豫知於日報水則之中矣憂民者時出乘虹以驗其實而虛冒者亦無所容

其右一石分爲上下二横每横六直每直當一月其上横六直刻正月至六月下横六直刻七月至十二月三旬故每月下又爲三直直當一旬三季二十九旬凡二十九直其司之者每旬以水之漲落到某則報於官其有過則爲災者刻之法如前

沈啓曰二碑石刻甚明正德五年猶及

見之其横第六道中刻大宋淳熙三年水到此第七道中刻大元至元二十四年水到此正德五年大水城中街路皆斷不通人往稽其碑水到六則與宋淳熙中同則元之水猶過也今石尚存而宋元字跡與横刻之道盡鑿無存止有減水則例四字亦非其舊迺大直刻正德五年水到此六年水到此既無横道

何以爲則例哉且六年無水何用爲刻四年有水而反遺之盡失古人重民建置之意不知伊誰之過也今石猶樹水旁故特追憶其舊所見者錄之如右亦存羊云爾

隄水岸式

高六尺（以平水爲定高下增減）基濶八尺面濶四尺謂之羊坡岸其內有丈許者稍低植

以桑苧謂之抵水環圩植以茭蘆謂之護岸其遇逼湖邊蕩甃以石塊謂之撓浪又於圩外一二丈許列柵作埂植茭樹楊謂之外護今盡廢無遺焉

沈棨曰案此周文襄公定制尤詳於二十八九都每年縣官於農隙時詣看坍損督塘長圩甲修之後官不出民亦不舉此法遂廢正德五年遇潦不支民盡

流移迺成抛荒久而不歸遂爲積荒良田萬計皆在草中更移其糧於一縣包陪哀哉稔聞其説追録於此稽之賦役册内積荒無原勘可見天順至弘治以前民無流移田無抛棄以修圩之政舉也正德以來積荒至三百九十六頃非其徵與

濬河數 江湖淤漲爲田就中濬導丈尺

牛茅墩即東湖湖水東北流由廟涇甘泉三江等塘二十里直達龎山湖入吳淞江今東湖盡淤成田止存三大河洩水其由南仁河入者爲西水路爲東水路由上家斷入者爲江漕路

南仁河一名南勝一名和尚濶一百二十丈弘治九年定後濶二十三丈正德十三年定北折而爲西水路濶七丈十八里至長橋河又

東北折而爲東水路濶二十三丈正德十三年定十八里至白龍甘泉三江等橋○其附而洩水者南舍等港凡十俱濶四五丈○又附南瀲港濶五丈東出徹浦○又附中瀲港濶九丈東出甘泉

江漕路濶一百二十丈弘治九年定北流至廟涇大浦廟涇港濶六丈嘉靖十三年定東

入葉澤湖大浦港濶七丈長二百丈
嘉靖二十三年定
八斥運河北叚東西各長一百三十三丈南北濶九丈南叚東西長七百五十二丈南北濶一十九丈三尺
白龍橋西二港各濶六七丈東行濶六丈
徹浦西接東水路長五十丈東入尚湖

澗十丈

廿泉橋西澗六十丈東入龎山湖澗六十六丈（正德十三年定）後南北長八十丈東西澗十八丈（嘉靖二十三年定）運河澗十三丈（諸橋澗水此尤爲要）

三山橋港澗四丈定海橋港澗十八丈萬頃橋港澗一十一丈仙槎橋河澗六丈（俱嘉靖十三年定）同北流入龎山湖

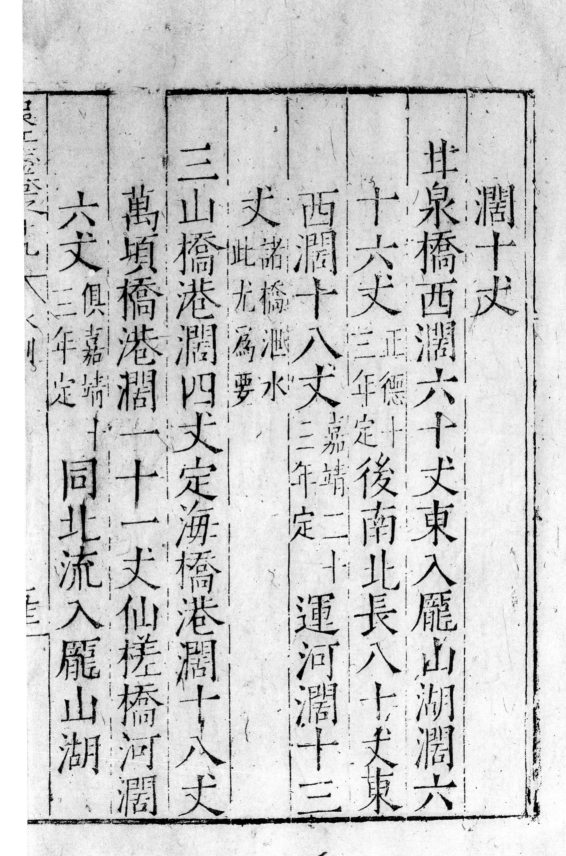

三江橋南段東西各濶三十四丈南北
各長五百二十丈　其北段東西各
濶二十丈南北各長一百丈嘉靖二十三年定
亦北流入麗山湖
水竇一百三十六河各傍其竇
觀瀾港濶一丈北入麗山湖
右自牛茅墩至此爲東南淺水第
一要處其間支河漫衍介然用

之則通闊然舍之則塞不可詳

吳家港闊四十三丈弘治九年定後闊二十四丈正德十三年定西接太湖東流不半里即南湖北至長橋吳淞江入龐山湖今盡漲南湖爲蕩分爲三港一港東流十里至甘泉闊亦如之中分一支北折復東至三江橋闊亦如之一港東北流八里至長橋三汊口闊亦如之一港北流爲斜

路八里至縣西門濶五丈俱正德十三年定
內湖墓梅里石里八港俱濶四五丈
今淺隘東行合於斜路斜路以東俱塞
長橋濶一百二十丈其南即湖今淤為田止有
牛茅墩東西江漕等路并吳家等港
數漲數濬弘治四年浚還為湖嘉靖
元年濬南至十字港即三汊口長一百九
十丈闊如舊北至顧公廟濶五十

六丈嘉靖二十三年濬南瀨上段東長三百九十二丈西長二百四十九丈南濶一百三十四丈北濶一百丈下段垂虹亭基之東西各長八十四丈各濶七十八丈○長橋北至養濟院東西長三百七十丈南濶九十一丈二尺北濶九十五丈養濟院至顧公祠東西各長四百一十丈南北各

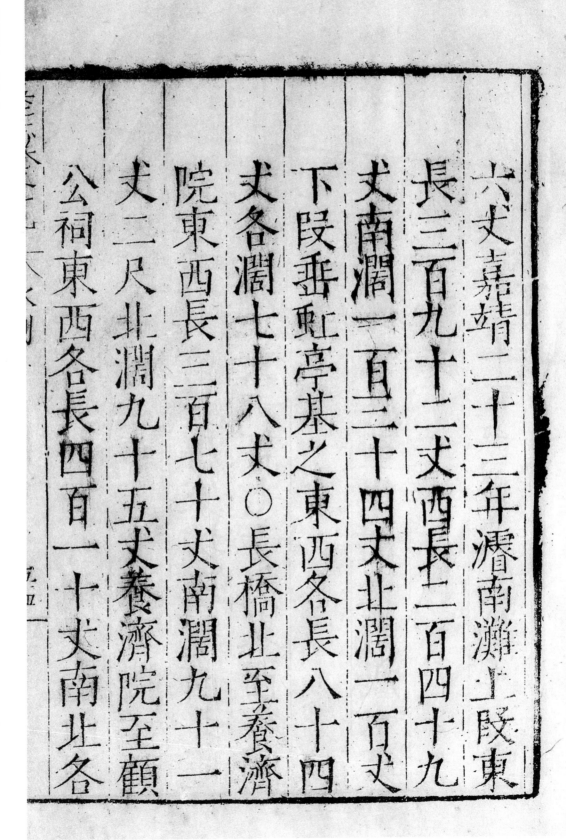

濶三百一十丈自顧公祠至龐山湖
口東西各長三百一十八丈濶一百
五十五丈〇其唐家坊迤邐西北運
河南北各長一百七十丈東西各濶
九十丈
右自吳家港至此爲東南洩水第
二要處
瓜涇港濶二十五丈東入吳淞江　內

附柳胥潘奇其一作王家滙港俱五丈
丈同行
鮎魚口濶一百三十丈〇内有面杖港
濶八丈
莫舍漊闊一百三十丈〇内附濺來溪
濶十丈
牛腰涇三分各濶七丈五尺
市河三道洩水入吳淞江一自西門至

縣治前濶二丈三尺。縣治前至東門濶二丈二尺二。自利民橋（郵亭橋）至小東門濶一丈二尺三。自治安橋（即小倉橋）至小東水門濶一丈六尺。

平望運河○震澤運河○梅堰運河

以上三河[illegible]淺塞二十二年有數未開

沈啓曰：江湖非可丈尺計，計丈尺於

江湖間非得已也何也昔水而今田也觸水皆田也所討者止於牛茅墩以及甘泉之上下吳家港以及長橋之上下何也分洩莫此爲要也存一二於千百又非得已也曰此數可求爲則乎曰觀前有可減則後亦可增田蕩者江湖之客形江湖者田蕩之本體求水之利何漲之恤知此則東

南水利思過半矣

又曰新漲阻塞水利講求修濬者自古迄今則其爲害也無疑矣然利害所關不在下流必在上流而古今又不相沿如宋單鍔謂增吳江一邑之賦反損三州之賦不知幾百倍也所謂三州者指湖常秀而言稽之常州之水在宋入太湖在今已堰入大江

其盈其涸殆猶風馬牛之不相及矣
秀州即嘉興在縣東南其入界之水
僅由瀾溪汾湖以出三泖與大湖耶
不相涉所關者惟湖州一郡在縣上
游與本縣四五至十五等都壤界相
連俱在太湖西南水源之所由來也
下流一阻上流爲潦勢所必然此疏
濬之說不容於不講者而今官司視

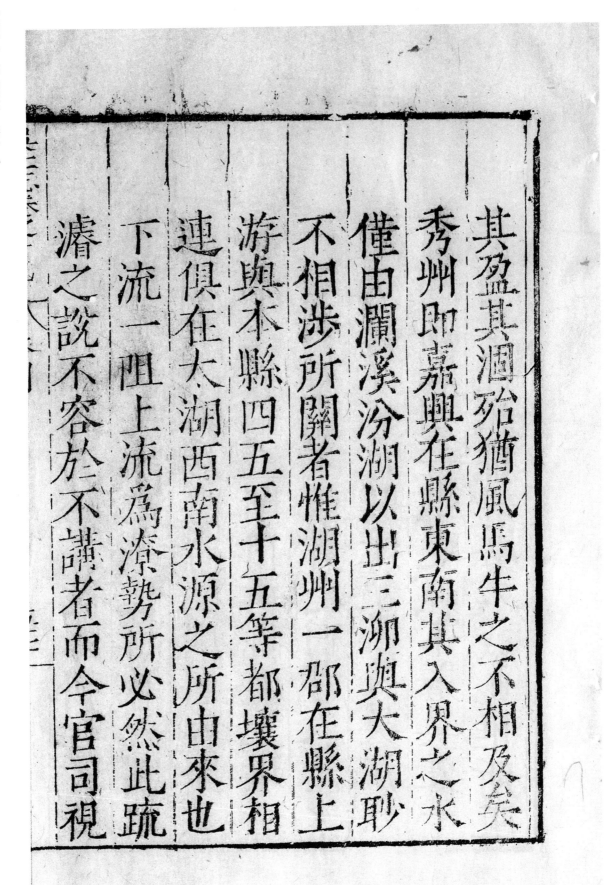

爲迂緩細民若於工役而利已者又惧其奪削也故凡遇當事者一則曰江湖水平不爲阻礙二則曰蚤開暮漲濟之何益三則曰所掘泥土堆置何處又好事者鼓舞之曰昔人治水欲决吳江一邑嗟乎使盡决吳江以利湖州湖州一郡之賦不若吳江一邑之多握賦權者必不惑也惟所阻

三說在通變宜民者亦能辯之夫百畝之田多分河港且猶爲利而况利在本縣西鄉旁及鄰郡者乎濬吳江利在湖州然則吳江之利何求亦曰濬華上崑常云耳此上流下流之别也

大明周用詩客土能修利吳江有稻田三分從下賦百折礙東川天囷懷稊米農家索社錢鄉人如可作應說白公賢

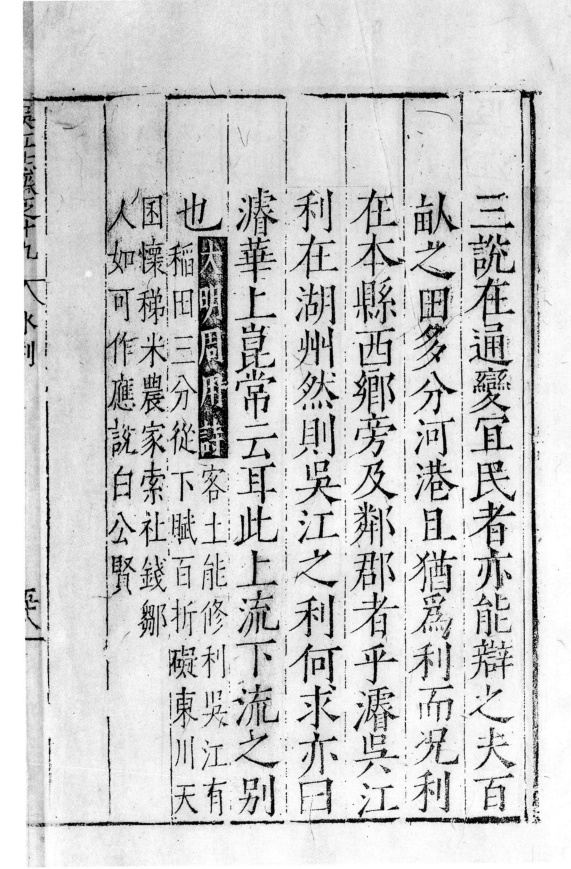

吳江縣志卷之十九

吳江縣志卷之二十

經畧志二

武畧

齊明帝永泰元年帝疑會稽太守王敬則反側以張瓌爲吳郡太守置兵佐密防之中外傳言當有異處分敬則遂反帥實甲萬人過浙江瓌遣兵三千拒之於松江聞敬則金鼓聲一時散走瓌逃匿

民間後敬則至丹陽與前軍司馬左興
盛等戰敬則敗斬首傳建康
梁元帝承聖元年侯瑱追侯景及於松江
擊敗之景與數十人單舸走推墮二子
於水將入海其都督羊鯤殺之送屍建
康傳首江陵截其手送于齊
宋高宗建炎四年二月二十五日金人犯
平江五漏未盡四刻兵自盤門入刼掠

官府民居子女金帛廪庫縱火延燒煙
焰見二百里凡五晝夜至三月朔始出
閶門士民得脱者什二三而遷避不及
殺死者什六七詔以周望爲淮浙宣撫
使將官巨師古控扼吳江隸望節制兵
無紀律村落間皆被其害明年二月十
八日馳報金人犯崇德十九日徽鄉兵
發太湖洞庭東西兩山千艘命角頭巡

檢湯舉總之陣于簡村二十一日金人
犯吳江巨師合兵不戰而潰更以太湖
民舟爲向道歸於西山二十二日河內
降賊郭仲威遣千兵拒守於尹山已而
退師二十四日金人進據郡城縱兵焚
掠死者甚衆一城殆空
陳宜中之誅韓震也其部曲李世明挈其
妻孥與士卒千餘人逃至平望殺巡檢

縱兵焚掠由小長橋逸出滸墅岸潛說
友守郡不能捕遂得走入太湖由宜興
至建康降于元其軍初在江下殺人甚
多殿司兵在吳江亦不能敵反被擁入
江水死者甚多韓震者蜀將韓宣之子
爲賈似道腹心曾港敗震主遷幸議陳
宜中等不從乃於湖上放砲奉三宮入
廣故宜中誘而誅之

元順帝至正中海東盜起江浙行中書省檄吴江州同知金剛奴募民爲水兵以禦盜寧海方克勤言于金剛奴曰民之爲盜非迫於饑寒則祛於徭役今欲禦之奈何復使平民去妻子而爲兵耶是所謂致盜非禦盜也不聽已而水兵果中道謀變殺護吏亡去從盜金剛奴踰垣走折一足乃嘆曰吾悔不用方先生

之言以亮[illegible]於此亮勤孝稱父爲通[illegible]
守
至正十三年泰州人張士誠作亂陷通泰
高郵自號誠王改元天祐會江陰羣寇
朱英詣士誠陳江南富盛於是士誠遣
弟士德率衆渡鏑山十六年正月朔攻
破常熟參政脫因統官軍民義捍禦境
上平江達魯花赤哈散沙領兵出戰總

管貢師泰巡守城池吳江止有元帥王與敬官軍一戰而敗死者過半殘兵千餘欲走入城城中閉門不納退走嘉興旋抵松江士誠賊衆遂據有平江路易名隆平二月與敬據松江叛以城降之三月士誠來自高郵改國號曰大周二十三年九月自稱吳王二十六年八月我　大明　太祖皇帝命大將軍徐達

副將軍常遇春帥師二十萬南伐既下
湖州至吳江困其城久之城降吳元年
六月與士誠戰于郡城下士誠大敗僅
以身免輿入城九月達兵破葑門遇春
破閶門昇士誠俘於南京自縊
大明　景皇帝景泰中嘉興人許道師以
妖術行江湖間至尹山託居民家夜稍
出光怪愚民相率從之念彌勒佛肆爲

姦汙事覺巡撫王文發卒捕之道師縱火燒民舍掠貲積驅子女出震澤官兵夾岸追逐道師載重舟覆邑人唐孟高擒送　京師斬之一時官民多以功遷

賞

今皇帝嘉靖三十二年九月倭夷入寇遠近震恐莫敢對敵明年三月由崑山直抵青陽港知縣楊芷以飛艦斷其上流

勿令西過復命兵快誘戰斬首廿八級既又戰于陳湖生擒二酋自是吳人始有鬬志五月賊衆九十二人由烏鎮突入爛溪趨平望欲迫縣城葺令沿塘舉火賊疑有備奔錢田我邑水兵及嘉湖兵圍之賊困三日自分必死是夜大雨因各收兵賊乘間奪湖州兵船屠戮甚慘葺知賊未可以力碎乃令射書賊營

諭以禍福賊亦欵答譯其文云不敢相犯夜列幟賊見燒營由黎里走澌湖六月十一日賊犯石湖當事者以勢不格利其西走莊獨駕小舟率兵出瓜涇港邀戰時湖水枯澁賊列伍逆上莊以鉤攢博之斬首十六級馳入城明日賊至夾浦橋轉至三里橋登岸焚掠停舟頷公祠下舟皆重載逼縣城會增築城工

匠兵夫蟻集賊度不能攻乃燒倉廒數
連掠民財而去居民婦女恐怖有自溺
死者十三日至八斥十四日至平望所
過焚掠甚衆芷率哨兵躡其後斬首六
級十二月賊自柘林抵王江涇尋入爛
溪至平望焚掠而返三十四年正月賊
陷崇德掠五百餘舟從南潯經梅堰至
平望六里橋兵備參政任環伏沙兵將

擊之僧兵洩其機沙兵被害及溺死者甚衆芷督兵船分列于橋之東西蕩中夾攻斬首十五級飛礮擊死者二十餘人賊所掠財寶亡失殆盡會新城雨裂城隍廟災恐賊棄舟窺城乃遶朱家橋據盛墩以扼之賊夜遁復屯栢林四月二十六日賊復從嘉興至唐家湖湖水洶湧賊不能渡芷又引兵阻戰賊駭奔

平望奪舟橫渡茳令泗水者鑿其舟而
自屯兵截盛墩斷其堤并布釘板于水
底賊不敢渡會幕府調遣宣慰彭藎臣
率兵二千來援我兵勢合與賊戰于平
望藎臣爲先鋒斬賊首百餘級轉戰至
楊家橋斬首三千餘級藎臣被創死我
兵乘之生擒一賊斬首十八級遠近稱
快皆謂盛墩捍禦之力居多故更其名

曰勝墩先是新城西北隅裂可四五丈
賊勢方張士民駭愕爭欲棄城去守城
推官何全勸縉紳出石協修而以寺丞
吳淓督之一夕告竣人心始安六月七
日賊在杭州掠官船載輜重而北由烏
鎮經爛溪抵平望十四日芷督水兵與
賊戰斬首三十六級生擒四人十五日
夜由黎里出汾湖遁去二十三日賊由

福山港突至郡城婁門擁入接待寺奪火器而去官兵追至閶門賊入太湖泊洞庭山下迮復於湖中率兵防禦是夜賊復由楓橋經婁門還福山八月十五日賊衆五十餘人自南京而下掠十七州縣至滸墅鈔關十七日由楓橋直抵滅渡橋屯陳家莊官軍畢集賊計窮迫九日夜過五龍橋不知所出適有一

爲之鄉導遂入行春橋屯跨塘橋徐
又奎家時與我邑僅隔一水日夜憂其
突至幸官軍追之急轉至木瀆僉事董
邦政追及于荷花池賊擾亂自殺官軍
乘機殄滅之三十五年七月零賊五六
十人突至牧犢潭掠吳知府莊又至汾
湖掠葉主事家一鹿及傷人一臂而去
遂掠周莊抵平湖九月賊屯沈亨家二

十五日督察趙侍郎文華總督胡侍郎宗憲合兵進勦宿寇悉平吾蘇入我版圖二百年來不識兵革武弁以詩畫爲高兵佚以勾攝爲務卒聞賊至莫不震慄自勝墩之捷人始知倭寇之易破我兵之易張人人自奮於是勝墩爲雄鎮水兵爲勍軍矣是役也贊畫則舉人周大章爲之主鑿堤則監生沈敷埜言任其

事權鋒則隊長許彔當其先其他叅謀斬獲咸著功勞不可枚舉

沈啓勝墩歌有序　次泉揚

侯嘉靖癸丑之冬以名進士來令吳江性平政和與民安集適海變橫作郡縣不陸沉者無幾侯選兵飭武首挫賊鋒於陳湖至石湖鸎湖淛湖瀾溪功亦維旅而惟盛墩一捷扼其長驅北犯之勢斬首三千餘級稽古東征惟信國湯公之功爲偉所斬僅千蓋未有此勝也士民後之遂以勝易盛以名其墩自後海逆無復犯界民賴爲生茲侯陟南京戶部河南司主事傳曰周之東遷晉鄭焉依行矣誦侯者各有紀述而勝墩之勝不可虛異諸功埒也爲作歌以待采焉

天王之守在四夷列國封疆各嶮巘聖人
貴德不貴險言願萬古帝維熙顧循設
險以守國圖豫審防流離因天繼地
爲保障巍巍陳迹皆著龜漢漢龍沙戍
朔方朔方一城儼然襄龜蒙奄據彈丸
地大東遂荒及海邦王關小閉聊謝客
西域群酋交併易渡瀘五月駐南中南
夷心服終無數丈夫胷中富甲兵隨方
靖難樹勲名漢日千年屹銅柱唐廷萬
里雄長城倚歟王國多英雄卓見我侯
楊令公楩楠杞梓楚材美明堂待用梁
棟隆吳江小試水爲國惠流政術治化
融海飈忽作翻天浪鯨奔鯢噬揚腥風
喪亂果誰胎國釁海船交征惟利後陰
樹巨室盤根株明倩倭奴恣蹂躪官執
王章一禁之立見誅夷及捐擯辭鋒顛倒

國是勞恁握機權莫敢問釀成大禍首
江東肝腦釁草杼柚空萬靈碎骨長平
積三年一火咸陽紅孫恩虎噉地以坼
國珍徂詐天爲朦發縱由來皆漢兒匿
名吏狄維暴之反稱狗盜薄其罪柘桓
褻我伐叛師乍浦新城鑾落張乙卯之
夏尤倡狂梟心直欲窺南省脅府朱手
徒傍徨我侯身將水上兵險據勝墩扼
其吭命七直衝射其首翻身正墮馬上
強三千逆徒氣盡奪乘勝斬馘盈吳艎
凱歌浩蕩三吳舞勝閣差峩萬里揚休
全吳郡 御儲足奠安周鎬 寢毀光
自後請兗 分道寇惴惴無復覬我疆吳
民倚戴真父母天曹遽以司徒授南宫
清雅稱神仙攀卧安能符再剖琴堂雨
春花滿坰公車出入常帶星輕裘緩帶

揮三軍祚革橫戈講大經諸生群將擱先後揆文奮武孰能右勝墩向日標麒麟穹碑豈得民無口君不見張巡許遠守睢陽蔽全天下存太唐立我華夏敦綱常又不見叔子之守峴山岑淚刻在碑碑已沉浸淫恩德在人心淚與長江相淺深淚與長江相古今

知縣楊芷贈

周大章文

成天下之事者才也善天下之才者誠也夫才滿天下而事不立豈才之不足哉所不足者非才也誠也必誠與才合斂之於內而有真實不妄之心發之於外而有奇偉不羈之氣窮乎由是達乎由是能文能武為吏為將乘機應變善其事於不窮矣嗚呼天下而無事也奉法循令夫人皆可以自顯天下而有事也非才且誠者孰能有濟乎

哉故伯宗智矣無以庇身而趙文子退然若不勝衣竟彈楚人裹甲之變張華文矣弗克存晉而杜預之射不穿扎者廼能窺敵制勝諸將莫及此無他才之誠與不誠也故不歷險阻在既皆良驥不試鋒穎在匣皆莫邪不值時艱奇傑亦猶夫人而已矣若禹川者其殆誠與才合而非可以浮華之士例之者歟癸丑之歲余承乏松陵蒞政未幾倭夷大肆不靖而松陵適居水陸要衝然無兵可備而求有兵之用無糧可恃而求足食之謀吁亦難乎其爲力矣於是賊自崑山青陽港雄烏合之勢將逼我東土其漸不可長也而先發制人又兵家所貴君是以有陳湖之師海寧遯寇突入吾界或曰窮寇弗追不知孰吾道途險

易彼且生心矣君是以有張家村之禦賊寇始蘇剽掠金閶之外來自江邑艑艫相望或曰歸師勿遏不知以逸待勞機不可失君是以有石湖之捷賊猶不悛破浙之崇德深入內境以來蕩搖我南土然彼師久纍矣不一懲創能無玩乎君是以有鸎湖之戰此四役也斬首凡若干俘虜凡若干獲弓矢器械凡若干倭夷不敢遂越江城以犯府治錫山以北大江以南皆得安堵以松陵爲之捍也蓋攻之於陸我兵所短攻之於水我兵所長行乎所長而廢乎所短用武之要經敵愾之大畧也而禹周翊贊之力居多其功不容泯也已矣雖職有所司者不憚勤勞吾猶賢之而況處優游自適者可易得乎雖無所於紀不憚勤

勞吾猶亟與之而况其樹立者又章章
若是乎故余於禹川竊謂其身處江湖
乃心廊廟忠也設策決機動中肯綮智
也盈庭聚議不餘一言斂也堅持雅志
終始罔渝貞也寇至既無懼色寇退亦
無矜容謙也忠不忘君智不眩事斂不
後時貞不絕物謙不失人此五善者禹
川之賢於人也遠矣非所謂誠與才合
而能奮義立功者乎茲余之有以於禹
川也且春秋之法亂臣賊子人人皆得而
誅之今倭夷猾夏其罪罔赦有能仗義
執言以紓華夏之氣豈非今日宇宙之
一大快乎不必在位而皆可爲者禹川
素明春秋之義宜其不能自已也巡撫
周公大巡周公嘉君之才能濟世文以
飭武行檄於縣以旌之夫有功必録固

知賊之不足平矣余承二公激揚之意而占禹川焉
國家建萬里之勳行將有徵矣遂書此以為贈

吳江縣志卷之二十

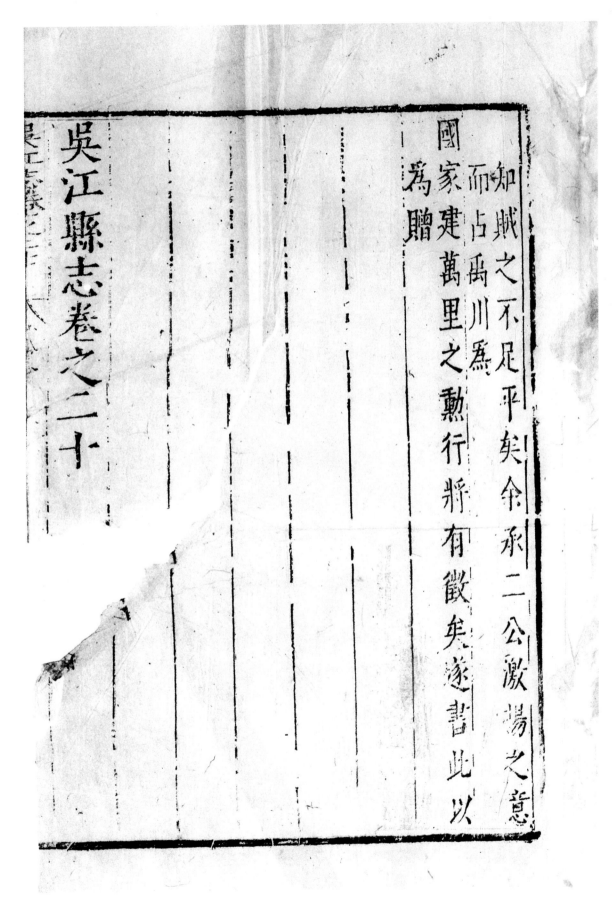

吳江縣志卷之二十一

人物志一

科第表

進士	舉人
宋	
太宗 淳化三年壬辰 謝濤 仕至太子賓客	
哲宗 元祐六年辛未馬消榜 魏志 字幾道郡志列於建炎二年又云上舍附未知孰是	

徽宗

高宗

今姑從莫志

紹聖四年丁丑何昌言榜　魏憲　詳名宦傳

政和七年丁酉嘉王榜　魏賁　憲弟郡志列於政和八年今考宋史丁酉爲政和七年戊戌改元重和則政和原無八年賁當在七年無疑

紹興八年戊午　陳長方　詳儒林傳

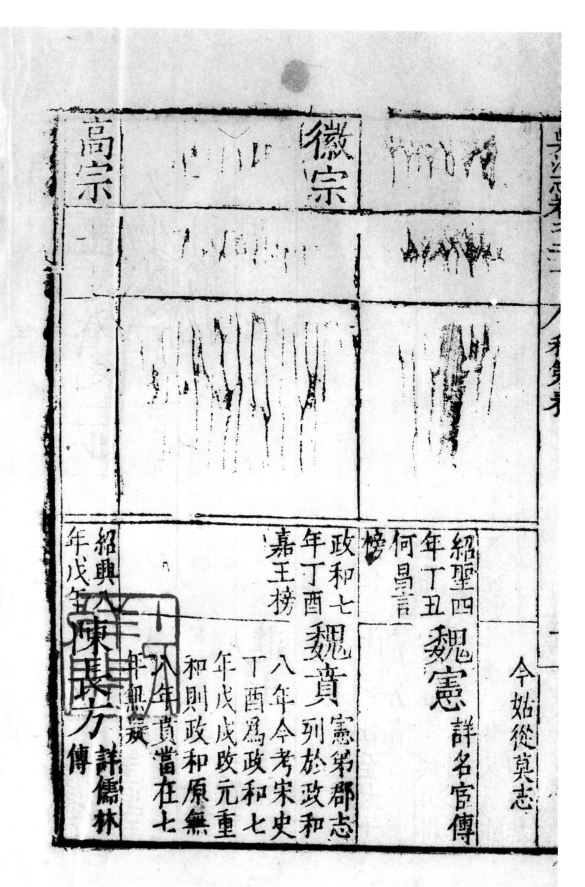

未詳何年　盛公衡　仕終壽昌知縣　據盛譜增入

孝宗

乾道元年乙酉　盛彬　字子可，公衡弟，初名公旦，仕終金谿主簿，贈吏部尚書、敷文館學士　據盛譜增入

黃公度榜

十二年壬戌陳誠之榜　楊邦弼　傳儒林

乾道二年丙戌蕭國梁榜　薛甫　字宣卿

淳熙二年乙未詹騤榜　王航　字元發，仕終安慶府學教授

淳熙十年癸卯　盛章詳第

十三年丙午　盛來公衡子，未仕，卒贈朝奉郎，據盛譜增入

盛約彬子，未仕，卒，據盛譜增入

光宗紹熙三年壬子　盛致字伯高，彬子，名列第

十四年丁未王容榜　盛章字如晦，一字俊卿，彬子，仕至吏部尚書、敷文館學士，封吳江縣開國伯，食邑八百戶，贈銀青光祿大夫

寧宗

三尋卒據盛譜增入

嘉泰元年辛酉　盛卓　字冠卿彬子仕終承直郎據盛譜增入

慶元四年戊午　盛阜　名列第二未仕卒據盛譜增入

慶元二年丙辰　胡允恭　鄒應龍榜一作應博

嘉泰二年壬戌　吳埒　傅行簡榜

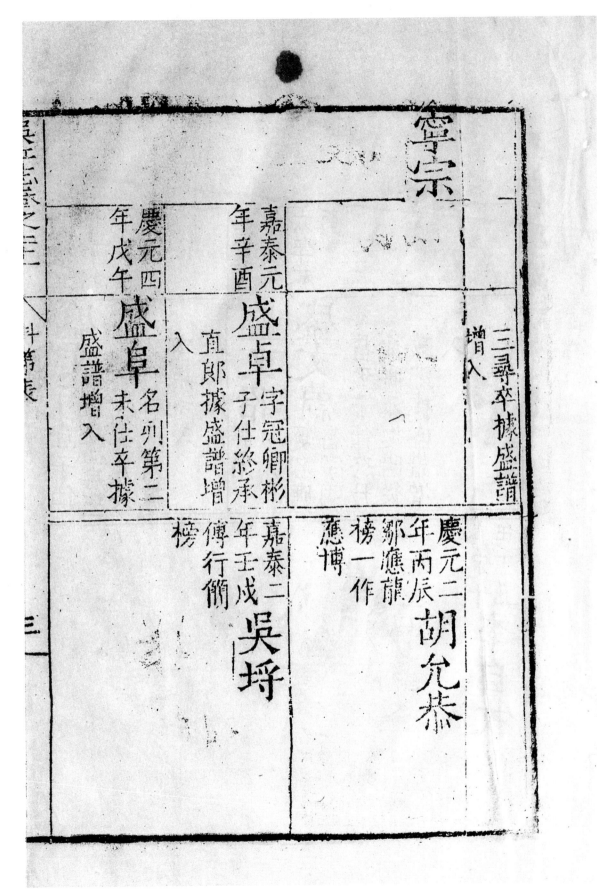

開禧三年丁卯	盛文炳 章子仕終仙居知縣贈朝奉大夫嘉興府通判據盛譜增入
嘉定三年庚午	盛文昭 詳第
十六年癸酉	盛文蔚 更名應昌字明昌致仕終丹徒縣丞進階從政郎據盛譜增入
嘉定十年丁丑	李自牧

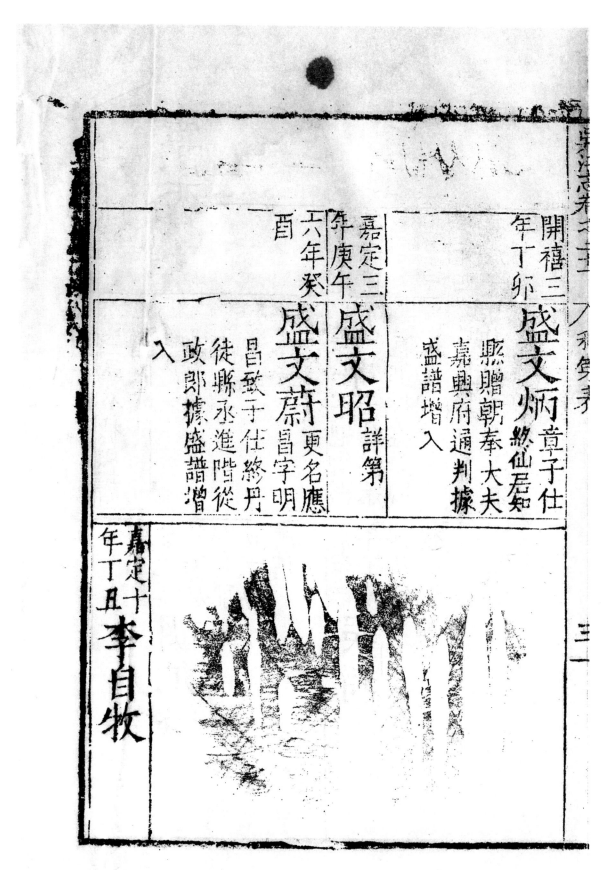

十五年壬午

王熙載 上舍釋褐

沈義甫 詳文苑傳

吳潛榜

十三年庚辰劉渭榜

王斗文 字仰之鏞從孫

施秉 溫州籍本縣人

趙體國

周夢發

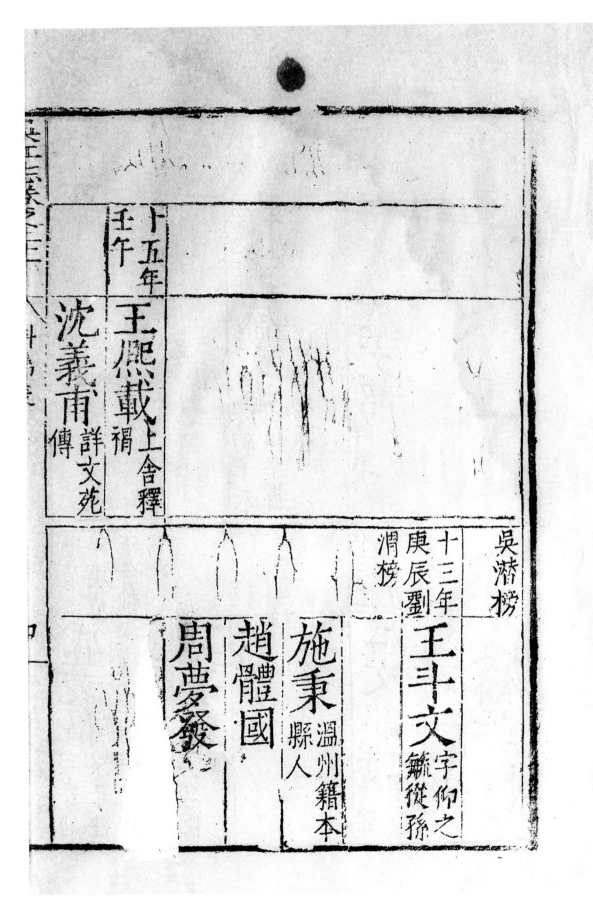

理宗

紹定元年壬子

盛文燁 約子未仕卒據盛譜增入

盛文韶 詳第

寶慶二年庚戌王會龍榜

盛文昭 字景龍來子仕終鎮江府通判

莫子文 詳名臣傳

紹定二年癸丑黃朴榜

盛文韶 字景聲一字景成文昭兄仕終上饒知縣按莫志寶慶二年中者作盛[illegible]此作

昭郡志有兩或昭而此註云最當作韶今據盛譜改正

端平二年己未吳叔吉榜　吳蒙　埛從子

淳祐四年戊辰特奏名　魏汝賢　志四世孫狀元

王南　字伉香名列第三學究出身

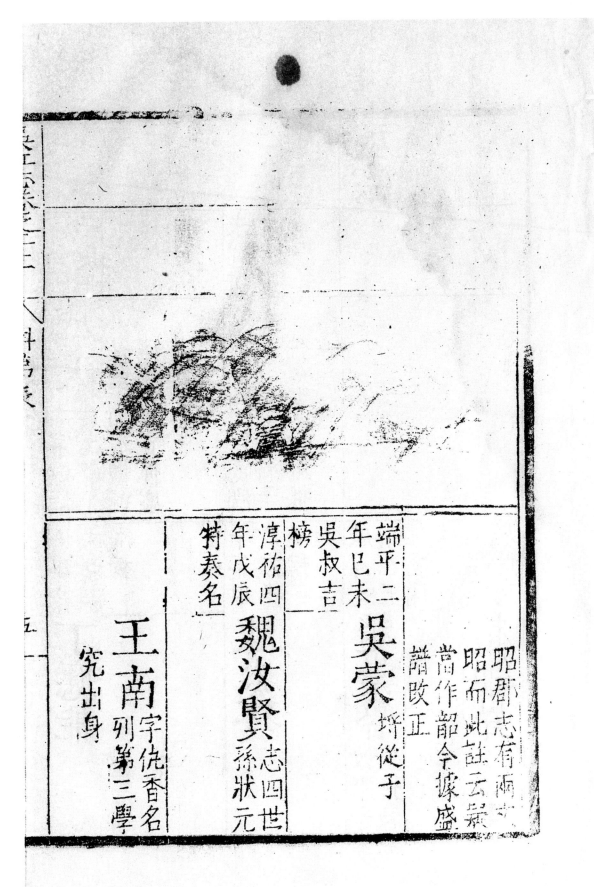

度宗

淳祐六年庚午
盛天一　字以清　文韶子　仕終浙右轉運使府幕官據盛譜增入

未詳何年
盛天澤　字德潤　文蔚子　仕終登仕郎據盛譜增入

七年辛未張淵微榜
丁應飛

十年甲戌方逢辰榜
陳炎發

咸淳元年乙丑阮登炳榜
趙崇嚳　汝澄子　登科録
無

四年戊辰陳文
趙師嚳　崇嚳兄

附錄

咸淳六年庚午　盛明遠 詳卓行傳

龍榜

十年甲戌王龍澤榜　周昌會 莫志作曾昌非 仕終寧國府學教授

未詳何年　陳益 出談選

孫銳 出殊勝寺咸淳七年碑記

徐純夫 出高德基平江記事仕至翰林承旨

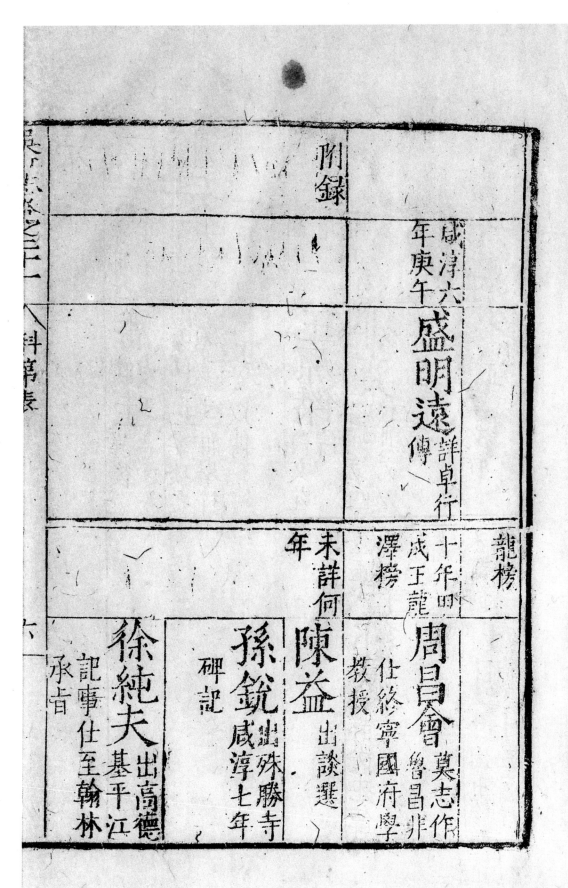

元

文宗至順二年辛未　潘如珪詳後

順宗至正元年辛巳　潘如珪字琰之再舉梓

其文以傳

四年甲申　王原傑詳文苑傳

七年丁亥　鄒奕名列第四梓其文以傳餘詳第一

……年　朱斌字文質

至正八年戊子　鄒奕詳文苑傳

未詳何年　王朝臣出重修三高祠

大明

太祖洪武三年庚戌 朱璭 字公秩 試子 仕終平涼知縣

二十三年庚午 姚恕 仕至監察御史

二十九年丙子 何源 詳名臣傳

三十二年己卯 蕭潭 詳第

記

洪武三十三年庚辰貢 革除二 蕭潭 字孟明 仕終是始知縣

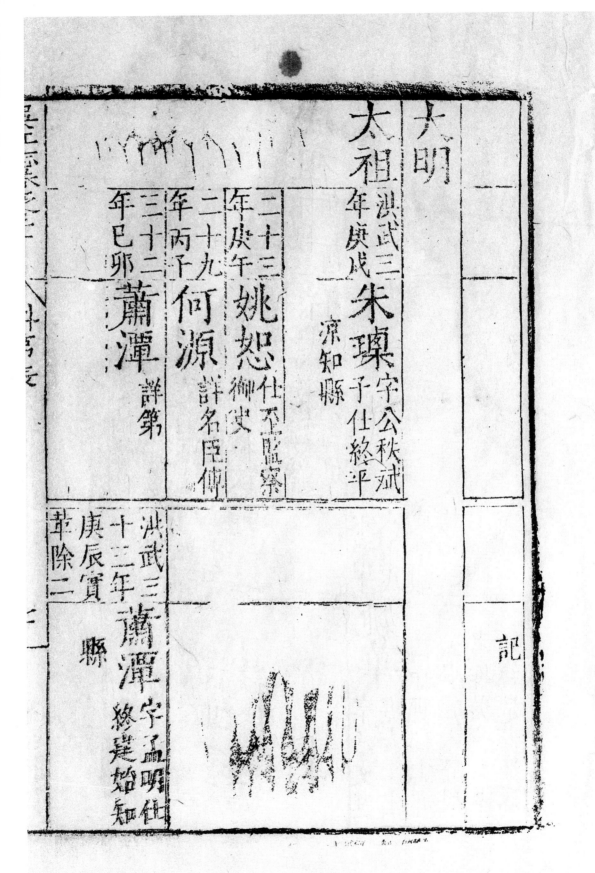

年胡靖榜

三十五年壬午　諸塤　字伯聲仕終泗水教諭貞志作永樂元年蓋是時成祖已登極故也

成祖

永樂三年乙酉　孫武　仕終教諭

十五年丁酉　姚華　詳第

永樂十六年戊戌李騏榜　姚華　字彥文選庶吉士出爲知縣郡志亦云吳江人登科考作吳縣人未知孰是豈其爲

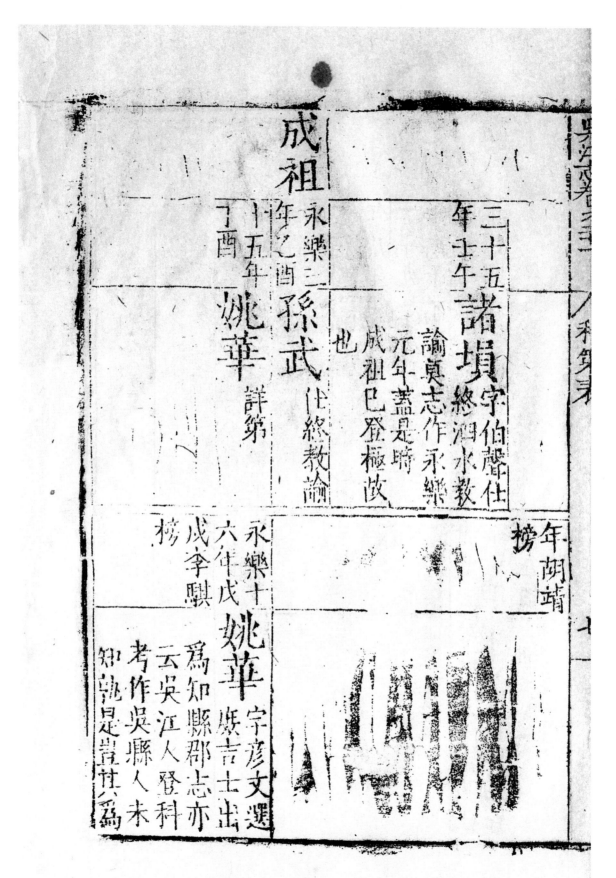

吳縣籍而吳江人賦

宣宗

宣德四年己酉

吳奎 字汝煥梓□文以傳 未仕卒

范宗 莫志作琮非餘詳第

蕭翰 字文伯仕終吉水教諭

陳宣 字□昭仕終國子學錄

宣德八年癸丑 曹鼐榜

范宗 字禎彥仕至廣東參政莫志作參議未知孰是

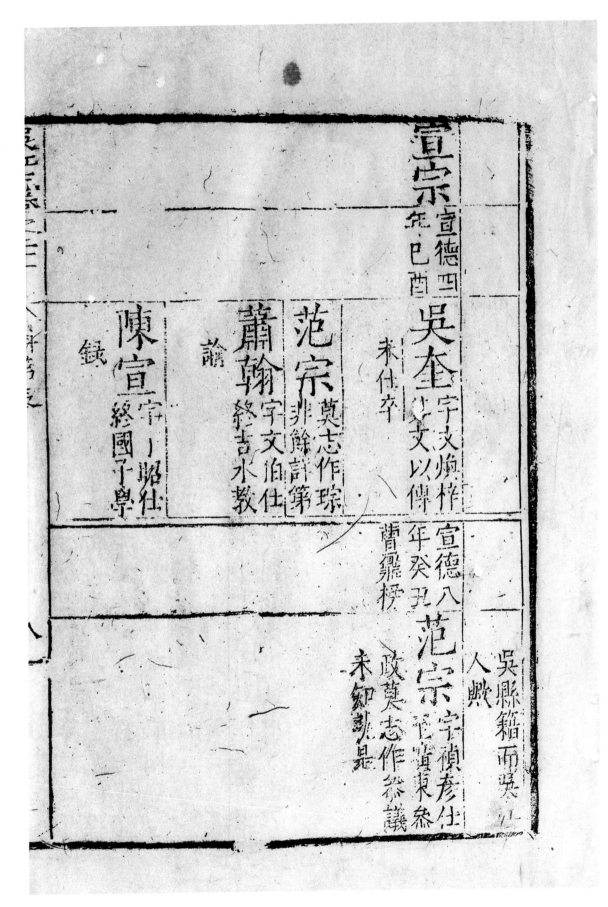

英宗

正統三年戊午

莫震　詳第

盛汝德　出郡志

六年辛酉

崔瑄　字廷玉仕終連山訓導

徐正　詳第

九年甲子

陸琦　詳卓行傳

楊倫　詳第

正統四年己未施槃榜

莫震　字霆威子文九世孫三甲第一仕終延平府同知

七年壬戌劉儼榜

徐正　仕終給事中

十二年丁卯

莫灝解元順天府中式餘詳第

景帝

景泰元年庚午

盛彔詳第

徐鴻字用賓仕終日照教諭

莫昂字伯顒灝從父仕至袁州府同知

十三年戊辰彭時榜

梅倫字彥常仕至湖廣右參議

景泰二年辛未柯潛榜

盛彔初作杞英廟改作彔詳名臣傳

莫灝順天府宛平縣籍仕終行人

四年癸酉

莫宏字宗大震從子仕終安陸訓導

汝訥詳名臣傳

七年丙子

汝楫字濟川梓其文以傳仕至處州府同知

吳璠字朝用仕至工部員外郎

盛侅詳第

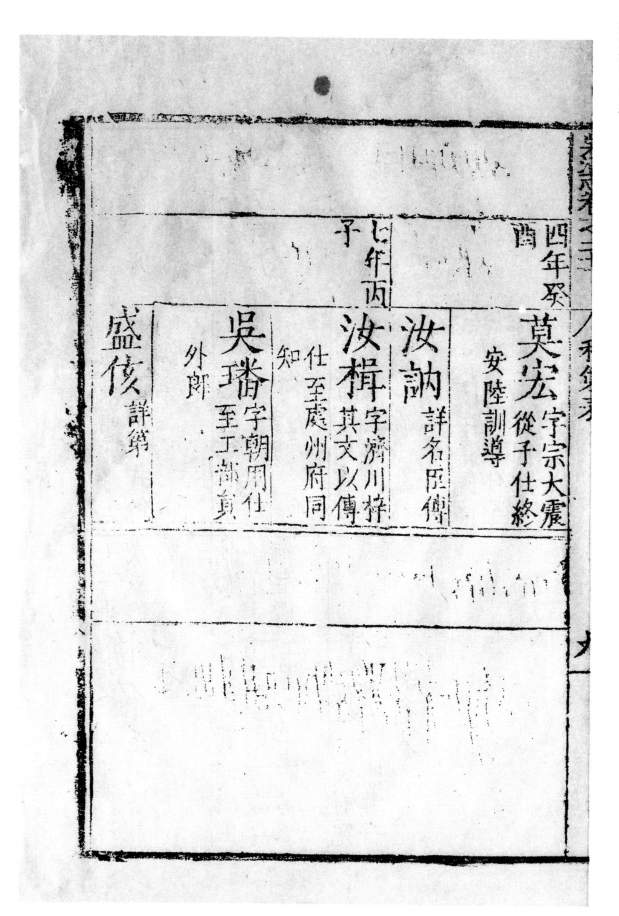

英宗
復辟

天順元年丁丑黎淳榜
顧以山 字安道鄉科未詳仕至河南僉事據郡志增入登科考云常熟人未知何謂豈其為常熟籍而本縣人歟

天順三年己卯
鈕文 字天章仕至江西按察司經歷
吳珵 詳第
金鼐 詳第

四年庚辰王一夔榜
盛侅 字汝愚泉從父未拜官卒

六年壬

沈倫　字公敘由府學中式仕終政和知縣

吳鉉　字時舉鑛子仕終四川布政司經歷

黃著　詳第

憲宗成化元年乙酉

莫旦　詳文苑傳

成化二年丙戌羅倫榜

金鼐　字公器登科考云武功衛籍吳縣人不知何謂仕終南京工部主事

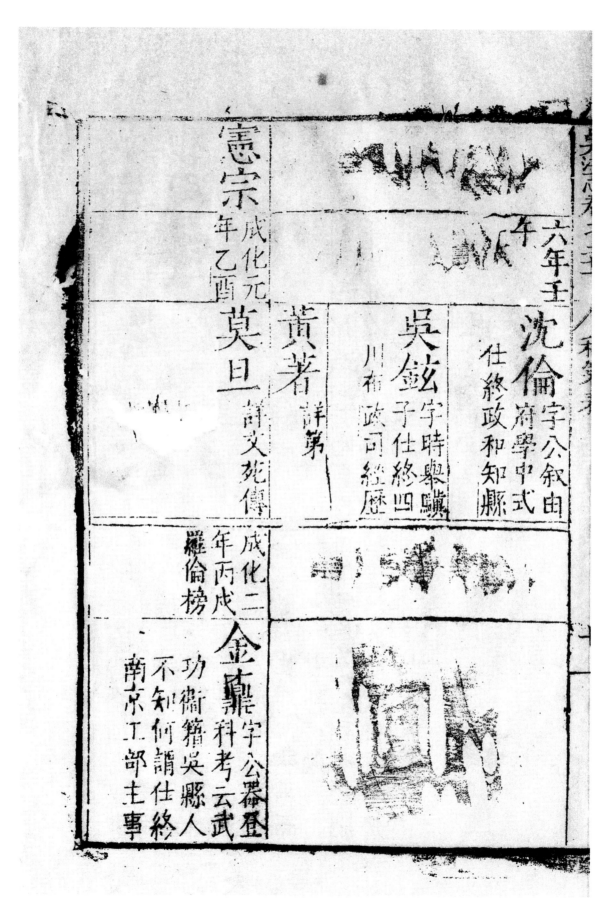

四年戊子　曾昂由應天府學中式餘詳第

五年己丑張昇榜　吳理登科考作興籍吳縣人未知何謂郡志列于吳江莫志又云十七都人此必見之真也餘詳卓行傳

黄著詳名臣傳

七年辛卯　吳洪詳第

十年甲午　孫應奎字文聚仕終知縣

十一年乙未謝遷榜　吳洪字禹疇仕至南京刑部尚書贈太子少保

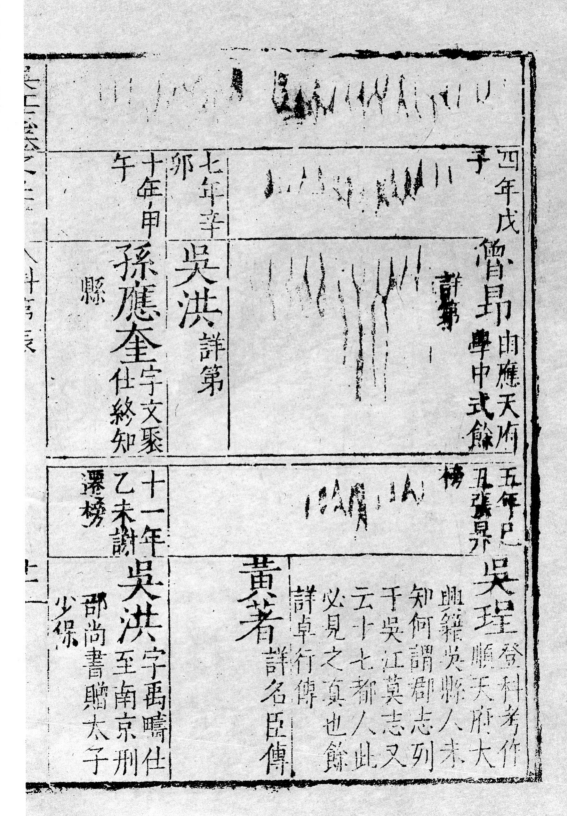

葉縉　字文粹，芳子，仕終楚府審理正

沈庠　詳第

鄭昕　字日新，仕終蘄州同知

十三年丁酉

趙寬　詳第

姚明　詳文苑傳

吳鎣　詳第

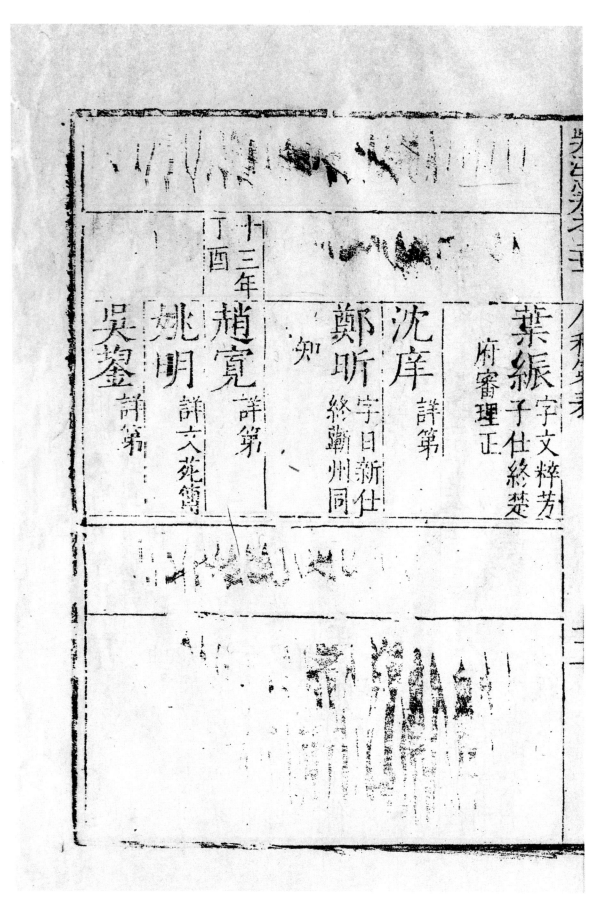

劉敬　字時懋，由順天府學中式

十六年庚子

葉紳　詳第

徐源　字清卿子良子

十九年癸未

李經　字引之，仕終知縣

二十二年丙午

吳鎣　字汝器，鎣弟，未仕卒

十七年辛丑王華榜

趙寬　詳名臣傳

沈庠　字尚倫，應天府上元縣籍，仕至貴州副使

二十三年丁未

葉紳　字廷縉，芳子，仕至尚

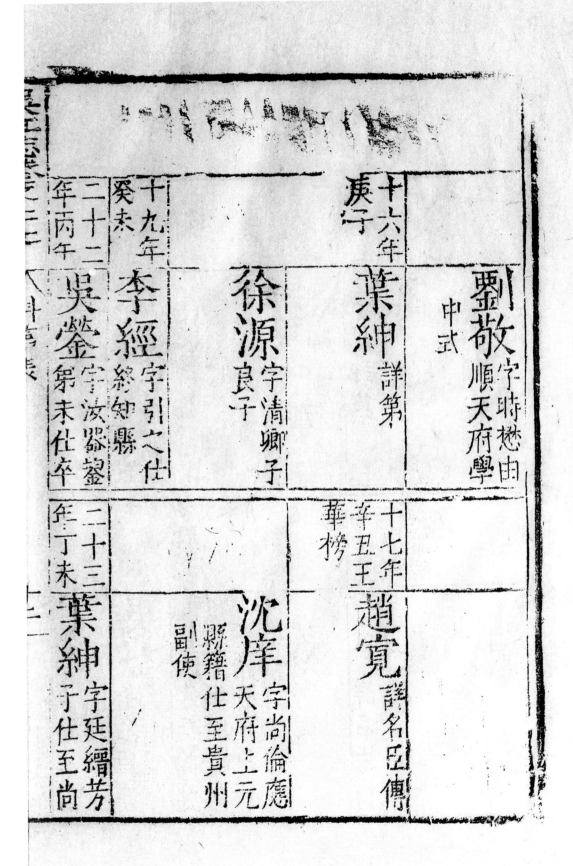

曹宏榜 寶司少卿

陳廣 字志弘仕終推官

吳鎏 詳名臣傳

曾昂 字廷瞻應天府江寧縣籍歷官戶科都給事中謫蒲圻知縣

孝宗 弘治二年己酉

王哲 詳舉人

汝□ 詳舉人

弘治三年庚戌錢福榜

王哲 詳名臣傳

五年壬子
曹鏷 詳第
張復禮 字子仁
吳[illegible] 字南仲
八年乙卯
盛應期 詳第
吳山 詳第
趙宬 字受夫寬弟仕至通

六年癸丑毛澄榜
曹鏷 字良金選庶吉士授刑部主事仕至湖廣僉事
盛應期 詳名臣傳
九年丙辰朱希周榜
汝泰 詳名臣傳
陳天祥 字元吉武功衛

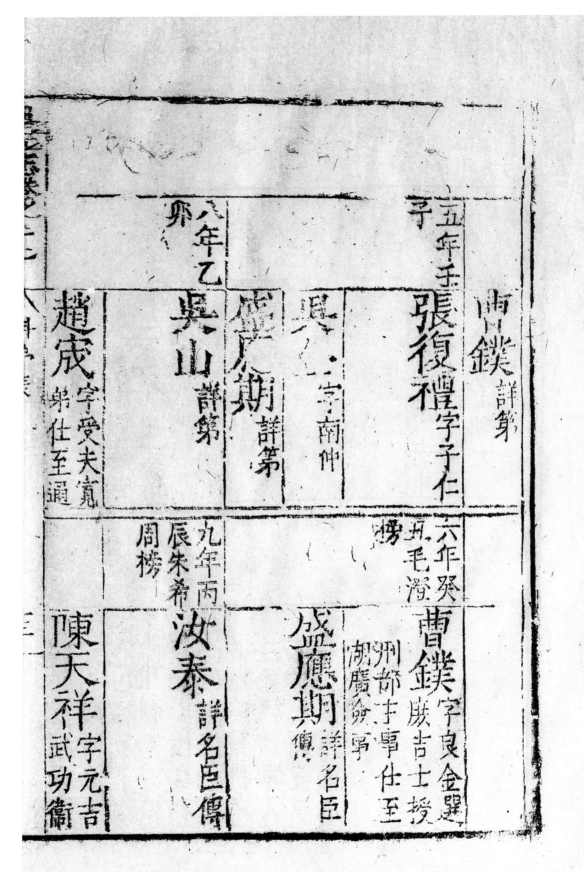

判

陳天祥 順天府中式餘詳第

陸鰲 順天府中式餘詳第

夏誠 字純夫

籍仕至副都御史 賜麟衣

徐恍 字克心鄉科未詳選庶吉士授兵科給事中據郡志增入按登科考云直隸肅寧人不知何謂豈其爲肅寧籍而本縣人歟

十四年辛酉	周用　書魁餘詳第
十七年甲子	陳九章　詳第
武宗正德二年丁卯	史臣　詳第

十二年己未倫文叙榜	徐江　字德潤順天府大興縣籍鄉科未詳仕終府同知
十五年壬戌康海榜	陸鰲　字鎮卿錦衣衛籍仕至浙江叅政
	周用　詳名臣傳
十八年乙丑顧鼎臣榜	陳九章　詳文苑傳
正德三年戊辰	吳山　詳名臣傳

五年庚午

吳巖詳第

沈高字子山

申惠詳第

盛應望字斯瞻應期弟由府學中式

呂柟榜

吳巖字曕之洪子仕至四川參政

申惠字天益仕至廣西僉事

六年辛未楊慎榜

王鑾字鳴和京錦衣衛籍鄉科未詳仕至吏部郎中

陳堯恩 仕終知州

王鑾 詳第

八年癸酉

何遵 由應天府學中式餘詳第

王問 詳第

何鉞 應天府江寧縣籍鄉科未詳仕至常德知府

金符 武功衛籍鄉科未詳仕終監察御史

九年甲戌唐皐榜

顧璵 應天府上元縣籍據登科考增入鄉科未詳

王問 字裕夫仕終大理評事

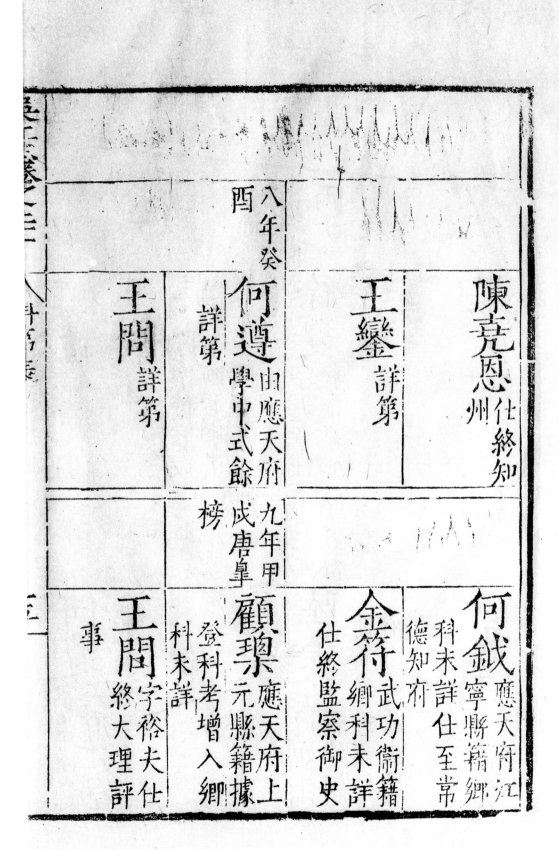

顧昺詳第

吳涵字德容以例貢順天府中式仕至工部郎中

十一年丙子

徐夔字大章仕終龍泉知縣

沈漢詳第

何遵字孟循應天府江寧縣籍仕至主事

十二年丁丑舒芬榜

陸金字德如仕至福建副使嘗爲漳州知府有惠政士民立碑頌之

顧昺字仲光仕至汝寧知

十四年
己卯

費坤 字子厚未仕卒

陳悅 仕紛知縣

陸金 詳第

沈啓 詳第

錢卿 字廷佐未仕卒

十六年
辛巳楊
維聰榜

儲良材 廣西馬平衛籍鄉科未詳仕至監察御史

沈漢 字宗海仕至左給事中

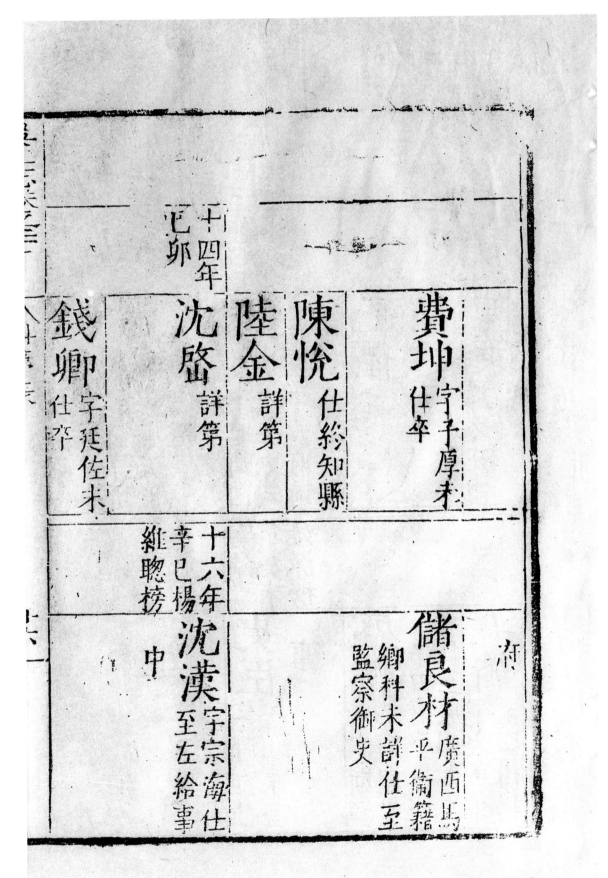

今上

嘉靖元年壬午

盛應陽詳第

葉叙字伯停圻子順天府中式書魁

張源字遠卿由府學中式仕終寧波府通判

毛衢詳第

陳策詳文苑傳

嘉靖二年癸未姚淶榜

史臣字邦直仕至山東僉事

盛應陽字斯顯應期從弟由府學中式仕至嚴州知府

毛衢字大亨仕至四川提

學副使

范真字斗南順天府大興縣籍鄉科未詳仕至刑部郎中

張銓詳本傳

五年丙戌龔用卿榜

陳仲録字景載湖廣常德衛籍鄉科未詳仕至按察副使

七年戊子

周相詳第

八年己丑羅洪先榜

周相字君弼仕河南參議

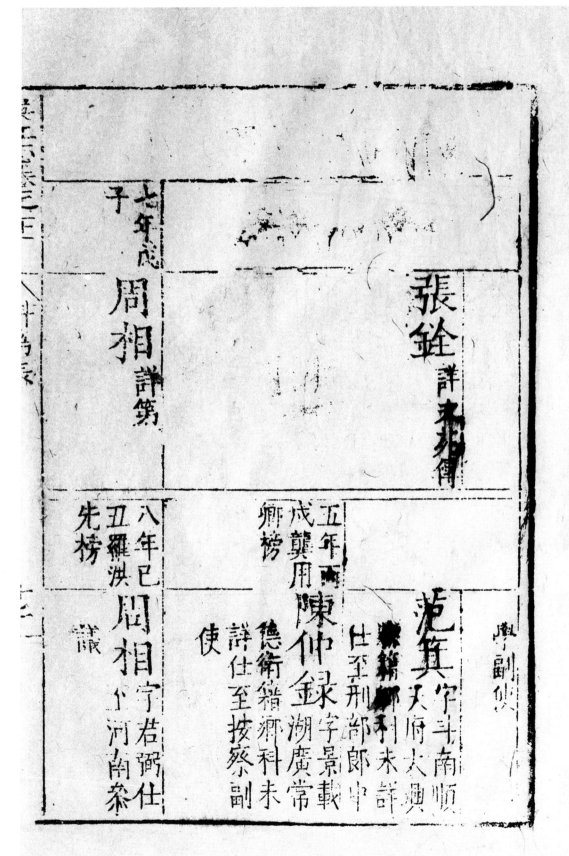

周[illegible]字仁仲仕終靖安知

沈瀚詳第

吳崑詳第

陳椿詳第

陳鴻字文儀仕終新鄉知縣

金[illegible]字廷[illegible]以[illegible]

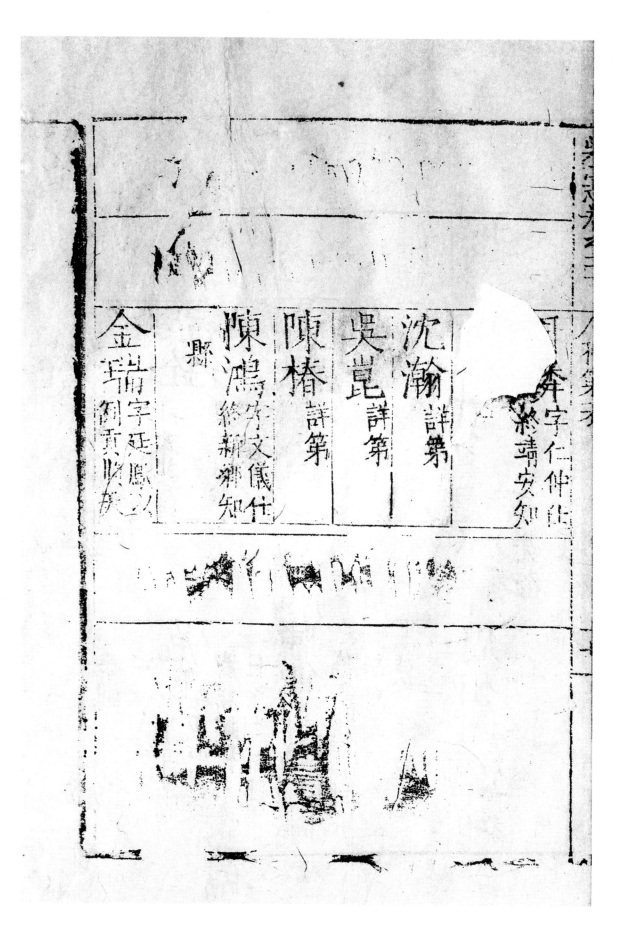

府中式

十年辛卯　汝齊賢詳第

王可大由應天府學中式餘詳第

十三年甲午　沈察詳文苑傳

姜堂字子升仕至遼東行太僕寺〻丞

十四年乙未韓應龍榜　沈瀚字原約庶吉士授給中仕至廣東副使

陳椿字子年荊州知府告侍養

趙祚　字敬延宬子未仕卒

十六年丁酉　申思夔　詳第

十七年戊戌茅瓚榜　吳昆　字美之洪子仕至嚴州知府

沈啓　字子由仕至湖廣副使

汝齊文　字懋恭（思）子仕終通判

十九年庚子　沈敷德　字化中未仕卒

張基字承祚銓子[redacted]

陳忠言字希稷鴻子

皇甫渙以例貢中式餘詳第

龐遠詳第

王銑字重之今任漳州通判

二十二年癸卯　錢用商字若[redacted]卿從子

二十三年甲辰　申思夔字汝一仕終郎

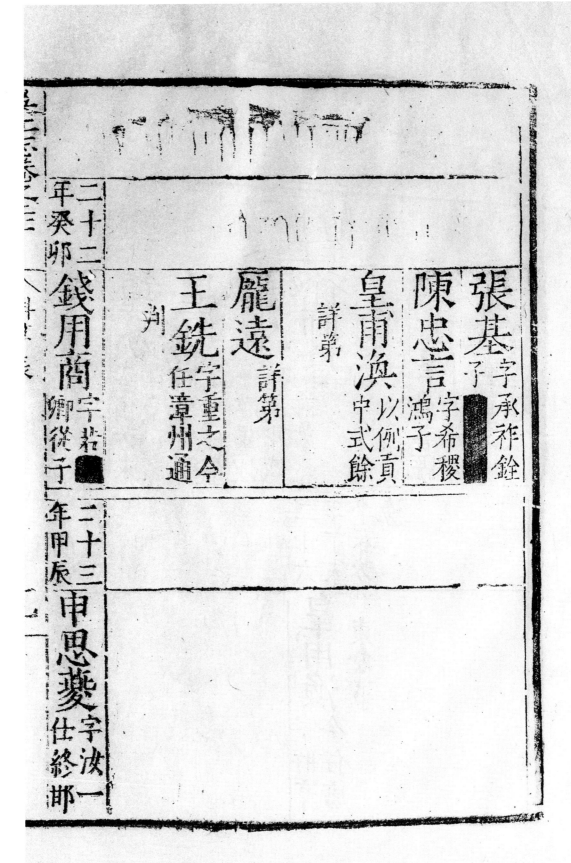

春秋魁

鍾秀　字伯芳未仕卒

皇甫泮　字時簡未仕卒

朱雷　字灝灘以衍貢中式

二十五年丙午

徐師會　詳第

錢于隣　嘉善縣籍浙江中式餘詳第

秦明雷榜　鄆知縣

二十六年丁未李春芳榜

皇甫渙　字時亨今任廣東僉事

二十八年己酉　顧曾唯易貺餘詳第

屠寬詳第

鄒崑字峻卿

葉可成詳第

吴承燾詳第

吴邦楨詳第

陳文同天祥從子武功衛籍順天府中式

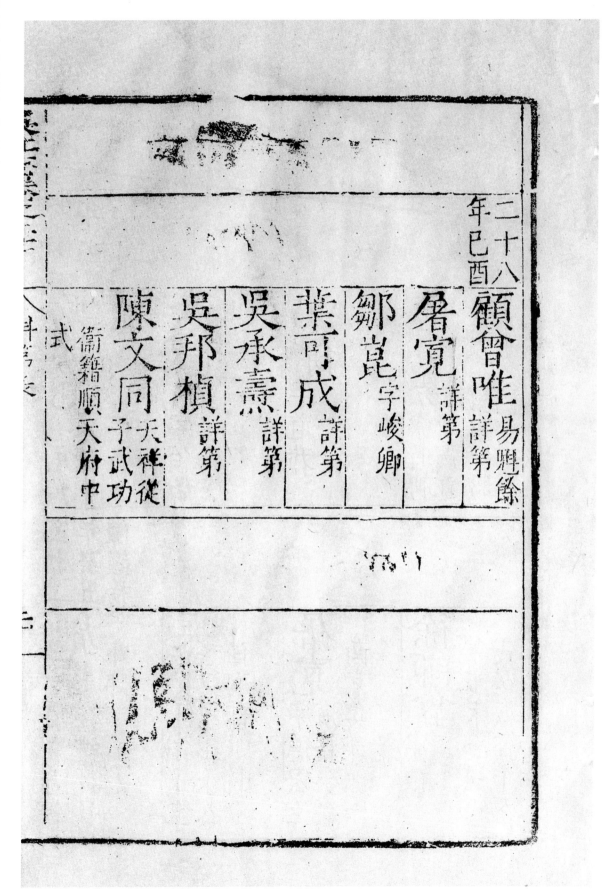

三十一年壬子

吳思道字克弘未仕卒

徐德元字伯始

沈偉字道升

崔南陽字時用以歲貢中式舞陽知縣

三十二年癸丑陳謹榜

龐遠字惟明今任禮部員外郎

吳邦楨字子寧山子今任刑部郎中

屠寬字德宏上海籍今任南京兵部郎中

徐師曾字伯魯二十六年丁未會試中式選庶吉士今

周大章字一夔樂傍有功欽賜旌賞

陶銳字公抑以例貢中式

周兆南字仲陽用子以例貢順天府中式

任給事中

王可大字□鑾南京錦衣衛籍今任台州知府

吳承壽字仁甫山孫二十九年庚戌會試中式今任吏部郎中

葉可成字懋學紳孫任南京工部主事

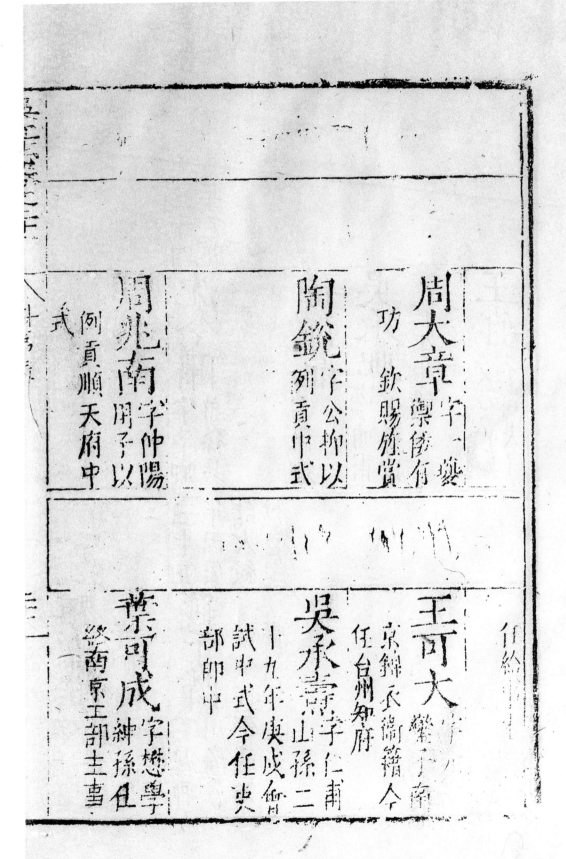

顧曾唯字一貫今任監察御史

三十四年乙卯

沈令聞字孚卿啓孫易魁

孫從龍字化卿

吳承熙字明甫山孫以官生中式

王肯徵字[redacted]可大子

三十五年丙辰

諸大綬榜

錢于隣字震卿用商族姪今任邵武知縣

南京錦衣衛籍由應天府學中式

三十七年戊午

水思中　字體乾

皇甫汾　字時化　漁弟

錢錫汝　字寵伯

周式南　字仲翰　用子

沈廷觀　字賓卿

沈士元　字志道

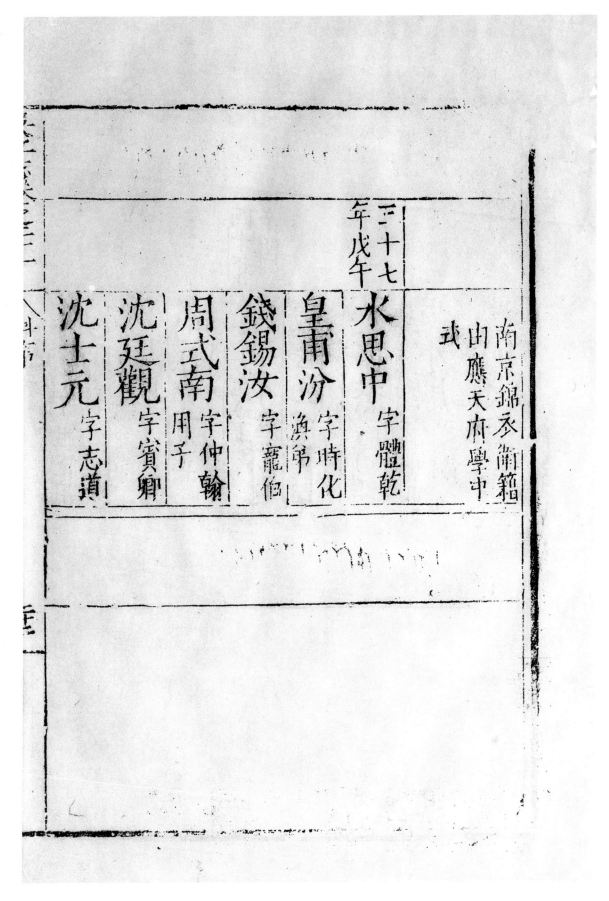

四十年辛酉

周京 字世臣用孫

沈鳴岐

邵南 字君正

皇甫模 字[illegible]瀕從子

盛世臣 字[illegible]

吳邦杰 字子望山子

吳承熙 字介肅歲嗣[illegible]

吳[illegible]

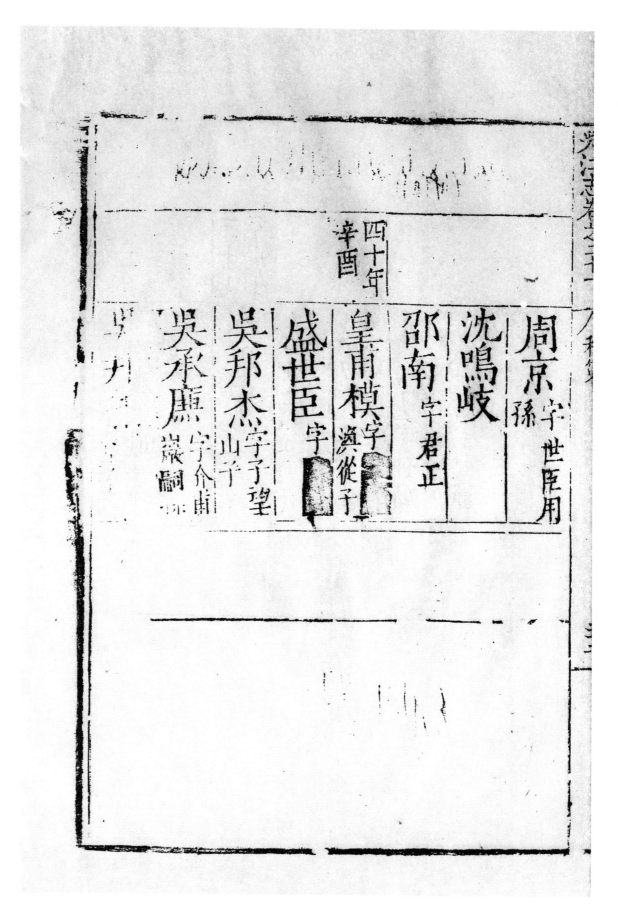

王錫命　字子卿

武

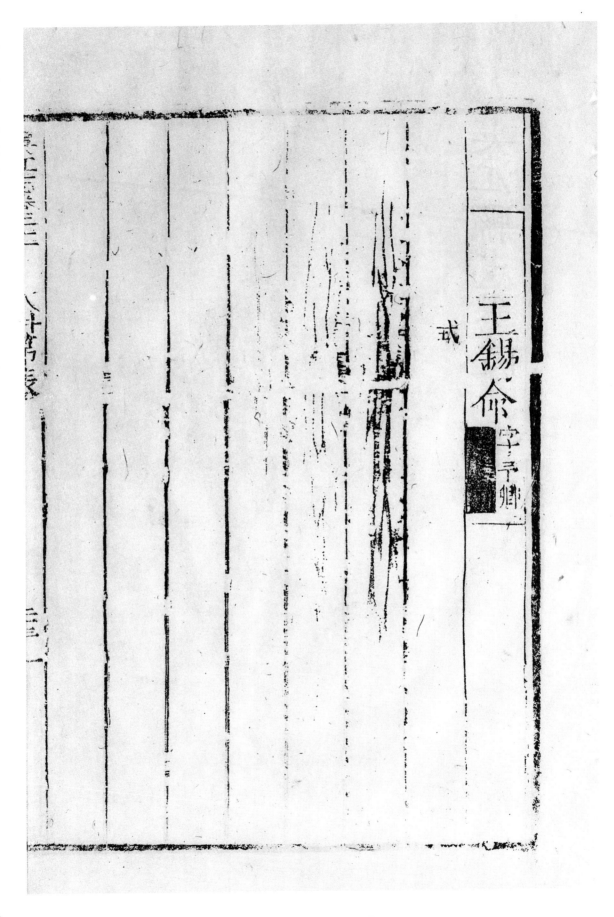

吴江縣志卷之二十一

吳江縣志卷之二十二

人物志二

貢舉表

歲貢　薦舉

宋		
哲宗		
	紹聖	莫大猷字廷嘉仕至浙東常平司提幹累贈朝請大夫
孝宗		趙磻老詳名臣傳

理宗

度宗

帝㬎

元

陳少方 字同之

寶慶三年 楊紹雲 邦衛孫 仕至禮部侍郎

寶祐 盛天覺 字宗尹 文燁子 仕至翰林國史編修

咸淳 莫中孚

德祐 譚大年 字永壽

世祖	仁宗	順帝
至元二十一年	皇慶	至正
徐仁榮字德剛仕至翰林國史院編修後徙嘉興卒 謝元俊仕至崇德州判字	張灝字清夫 盛麟字德遠輿子仕至錢塘縣尉	章德剛仕終嵩山州學

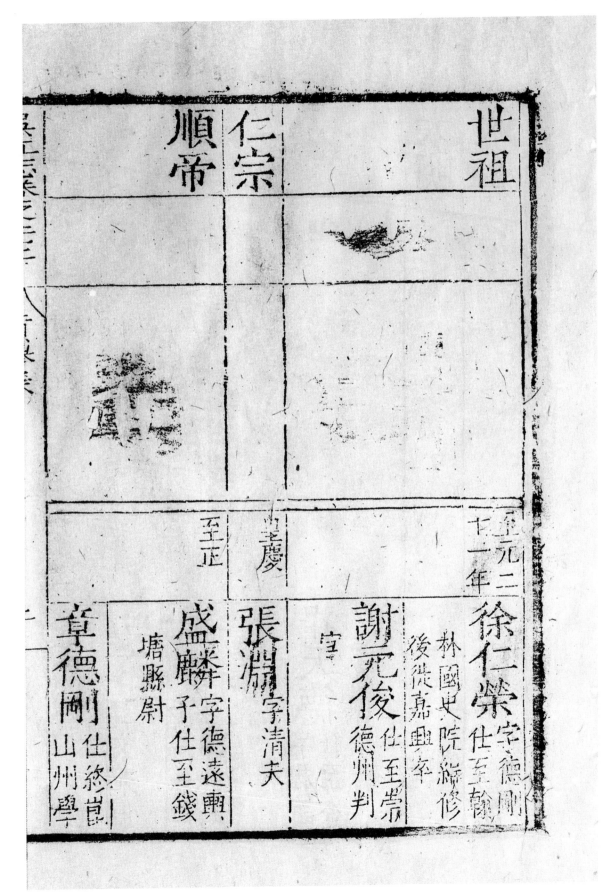

王

吳簡　詳文苑傳

謝華　濤裔孫仕至紹興路學錄

崔天德　字君誼仕至僉玉局副使

大明

太祖

洪武二年

一

何付一　人才仕終萊州

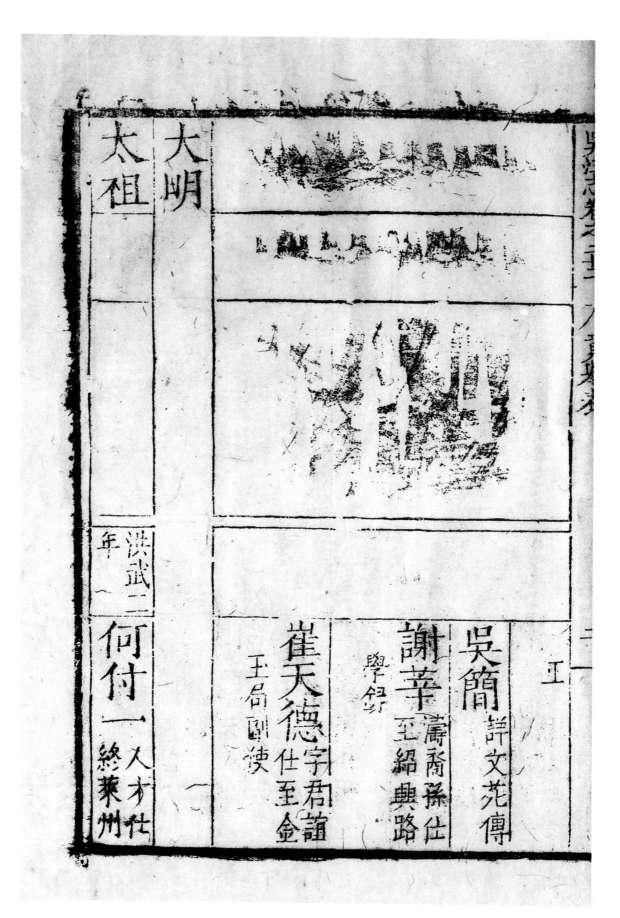

府同知

四年

宋騏　明經授吏部侍郎出爲濟南知府

朱約　明經授比部郎中出爲朔州知州

賓德遠　明經仕至禮部侍郎輯松陵志

史子振　明經仕參樂陵

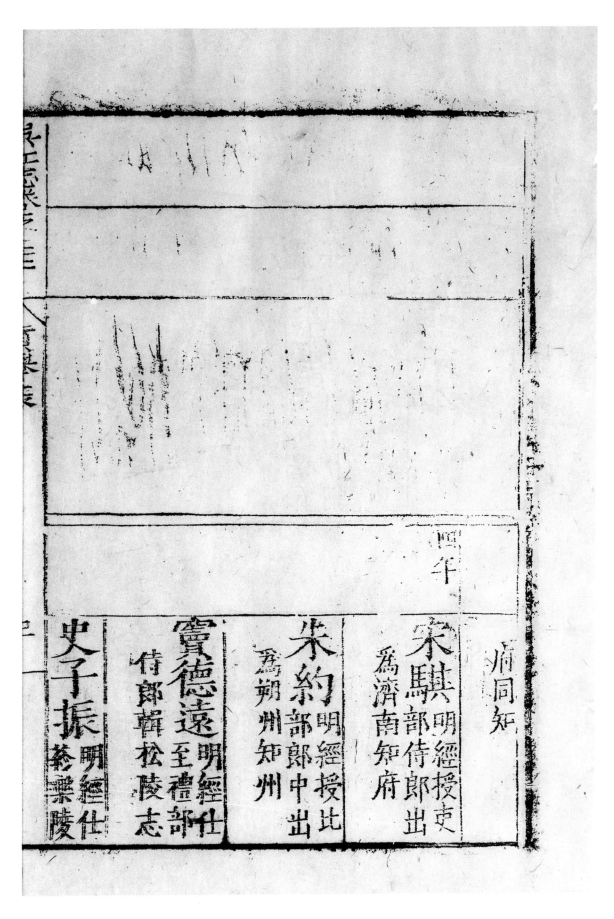

知縣

金邕 任終清豐知縣

陳暹 字孟熙 任終山西都司斷事

洪武十七年

曾爟 由府學貢 詳名臣傳

曹謹 字勉之 明經 任終本學訓導

胡宗本

薛穆 字公遠 人才 任終郴州判官

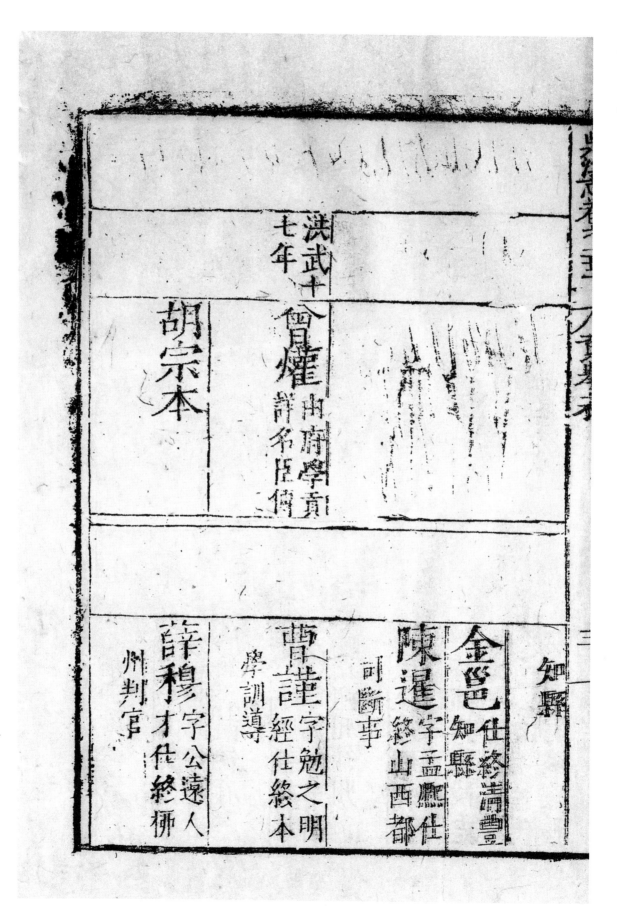

十八年　鄒禮

二十年　姚恕

二十一年　吳玘字仲懷由府學貢仕至大冶教諭

張英字伯玉仕至南京左

盛逮詳卓行傳

朱應辰字文奎明經仕終府學訓導

沈襒詳文苑傳

諸裕字好問士能第人才仕終安遠知縣

東方耀字韜中明經仕

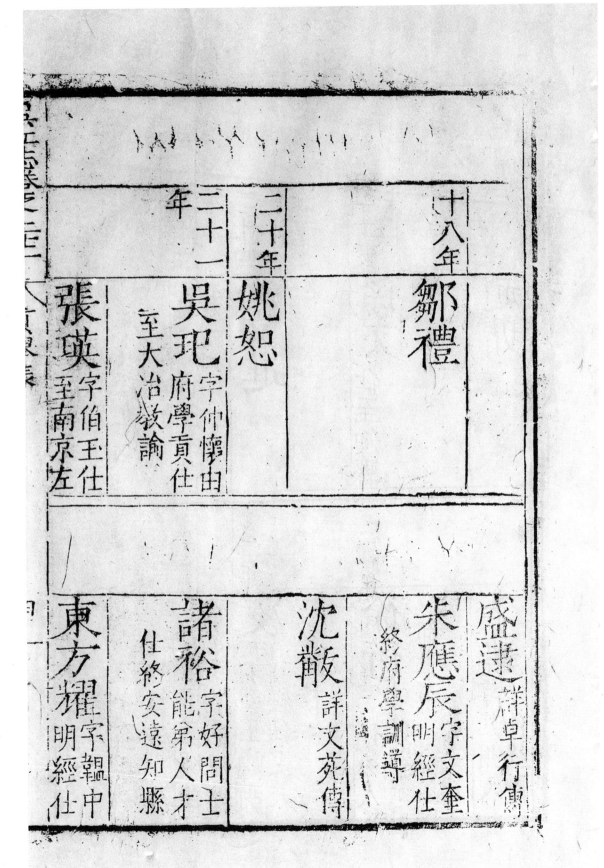

僉都御史莫郡二志以爲十一年貢誤也

二十二年　蔣玄　仕至教諭

二十四年　沈文進

二十五年　孫文　仕至知縣

二十七年　趙璘

終本學訓導

張惟清　孝廉仕至知縣

十二年　凌昌　字王卿明經仕至太平教授

徐衍　字仲易人才仕終工部主事

李鼎　字廷用人才仕終禮

部主事

二十八年

何源 由府學貢尋領鄉薦

諸士能 字至拙仕至湖廣僉事

二十九年

蘇子厚 字文載由府學貢仕至四川左布政使

二十一年

崔齡 字大年人才仕終刑部主事

梁時 詳文苑傳

張瑾 字叔瑜人才仕終工部員外郎

張珵 字叔琳瑾弟人才仕終荊州知府

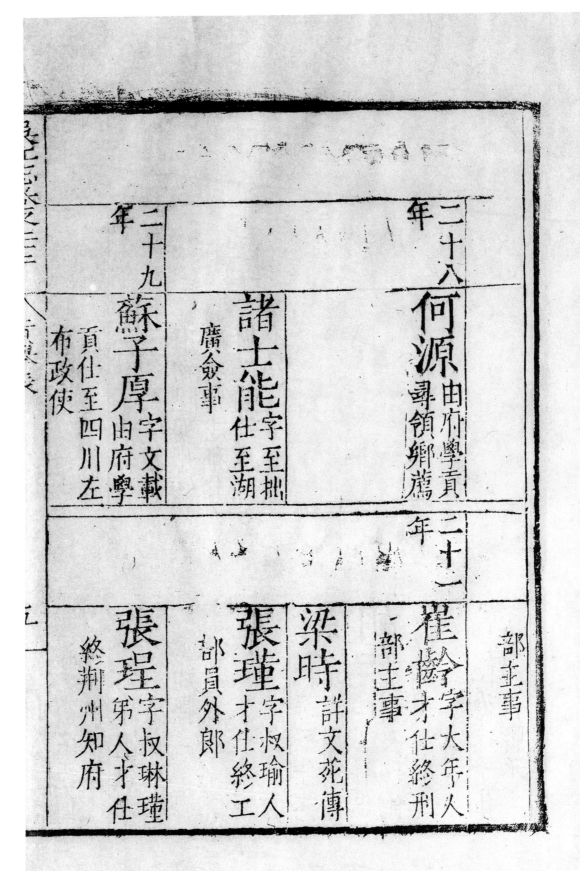

三十年

王器字汝器仕至廣州知府初陞瓊州知府瓊州志稱其賢能特達廉謹有爲

莫禮詳名臣傳

樊勉字思誠孝廉仕至慶雲知縣

謝絳莘子仕終鄧州知州

胡廷莊人材仕終潮州知府

竇昇德遠子仕終縣丞

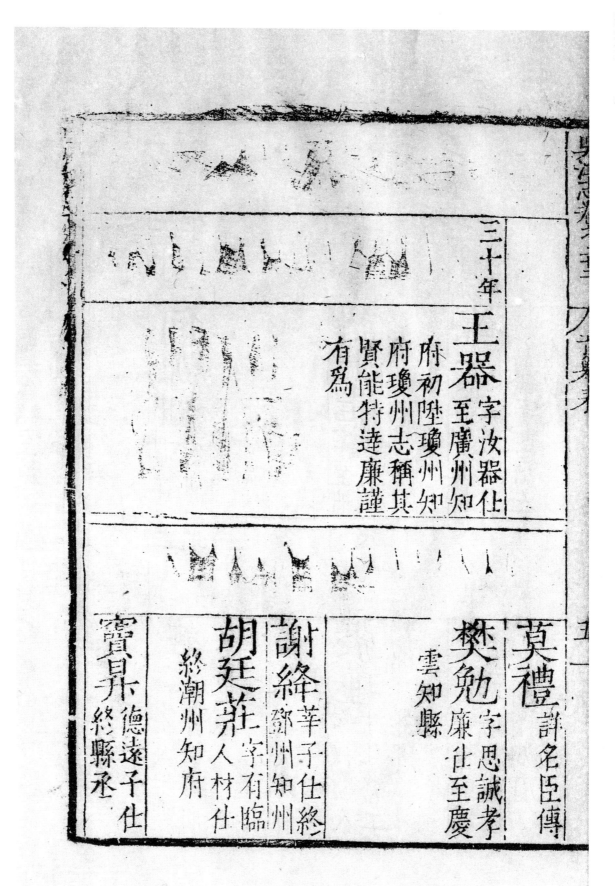

殷子名人才仕終刑部主事

葛德昭人才仕終刑部員外郎

葛方字德春

莫子奇人才仕終全州知州

朱亮字公亮人才仕終靖

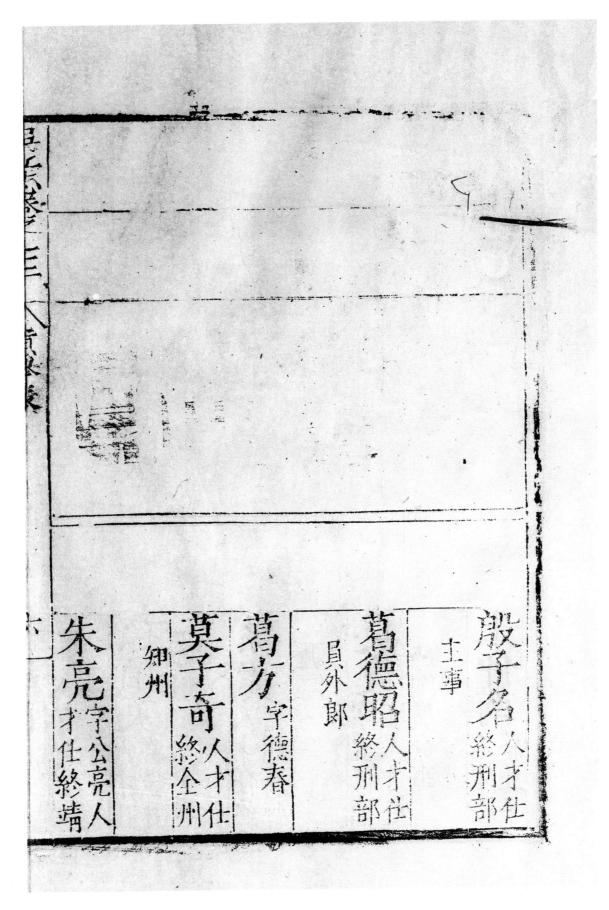

州判官

孫伯英人才仕終鬱林知州

孫實人才仕終梧州府經歷

吳復字孟修，簡子。人才仕終湖廣僉事

朱仲南人才仕終北平

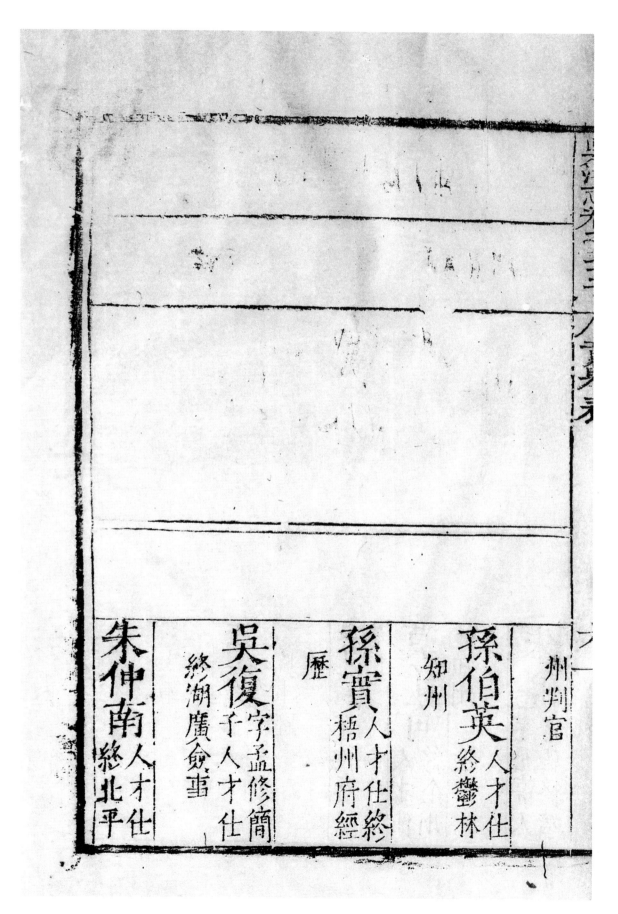

右參議

陸行直字季衡人才仕終翰林典籍

吳順字希程簡子明經仕終本學訓導

虞俊字彦英人才仕終汲縣知縣

馬逵詳名臣傳

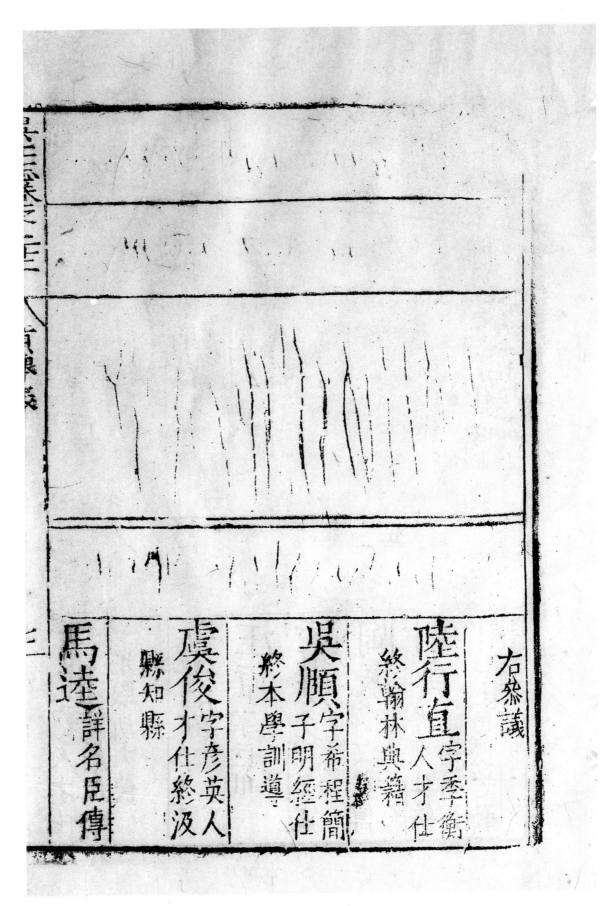

葉仲實　人才仕終九江批驗所大使

張士安

汪源　字巨川

凌得修　字子咸

陶振　詳文苑傳

劉貞　孝廉仕終河南通判

謝常　詳隱逸傳

二十三年

張□尚　仕終典寶　[illegible]

未詳仕

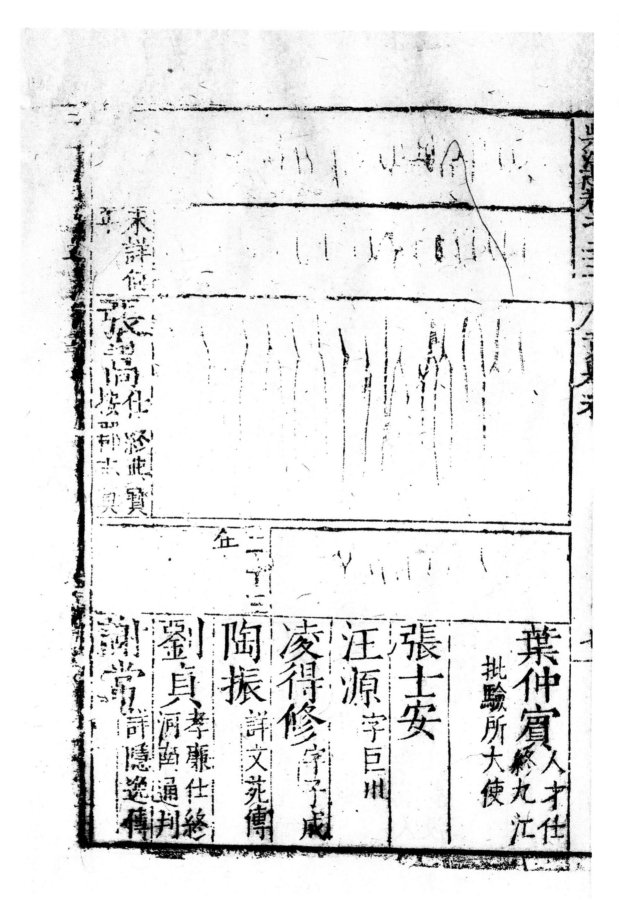

志皆不載獨學宫題名有之今莫考其先後姑附于此

成祖

永樂元年　徐英　字世英任至主事

三年　費鼎

四年　吴暹　仕終吏部主事

五年　吴席珍　仕至通判

永樂

曾堅　字孟堅

夏忠　字尚忠

盛行　字景行人材據盛譜增入

黄份　字原質秀才仕終嵊縣教諭

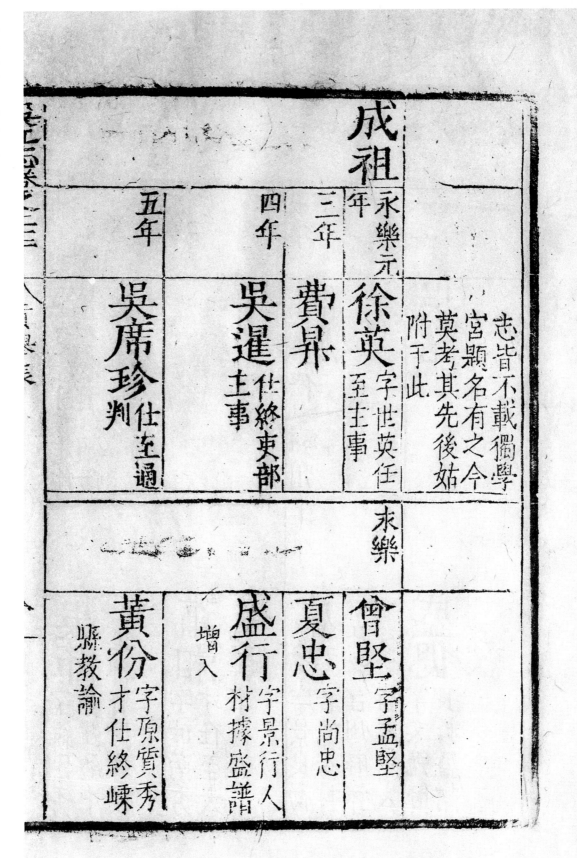

路宗簡莫志作宗顯仕至通判

七年

陶忠仕至知州

八年

吳琚

七年

吳節字維則秀才仕終中軍都督府教授

蕭湘字仲南秀才仕至大理評事

盛彰字景良初名樟人材仕終台州府督稅據盛譜增入

盛偲字文勉賢良據盛譜增入

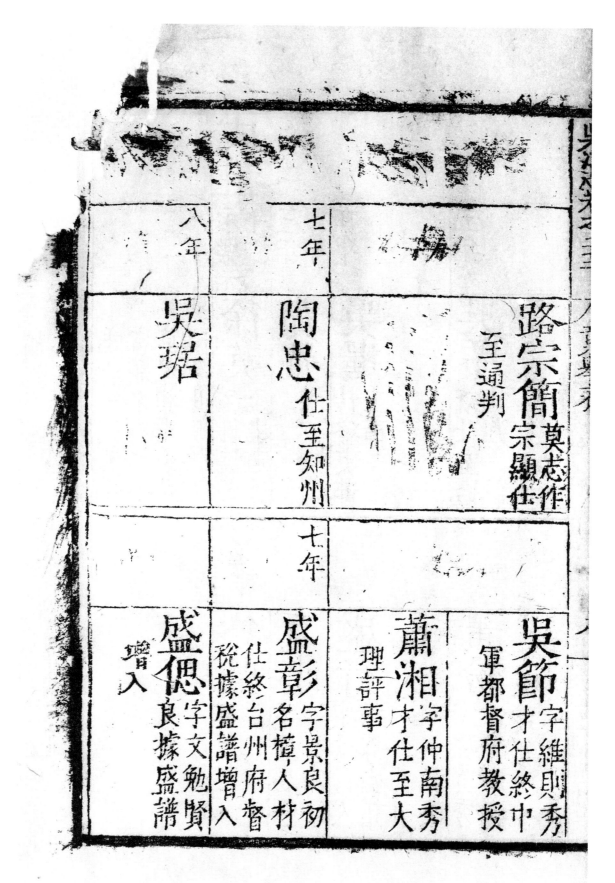

李純　仕至州同知

九年

陳繼宗　仕至知縣

楊敬　莫志云洪熙元年貢誤

十年

趙璇　仕至通判

凌觀　字士瞻仕至知縣

十一年

何義　仕至吏目

甯冠　字公冕玉四世孫仕

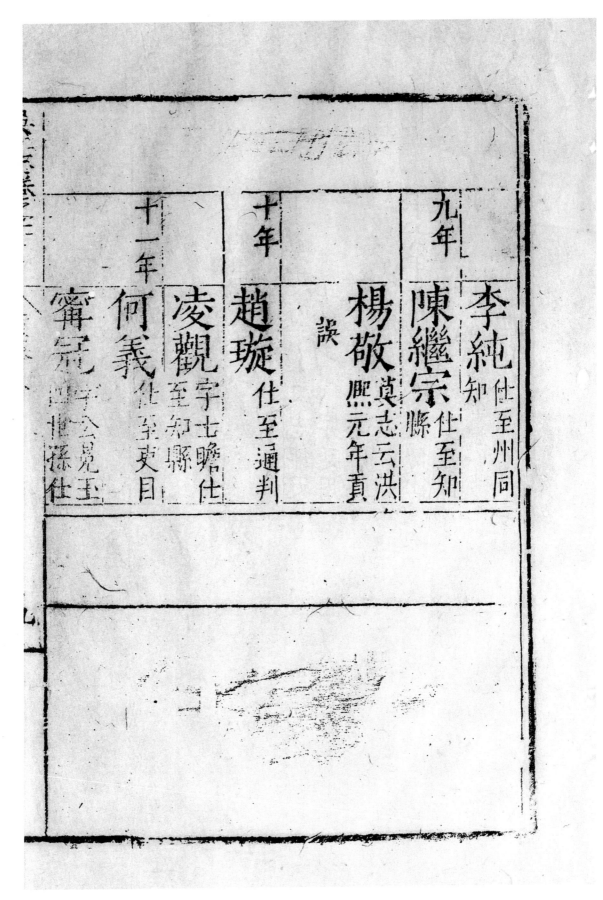

[illegible]州判官

十二年　施庸

十三年　石玉　字世珍，上員，授御史，陞高陽郊州

十四年　陳寧

十五年　施珩　莫志作史珩，字廷用，仕至桂陽知縣

十六年　俞善　字復初，仕至大寧衛經歷。莫志云十四年貢，誤

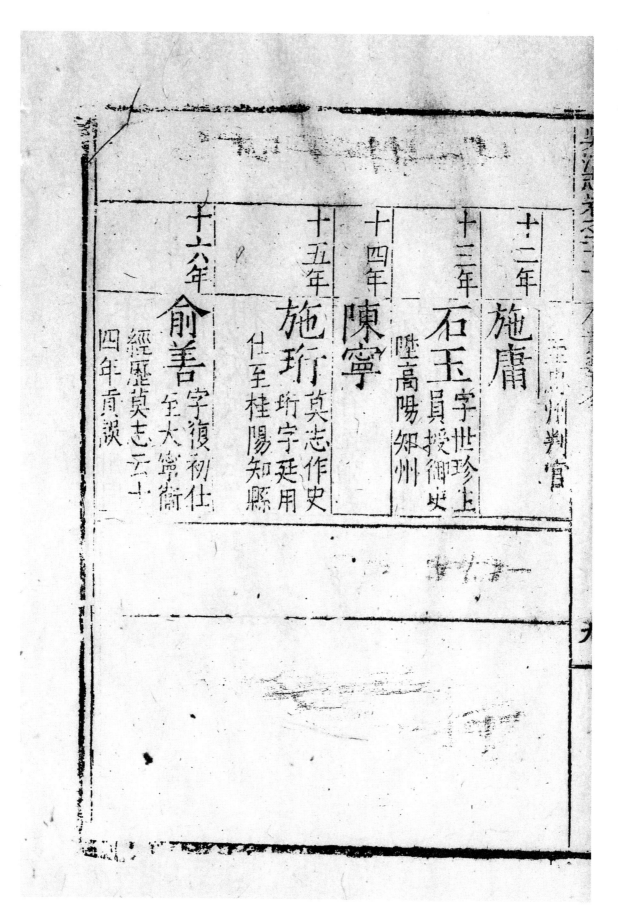

宣景能仕至主簿

十七年　劉原鎮仕終吏目

十八年　錢博字守約仕終工部員外郎

十九年　劉禎字孟祥仕至安溪知縣

二十年　李士顒仕至周府典儀

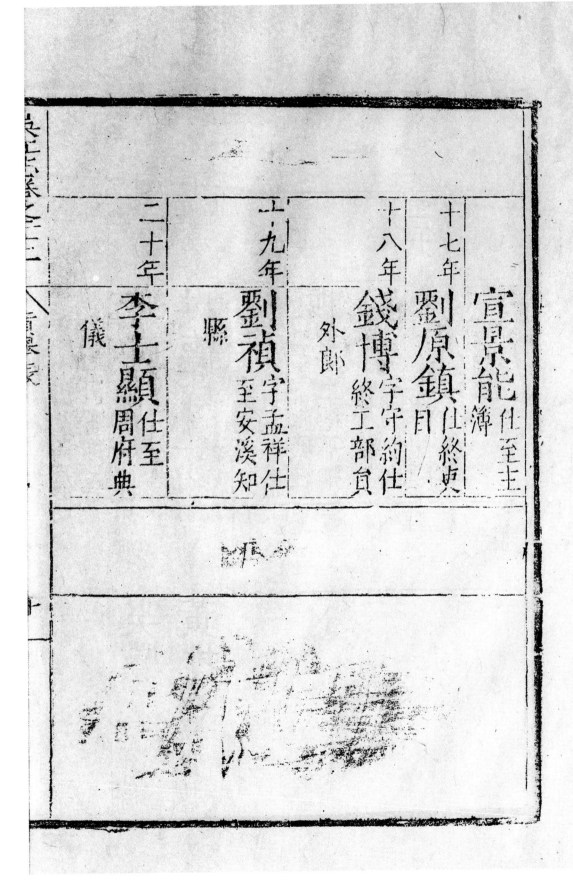

二十一年　秦弘　仕至秦府審理正

仁宗

宣宗　宣德元年　吳德　字惟一仕至淮府長史進階朝列大夫

三年　陳璇　字叔璣仕至南平知縣

五年　徐子良　字仲顒仕終晉江縣丞

洪熙　吳驥　詳文苑傳

黃坪　詳名臣傳

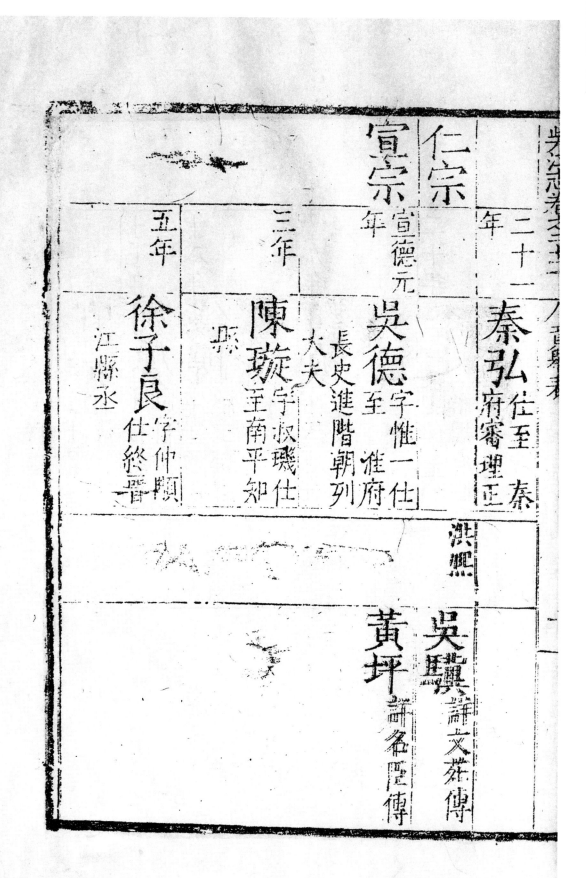

年	人物
七年	周尚文　仕至彭澤知縣
九年	馬驥　字德良仕至襄陽府推官
英宗正統元年	吉昌　字持敬仕至光祿寺署丞
三年	張昂　字子昂仕至陝西行都司斷事
五年	丁傑　字世英仕至程鄉知

	七年		九年	十一年	
縣	樊盛字宗遠仕終修武訓導		姚宗顯仕終臨淸知縣	施敬字克禮仕終沅江軍民府通判	顧亮字良弼仕終劍州知州

王琳字文美未仕卒

董芳字孟賓仕終常山縣丞

陸瓛字廷器仕至吉安府經歷

陸洪字弘道仕終靖江王府引禮舍人

已上五人例取四十五歲廩膳

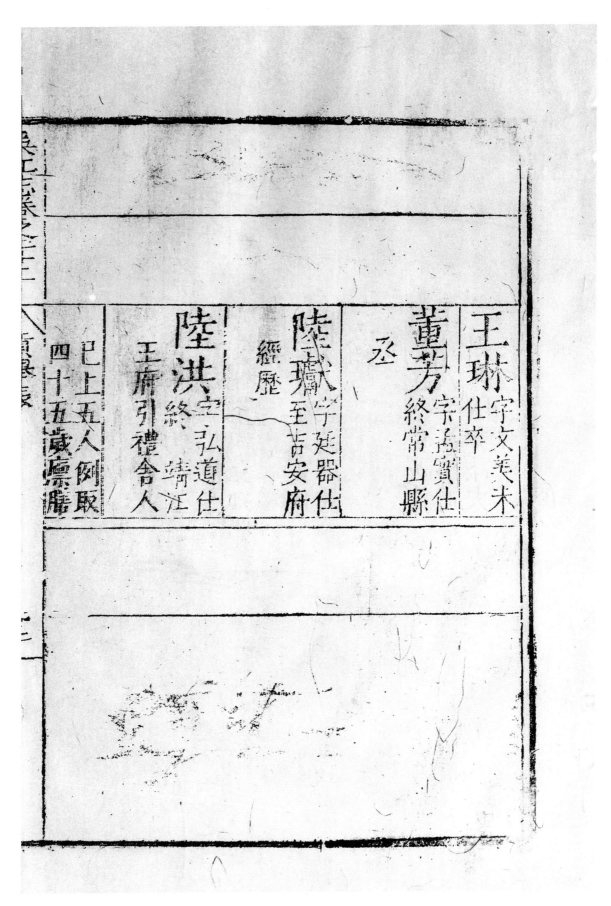

十三年　楊永字文遠仕終清平衛經歷

景皇帝景泰元年　曾鑑字世明堅子由府學貢仕至內丘知縣

陸信字以賓仕至漢川教諭

二年　馬忠字允誠仕至高州通判進階奉議大夫

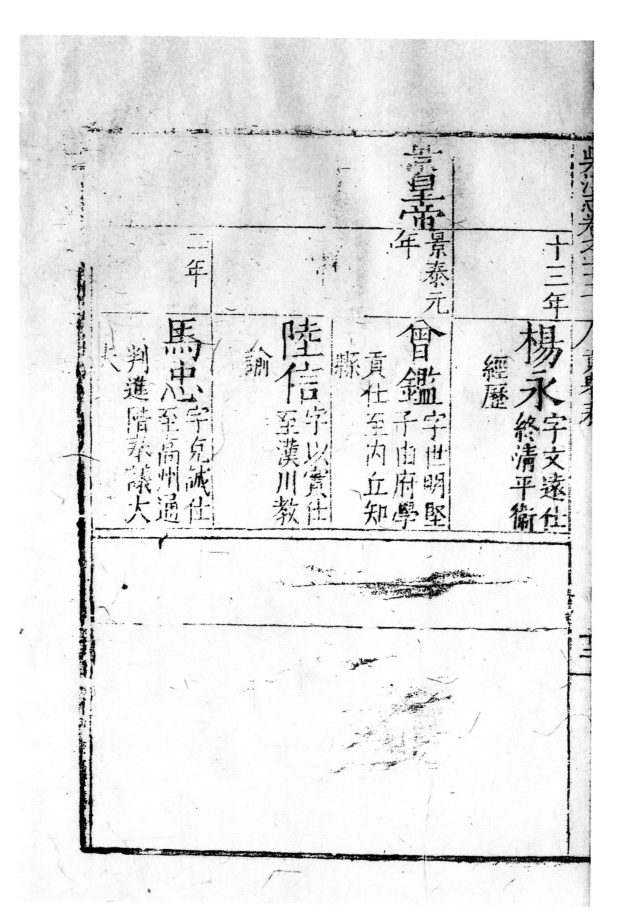

三年　張浩　字文進任澧州吏目

四年　何晟　字景明

五年　徐琛　詳名宦傳

七年　葉芳　字子春仕終廣西布政司理問

英宗復辟　天順二年　汝伯衡　字惟正任終永康訓導

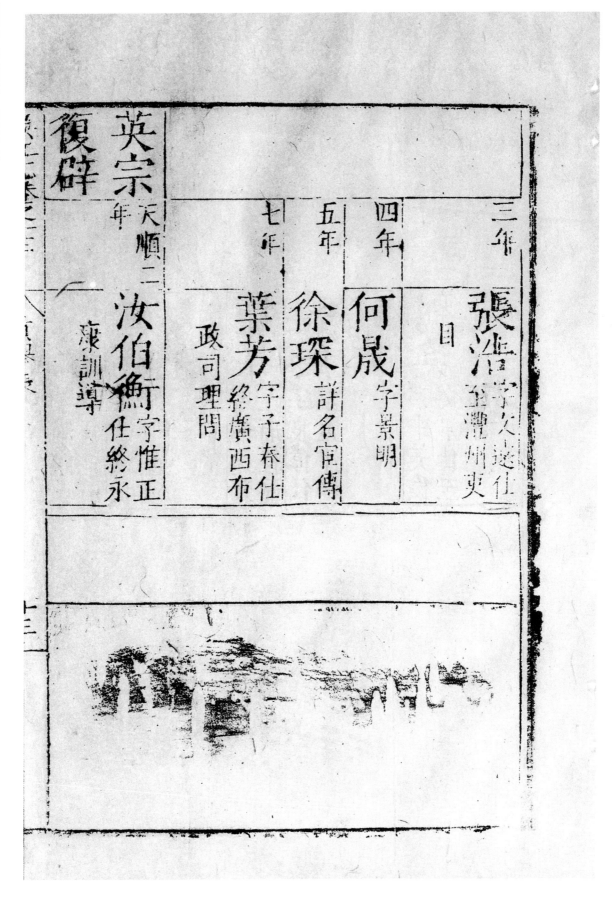

四年
沈仁 字景修

六年
姚璣 字宗儀仕終邢臺訓導
鍾昪 字昭遠仕至府經歷
劉俊 字良偉仕至孟津知縣
劉英 字中美儉從弟仕至蓬萊教諭

朱瑺字廷佩未仕卒

沈昌言字宗禹仕至新鄭教諭

鈕瓊字宗美仕至寶慶教授

蔣沐字熙暨仕終德安主簿

平衡字公亞未仕卒

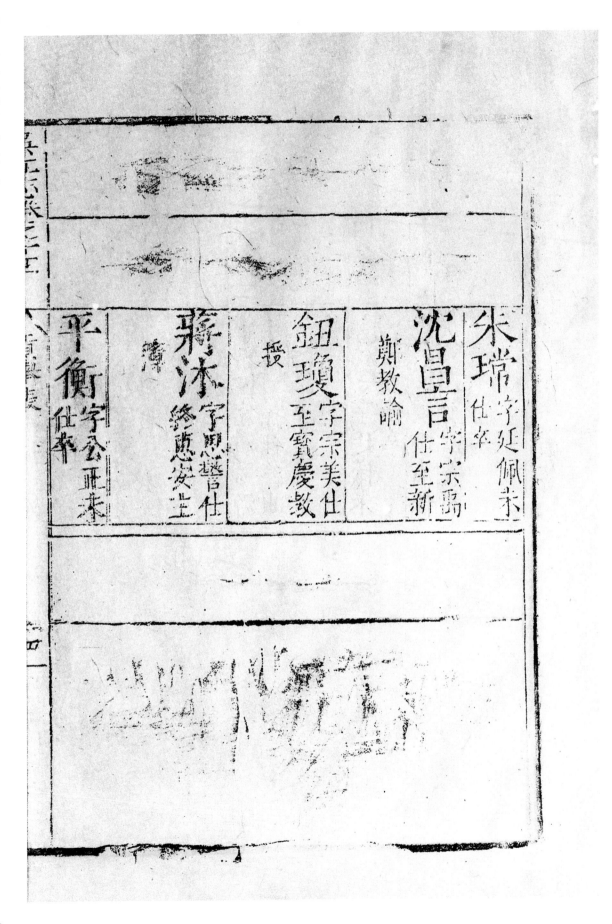

以上八人亦從前例

八年	寗賓字文敬王七世孫仕至夔州教授
憲宗成化二年	何昇字寅賓濟源孫仕終汕陽訓導
四年	沈鐩字廷儀未仕卒
六年	姚澄字以清仕至武義教諭

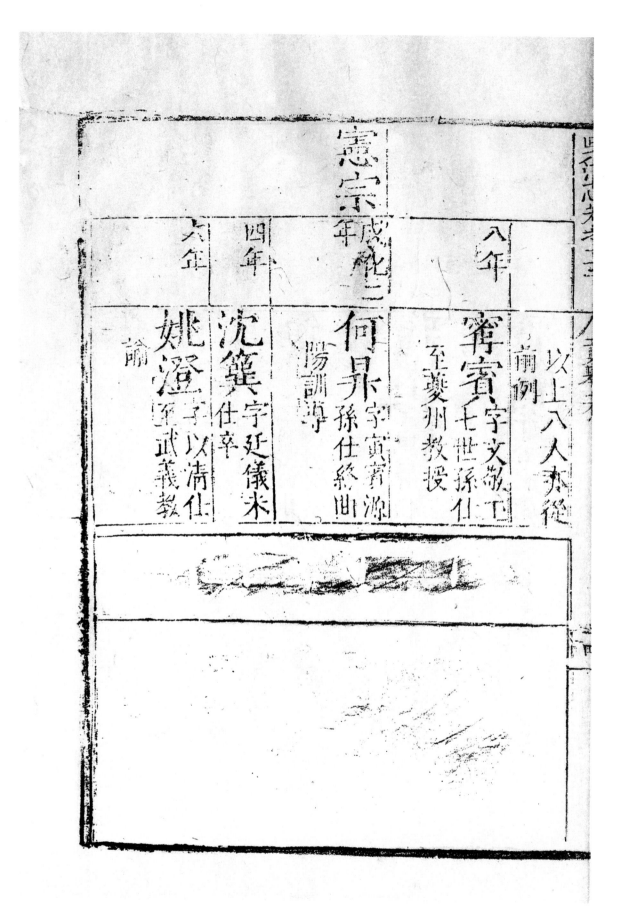

八年	屈伸字志行由府學貢仕終訓導
	孔皐字希暘未仕卒
十年	孫應奎詳科
十二年	徐源詳科
十四年	許淳字子厚
十六年	錢瀛字潤民
十八年	徐章字憲之琛子仕終金

華府推官

二十年
沈澄字文源仕終新建縣丞

二十二年
楊顒字惟謹

孝宗
弘治元年
周鼐字宗美

三年
凌謙字益之仕終雲南府檢校

沈愚字希顏仕終安福知縣

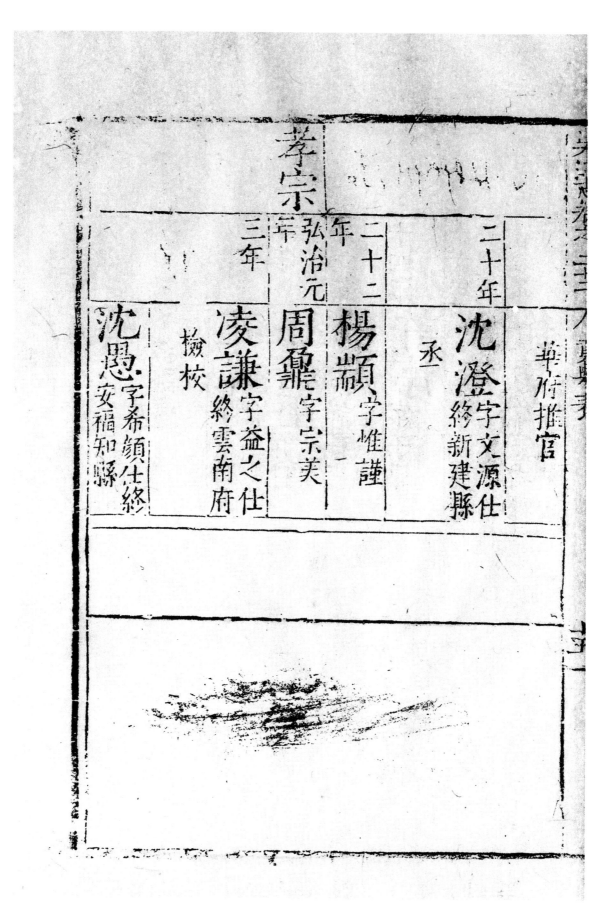

七年　輔相　字巨卿

九年　虞琴　字舜樂

十年　汝舟　字濟商訥子

十一年　李遷　字時顯一字舜舉

十二年　莫潛　字若用旦子仕終烏程訓導

十三年　汝惟賢　字懋嘉泰子

十五年　鈕諤　字直卿瓊子仕終訓

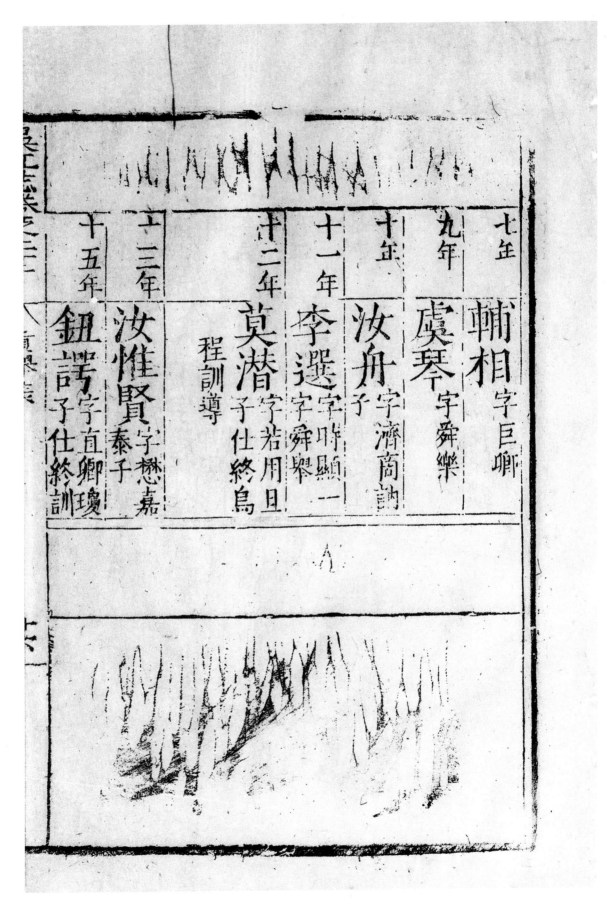

導

十七年　汝礪　子　字啓商　訓

武宗

正德元年　徐珩　字廷節　仕終知縣

三年　吳縉　子　字朝英　鉉

五年　呂津　字濟之

七年　黄浙　字東之　仕終兵馬指揮

九年　曹鎔　字良範　鏷弟

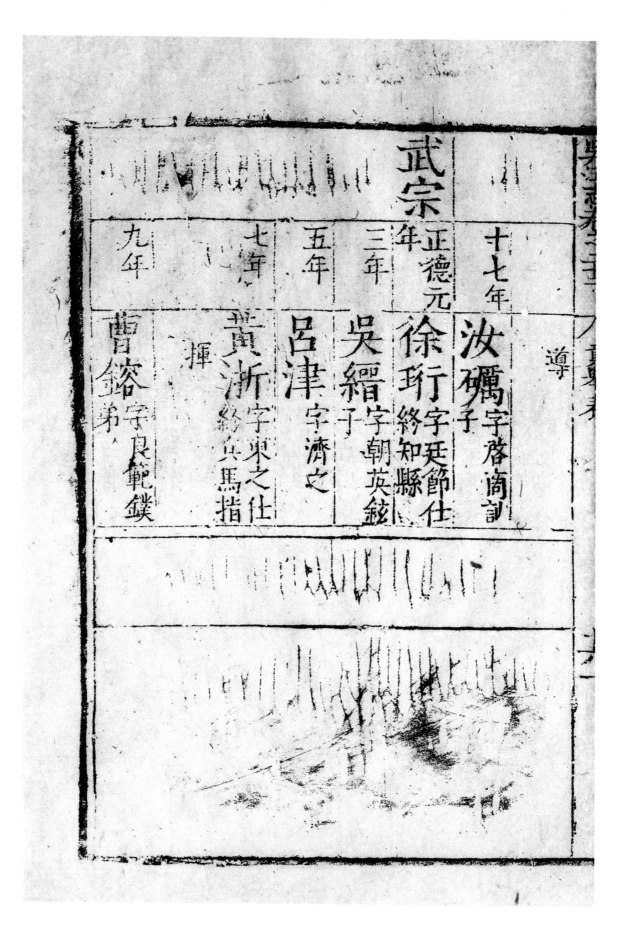

十一年　施淮字文源，未仕卒

十三年　楊頔字惟美，顓弟，仕終萬全都司經歷

十五年　錢濟民字仁夫，仕終訓導

十六年　李慶字大有，未仕卒

沈登字肅仕，終思南推官

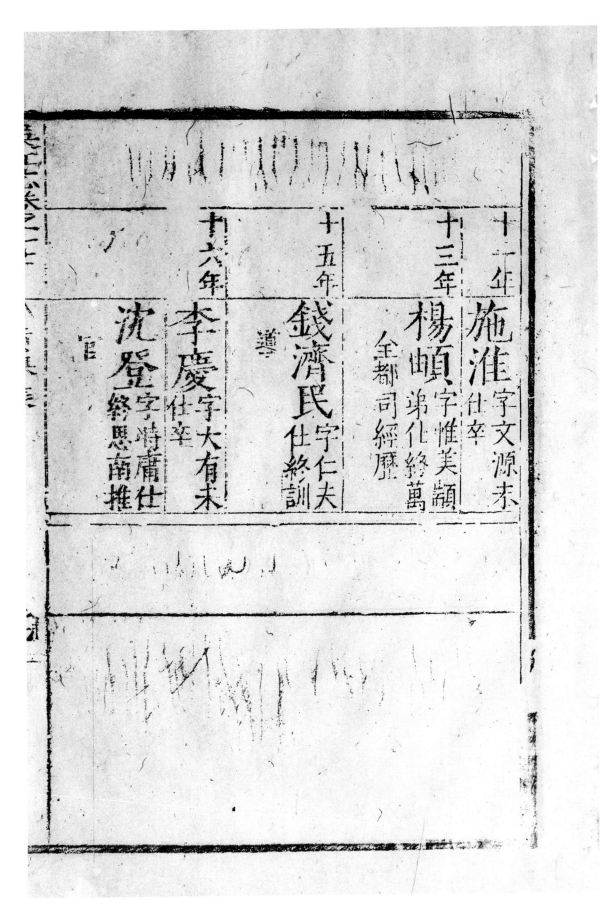

今上嘉靖元年　吳橋字邦濟

二年　徐應龍字辰夫仕終知縣

四年　崔濂

五年　錢相字廷輔卿凡仕終新淦知縣

七年　蔣濂字惟清未仕卒

[illegible]年　夏山字子靜夫仕卒

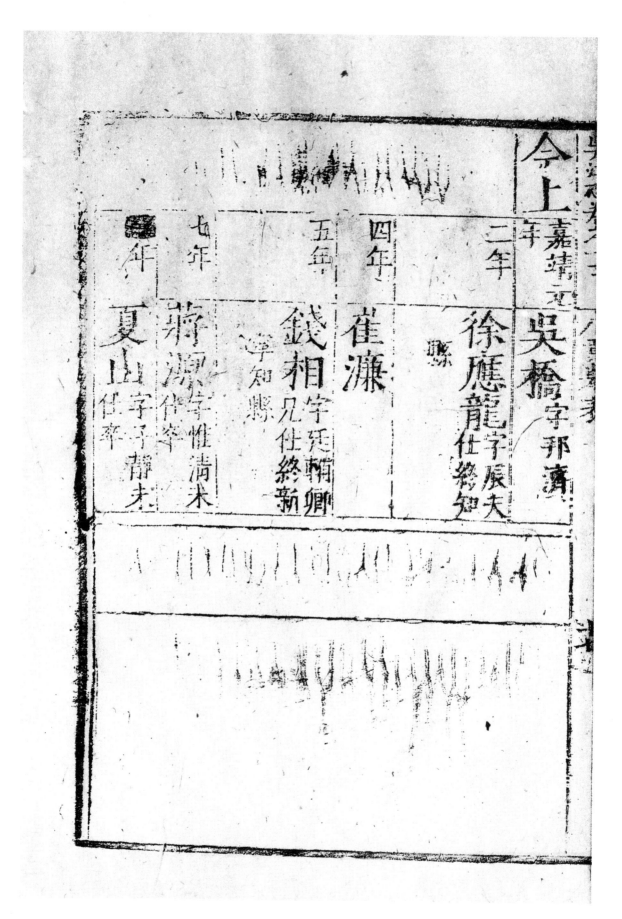

九年	顧堂字子升仕終訓導
十一年	陳祚字壽之仕終羅次知縣
十三年	李炫字蒙之仕至遂平教諭
十五年	王言稷字子忠仕終遼東都司經歷
十六年	顧龍字德中仕終訓導

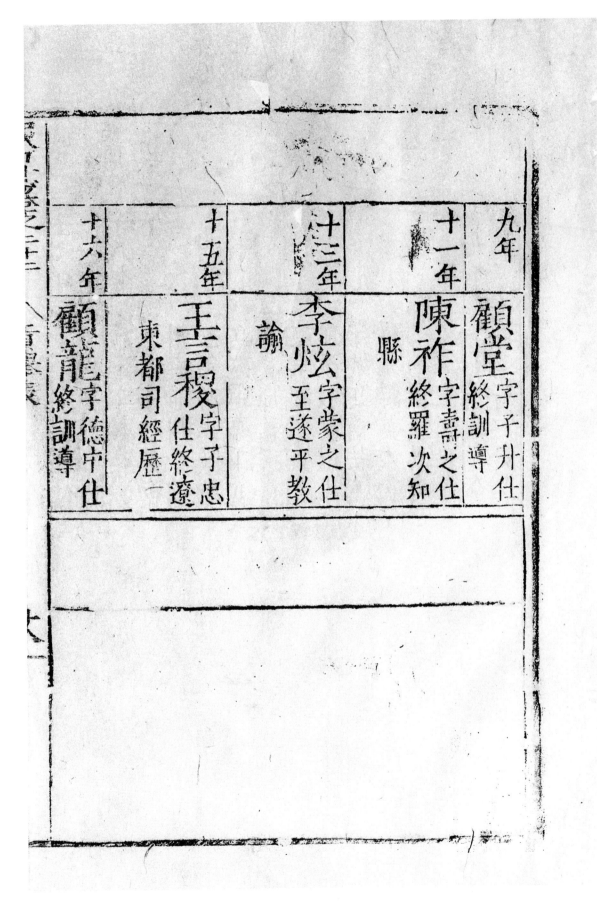

十七年　張鑾字鳴和仕終訓導

十八年　趙綸字敬孚寬子仕終韶州府通判在韶三年有惠政時兵巡道幕下兵劫英德綸遷得之兵巡道以為恥欲移其獄于守城兵綸執不從免歸英人德之為樹去思碑又立生祠祀之

十九年　何訓為字廷言今安吉

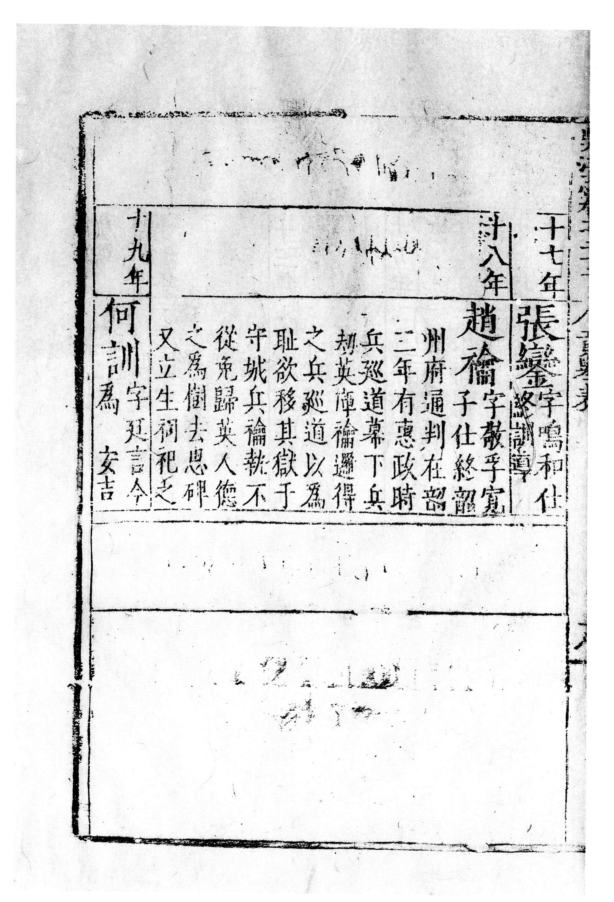

王府教授

三十二年	李濟詳卓行傳
三十三年	葉楠字良用武昌知縣
三十四年	王授字受之銑弟韶州通判
三十六年	黄錠字子珍舉卒
三十七年	崔南陽補貢詳科
三十八年	程鴻儒字漸夫今為新城訓導

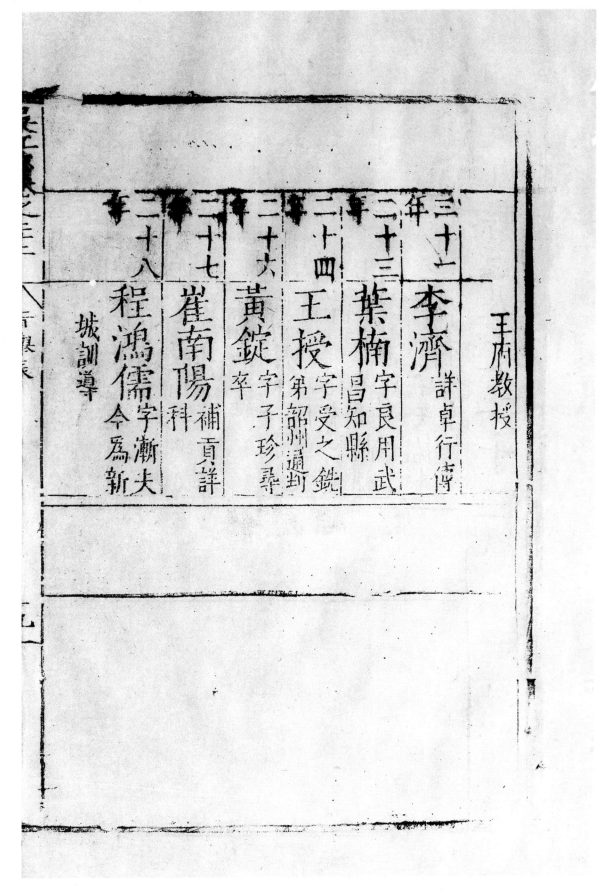

二十九年　沈洋　字宗魯尋辛

三十一年　許楠　字[redacted]

三十四年　陸光宙　字子文令為[redacted]訓導

三十六年　胡泰　字世亨未仕卒

三十七年　申誠　字汝思補貢

三十八年　楊祚　字天祐未仕卒

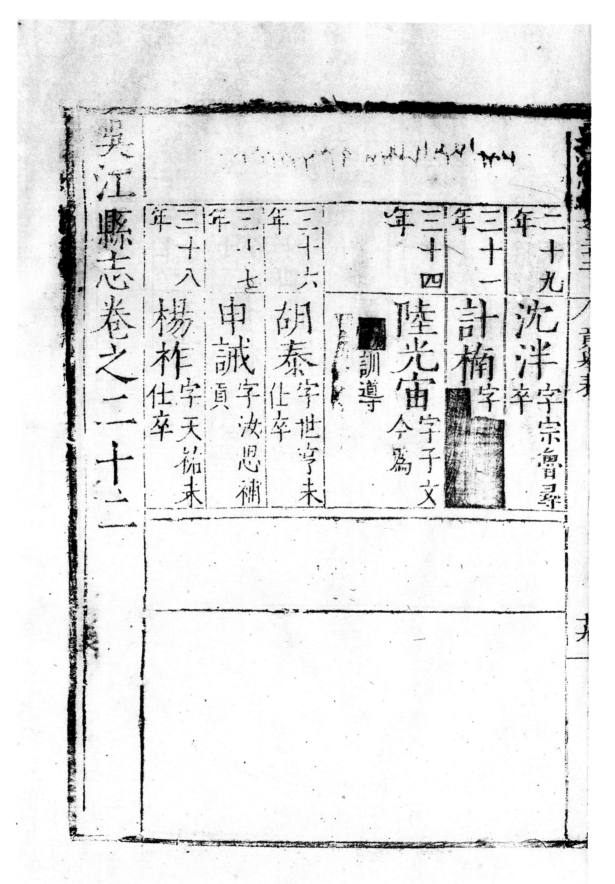

吳江縣志卷之二十三

人物志一

名臣傳

宋

魏憲字令則與弟志並登進士有聲太學號凞豐人才憲累遷國子司業親喪三年弗御酒肉廬於墓側有芝草甘露之祥再爲司業以學行見推徧歷中外師

儒之選兼太子舍人遷中書舍人給事中其文温厚雅正得代言之體宣和二年以直龍圖閣知常州三年除太常少卿歷顯謨閣學士知明州建炎二年爲吏部侍郎時車駕南遷案牘散佚吏緣爲姦有僞名寄貫之弊憲請嚴保任以覈實開告賞以止奸急期會以取閱以戢其弊又言古未有背天險以爲都者

今京師北有長江虜騎由京西不四五
日可至淮泗宜有以待之久之以直學
士提舉江州太平觀進吳郡開國侯致
仕歸卒年七十三學者稱爲止菴先生
今列鄉賢祠
王份字文儒隆興中以特恩補大冶令清
謹寬恕雅重學校嘗置田以給士人縣
有疑獄份露香籲天以祈神助不苟決

也縣産鐵舊有鐵務每過取病民份奏減其額民德之繪像祀焉在縣七年一日登西塞山誦張志和漁父詞西塞山前白鷺飛桃花流水鱖魚肥之句慨然歎息即日致仕歸作室于雪灘窮極林泉之勝號曰臞菴居士今列鄉賢祠

趙磻老字渭師其先東平人徙家邑中以婦翁歐陽懋待制澤入仕孝宗朝爲書

狀官隨范成大使金成大歸薦之擢正言乾道八年以右通直郎知楚州入爲大理寺丞復由兩浙轉運副使知臨安府除秘閣修撰權工部侍郎所著有拙菴雜著三十卷外集四卷

莫子文字仲武提幹大猷之子也寶慶中舉進士出知嘉興時王疇奉使括田法甚苛細子文不從疇譖之於田使劾其

拒命理宗素知子文止降宣義郎制詞云非朕得已知爾仁人田使見之怒收不付出後五年始復其官制詞又有利鈍何常之語慰諭特至尋遷道州通判累官朝散大夫廣德知軍兼內勸農營田事賜緋魚袋卒年七十五一云八十二

大明

莫禮字士敬子文六世孫洪武中以稅戶

人才徵授戶部員外郎在官不受祿秩滿超陞本部右侍郎轉左侍郎時族有詿誤黨禁者竟致于理臨刑賦詩有一心忠義堅如石惟有皇天后土知之句人多傷之所著有東村詩稿北征集

曾燿字日章（莫志作彰）以字行父朴浙西醫學提舉自杭徙吳江日章博學有才智受春秋於魯道源爲郡學生洪武中以歲

貢授黃陂知縣政聲大振尋解印綬歸釣於江上將終老焉永樂初詞臣交薦起爲翰林侍讀同修永樂大典奉使交阯還陳黎氏簒立本末當伐狀因命從征在軍中多所贊畫文檄皆出其手交阯平復承　命往諭還卒於富良江子堅字孟堅亦以春秋起家拜禮部郎中歷四川雲南左布政使

平思忠初爲縣小吏永樂中被薦授禮部主客司主事進郎中時　文皇方事招懷主客政務日殷思忠有精力事皆立辦尚書呂震特器之俄以事下獄北虜入貢他任主客者多不稱　旨震因以思忠爲言即日赦出復其官時以給事中楊弘爲陝西布政使欲使清強有力者伺察之遂拜思忠陝西叅政未幾爲

人所誣謫戍北邊會有　詔市馬西域以思忠嘗官主客多識賈胡　詔釋其戍給冠帶隨中官劉馬兒使吐蕃諸國而還後卒于家初郡守況鍾官主客與思忠有交承之分至是數延見思忠執禮甚恭且令二子給侍曰非無僕隸欲使兒輩知公爲吾故人耳其見敬禮如此然思忠安貧守已未嘗以事干鍾人

尤多之

何源初名德源字幼澄洪武中貢尋領鄉薦第七授德州學正能以師道自任州士以科第顯者自源始陞知德州歲旱隣治多蝗不入源境擢梧州知府梧有水患民多流亡衆議具　奏賑之源曰若俟　奏報民皆死矣乃首捐已俸次募民粟賑給人多頼之又悉毀境内淫

祠尋以詿誤謫交趾鎮守英國公張輔
舉署交州學事多所造就士之以貢選
至方岳者十餘人後　召爲吏部考功
員外郎出爲鄭府長史繪欹器圖以進
王敬憚之事聞　賜勅褒美并賚金帛
尋改文選郎中正統初擢江西右布政
使會　詔徙近卒戍遼東人心騷動源
言於　朝曰南人弱不耐寒雖至其地

死亡必多不如置之近衛則人不失所而　朝廷亦藉其力以爲用　上允其請并遣老弱者三千餘人尋致仕歸自號東吳遺老足跡不入城府源爲人溫雅朴愿歷事　五朝文章政事見稱一時卒年八十六

馬逵字伯行以字行洪武中以人材徵授合水縣丞以憂歸服闋補昌邑爲政廉

平人不敢干以私粗衣惡食其妻不能
堪乘間言之逵怒曰爾欲使我爲善耶
爲惡耶後陞河間衛經歷卒于官今列
鄉賢祠

黄玶字孟玶教諭份之子宣德中以文學
才行辟授溫州府經歷遷縉雲知縣尋
調武康所至皆有惠政擢廣東布政司
經歷以直道不合於衆政檄往瓊州視

事中嵐氣卒後五十餘年縉雲人有過邑中者必問玶後何如并頌其遺政云

徐琛字文玉家貧教授于鄉門生有餽粟者琛以生學業未成辭不肯受景泰中貢入太學拜泰寧令專務以溫辭化民不尚刑罰政成有馴烏之祥尋乞歸自秋澤徙居邑城而家益貧人有咎其居官不取者琛曰不取吾職貧吾命也可

復悔乎泰寧人祀之今列鄉賢祠
盛杲字允高景泰初舉進士授監察御史
清山東馬政值其地災傷上疏乞蠲民
所負孳息民德之尋按廣東時瀧水賊
猖獗杲單騎諭之遂降又劾巡撫侍郎
揭稽不法事未幾以言事過訐左遷右
田典史天順改元稍遷羅江知縣值旱
禱而得雨杲曰此非長久計也乃教民

鑿池一千二百五十餘所旱不爲害民
爲立生祠於羅真觀尋陞叙州知府適
戎人哄筠高土狫叛　朝廷遣將征討
杲在行間多所斬獲上其功未及報以
瞶致仕後追理前勞特　遣使賫金幣
寶鈔　賜于家杲性友愛自叙州還置
第郡城呼兄弟共居之無間言又迎養
姑姊之無依者其好義類如此獨以簡

傲召毀然不能撿其大節云

汝訥字行敏先世皆高貲拓產業至訥始好儒術爲詩文格韻平暢書法得晉人體而小楷尤遒美可愛景泰中領鄉薦成化初謁選吏部薦謄　英廟實錄拜中書舍人擢南京武選員外郎遷郎中時三原王端毅公恕爲大司馬訥與同郡李應禎嘉興呂憲鎮江莊泉並以文

學爲恕賓客後訥爲汀州知府尋以憂歸服闋會恕轉冢宰選部希恕旨問訥所欲訥竟無言擬補南安恕以訥文士不便案牘欲更之訥聞之曰官可擇耶恕意訥安于外補竟與南安訥居官三十年墨迹半天下田廬不改於爲諸生時竟以常守罷歸人皆惜之所著有學鳴集若干卷藏于家

黄著字誠夫經歷琈之子也少以氣節自
高成化初舉進士拜新昌令新昌素稱善
訟前令嘗爲民執送京師著至苛察如
神不少假借有干謁者輒集僚吏見之
竟不敢發而去民黠桀者悉流之或規
其大過著曰不如是亡以戢暴也由是
憸壬不自容誣訟著于臺司臺司素知
著竟白其事遷監察御史奉　勅按山

西再按廣東芟夷汙亢一時殆盡方面以下有纖墨者輒望風解印綬去都御史王越屢稱著才有大政必召議焉久之丁內艱歸尋以疾卒著好舉淹滯而恩儺太明人多嫉之

汝泰字元吉一字其通少有大志巋然老成之望未第時與同郡李應禎吳寬同邑姚明史鑑並以文學著名所撰文章

傳布遠近年五十始登科又八年而舉進士拜南京考功主事時倪岳爲南冢宰素知泰名一見喜甚居無何岳以召去而泰亦遷驗封郎中三山林瀚代岳任以泰有時望　奏改考功泰甄別人物辭情並至久之擢永州知府卒於官所著有來齋集

趙寛字栗夫性警敏過人幼讀書數行俱

下及長工古今詩文下筆千言未嘗屬草年二十一領鄉薦卒業太學時王文肅公僎爲祭酒深加賞識於是名益起及試禮部同郡吳文定公寬主試事得寬卷大驚遂置第一梓其文以傳不加潤色時議猶以文定私其鄉里一日文定集諸公卿宴邸第命寬作玉延亭賦寬卽席授簡頃刻千言衆始歎服不敢

復議既成進士拜刑部主事歷郎中執法不撓有主事盛應期范璋以管閘忤中官群詐其罪於　上逮繫部獄禍且不測同僚皆退避不敢鞫寬獨挺身任之二人得從末減謫官而已一囚罪當死尚書欲出之寬不從竟置諸法在刑部十四年以明允見稱陞浙江提學副使以身教士不受私謁品鑒精敏前後

莫及一經甄拔造就者悉登高科士風爲之丕變在浙七年陞廣東按察使至則決滯獄禁和買約束鎮守中官政甫就緒以疾暴卒年四十九聞者惜之寬閎文不徒識貴賤并壽夭亦決之十不爽一故人尤屈服焉平生詩文以不屬草故多散逸僅存半江集十二卷今列鄉賢祠

吳鎜字汝礪少逸越不羈務苦吟格律高古無靡靡態與趙寬齊名居太學時南司馬三原王端毅公恕器重之及鎜舉進士拜官當得文選會恕爲冢宰同年楊某欲攘之乃言鎜先事受賀恕聞不得已改鎜武選而以楊代之恕後數召見鎜鎜終不言恕始悟受欺欲改鎜未及而去故鎜竟以常格進武庫員外郎

尋遷郎中卒於官所著有懶溪集
王哲字思德弘治初舉進士授監察御史
歷按福建廣東江西三省所至清軍伍
理鹽務平流賊䘏民隱明究獄作士氣
表先賢祠墓歷歷可紀江西鎮守董讓
怙勢作威陵侮縉紳衆莫敢誰何哲至
首劾其不法數事　上切責讓自是中
官少戢宸濠雖横亦凛肅不敢忤民爲

之謡曰江西有一哲六月飛霜雪天下有十哲太平無休歇遷山東副使尋改廣東按察使數建大議未幾進南京僉都御史尋改北院廵視南贛汀漳等處會江西盜起命哲往撫之宸濠畏憚投以鴆毒幸不死遂以疾乞歸踰年卒哲器局宏邁志行果決故所在有聲居家孝友遇貧賤不改其平生人多頌之今

列鄉賢祠
盛應期字斯徵寅四世孫弘治中舉進士
授都水主事司濟寧牐啓閉以時人莫
敢越中官奉使有挾私貨者輒没入之
時太監李廣方變用事諸中官群愬於
廣廣嗾之會廣舍人販私鹺南來聞其
嚴悉投水中廣益怒嗾其黨秦文誣奏
應期阻薦新船大不敬　詔逮錦衣衛

獄謫安寧驛丞稍遷祿豐知縣歷順慶
通判武昌長沙同知雲南僉事副使所
至化群盜革稅弊制土官咸歸於法又
建議請閉銀礦以絕禍源爲鎮守太監
梁裕誣奏逮下　詔獄會　乾清宮災
赦出復其官尋遷河南按察使累遷陜
西左布政使裁抑太監孫清廖鑾貪暴
稍戢擢四川巡撫右副都御史討平熱

鑾有　璽書銀幣之賜丁繼母憂歸服
闋巡撫江西未幾陞兵部侍郎總督兩
廣尋調工部侍郎提督易州山廠陞右
都御史總理河道上疏陳治河四事曰
疏曰濬曰築曰防　詔許之工甫四月
完者什八九竟以謗奪官久之更　赦
復職致仕應期為人剛果廉幹遇宗族
有恩嘗修譜牒置義田以供祭祀給戍

役及瞻族人之不足者人多稱之

吴山字静之尚書洪之子也弘治中與弟

巖同舉進士除刑部主事累陞都御史

巡撫河南山以河南惟河患爲甚於是

根極利害著治河通考十卷尋坐劾臨

漳王府將軍左遷浙江參議擢江西參

政歷官刑部尚書時翊國公郭勛怙勢

作威諫官舉其罪始 天子震怒下廷

臣議後稍解議者持未決山獨陳其不
執論死讞狀久之不報會秋當報因劾
病死獄中　上怒山輸讞後期　詔免
官去山即日就道卒于利國監驛年七
十三人咸惜之今列郡學鄉賢祠
周用字行之少有異質既長辭家力學寒
暑不解衣弘治中領鄉薦第三尋舉進
士拜行人正德初遷南京兵科給事中

擢廣東左叅議嘉靖改元陞浙江按察
副使累陞南京刑部尚書時　九廟災
坐自劾免晦養五年御史交劾論薦起
爲工部尚書督河政未幾改督漕運尋
入爲左都御史遷吏部尚書會述職計
天下吏用以勞勩得疾卒年七十二贈
太子太保謚恭肅賜葬祭如例用初以
書發科而更喜易著讀易日記至禮經

尤其所長廣中兩試士並刻用禮經義
以程天下攻古詩文立意命辭並極古
雅而丹青書法亦頗可稱所著詩文十
六卷名恭肅公集今列郡學鄉賢祠右文
臣

元
甯居仁太尉玉之子也玉退老吳江於是
居仁以下皆爲邑人居仁能世父業累

官鎮國上將軍廣東道宣慰使都元帥王思忠貢士原傑子也雅尚文學張士誠據吳屢召不至率義勇保障鄉閭紀律嚴明刑賞必當若素習兵事者至正末天兵東下徐相國達頓師石里村而單騎至城下諭降知州楊彝驚潰不知所爲思忠謂曰中原淪於夷狄且將百年復爲群雄割據生民之禍極矣今王師乎

伐禍自此彌又有山邪之勢奈何不歸
順乎乃與彝率衆歸附相國嘉之賜恩
忠旗號使鎮守焉論者稱王氏父子文
武並全云臣右武

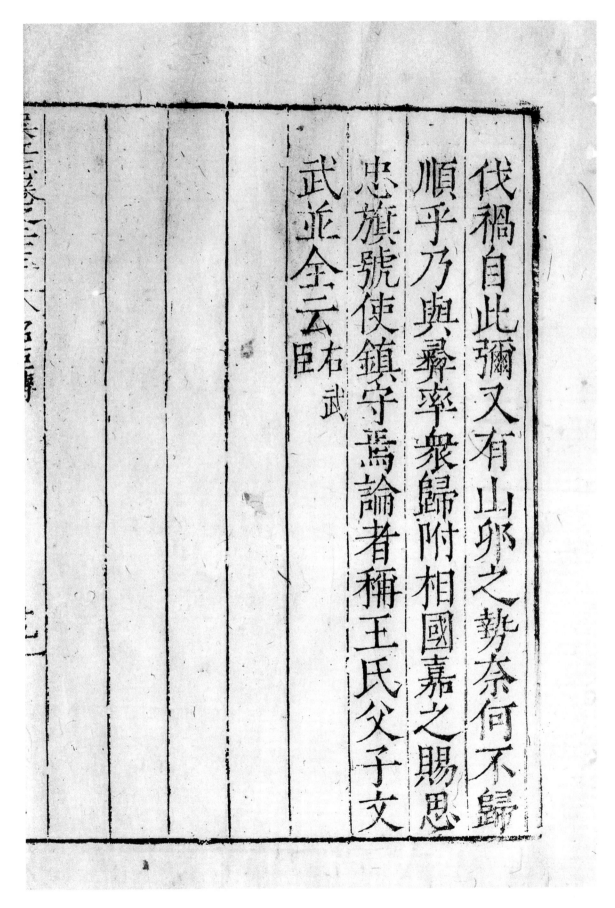

吳江縣志卷之二十三

吳江縣志卷之二十四

人物志四

儒林傳

宋

王蘋字信伯其先福清人唐水部郎槩裔孫也槩號人瑞有麟角集八世孫伯虎字炳之嘉祐中舉進士爲潛江令築隄去水害歷太子中允太常博士尚書戸

部員外郎與蘇黃倡和有進删三卷及
過庭集松陵集西府録從弟仲舉字聖
俞剛介厲學不徇時好從家邑之震澤
鎮卒贈奉議郎生蘋出爲伯父伯起後
伯起字聖時受經於王安石學文於曾
鞏而游曾宣靖公亮父子間題所居曰
西室有詩曰唱道野集卒贈右宣教郎
二程在洛伯起遣蘋往從之遂爲河南

高第通春秋視楊時猶爲後進時亦謂後來師門成就者惟蘋耳三舍法行遂不就舉紹興初高宗幸平江知府孫佑言蘋素行高潔有憂時愛君之心開物成務之學丞相趙鼎以聞召對補右迪功郎賜進士出身除秘書正字兼史館校勘受詔條具賦退利害蘋奏治本三事曰正心誠意曰辯君子小人曰消朋

黨上謂輔臣曰蘋起草茅而議論進止
若素官于朝者大抵儒者能通世務乃
爲有用耳頃修神宗實録優詔奬諭朱
震胡安國尹焞皆舉以自代安國論薦
尤力謂其學有師承識通時務使司獻
納必有補益遷著作佐郎[illegible]判常州主
管台州崇道觀不悦于秦檜會從子誼
亦素疾惡作罷相論以擬檜罪檜怒貶

誼象州蘋亦連坐奪官久之復畀祠引
年致仕官至左朝奉郎卒年七十二葬
長興茅栗山門人章憲銘其墓蘋識慮
精微議論平易憒然若與世忘既老作
論語集解未成合文集爲四卷今列鄉
賢祠子大本大中從孫楙楙子德文德
文子敔並以學行世其家業云
陳長方字齊之其先長樂人父侁從游定

夫學得治氣養心持己接物之要娶吳
人林旦女生長方長方長于外家又從
王蘋游因家震澤鎮紹興中舉進士授
江陰教授尋歸徙家步里閉門著書有
步里客談春秋禮記尚書傳漢唐論諸
書行世學者稱唯室先生今列鄉賢祠
弟少方與兄齊名時號二陳
楊邦弼字良佐其先浦城人文公億四世

孫也來師震澤王蘋因家焉極探理趣
發爲文章紹興中舉進士第三時行都
初建太學以邪彌爲博士踰年通判信
州遷大理卿改湖南漕不務勾致時稱
其得大體遷秘書丞著作佐郎再遷禮
部郎以起居舍人使金還擢起居郎中
書舍人卒今列鄉賢祠

卓行傳

宋

盛明遠太保文肅公度十一世孫也其先汴人文肅五世孫岫高宗朝爲宣義郎文英殿直建炎初扈蹕南渡通判平江府晚居吳江之儒林里遂爲邑人明遠咸淳初領鄉薦爲廣州録事判官宋亡隱居不仕元世祖聞其賢召判惠州明遠自以世受宋恩不忍忘背遂辭不就

詔書迫責乃變姓名從先氏以終右忠臣

里八逸其名嘗刻心療母疾嘉熙中郡守

吳潛建純孝坊旌之

陸十七名亦不傳十七其行也父疾篤刲

心作糜以進疾遂愈後父卒廬於墓工

毋殁亦如之處幼弟極盡友愛鄉里稱

欵宝祐二年郡守趙汝歷為建旌孝坊

元

僧

華翁字伯翔，好古力學，有聲士林。性至孝，母疾，禱北辰而愈。及母沒，翁猶持律甚嚴，屨舄不悖北。每齋日，精潔整肅，百拜稽顙，至夜分乃罷。至正辛丑夏四月丁未朔，與客抵僧宗舍，宗為烹飯之，將殺雞，翁以齋禁辭，弗聽，刀忽墮地，折為三，乃止弗殺。眾駭其事，咸賦詩紀之，吳復序。徐師曾曰：余觀華翁事近恠誕不經，儒者所不道也，然吳復非妄人，又

曰

凡可考信理或有之
存其事以俟知者

陳晉字次翁元末時偽吳竊據其父作詩及之坐謗訕論死晉請以身代父子爭死不決有司謂代父者孝代子者慈慈孝之人安肯訕上遂兩釋之父尋病死既葬猶朝夕哭喪一明入我　大明晉妻家坐藍玉黨逮治事連及晉晉棄家遯去以存宗祀洪武末赦歸孫讓事父

毋亦盡子道鄉里稱爲世孝云

大明

莫轅字巽仲少從張適易恒學洪武初父繫　詔獄將刑轅時年十一願代父死理官奇之試加脅誘語無異詞遂　奏釋其父而繫之轅父更爲稱寃　闕下竟致瘐死轅獲赦季父侍郎禮有寵於上時　國法方嚴轅憂之毋指同姓一人

隸洱海衛者曰是吾族也人疑之後被
黨禍家無免者獨轅以常附尺籍免兄
嫂以家禍病死遺孤二皆在襁褓轅保
護甚至復變姓名潛入都下竊祖父遺
骸歸瘞之屢冒法禁幾死竟遇　赦歸
復念家禍不御酒肉數年家被火火遍
母寢轅躍入火中抱持以出鬚眉盡焚
卒年七十七私謚貞孝先生

徐昌伯永樂中坐事謫戍遼東家有老母其弟季昭請兄留養而以身代行昌伯曰爾不經事少年豈堪萬里兩人相爭久之母卒遣季昭行後十餘年季昭還母兄尚無恙相見甚歡鄉人稱之扁其堂曰孝義

吳璋字廷用幼孤依母陸氏以居永樂之二十一年　詔選天下節婦寬內役璋以

年例當行宣德元年　親王出封廣東徙封饒州陛皆從行璋棄家奔走二藩屢啓求見母輒不允正統十二年復懇啓於　王王憐而許之命入宮見母母時病革璋徬徨刲股作糜以進病稍間事聞於　王王益閔焉召賜金幣勞遣之璋遂引母出至逆旅三日而卒乃匍匐扶櫬歸葬先墓璋後以子洪貴封南

京刑部主事卒年八十一贈大僕寺卿
世號全孝翁今列鄉賢祠
李濟字民望性至孝父璇年五十餘遘疾
幾殆時濟甫十二即刲股作羮以進璇
疾遂愈年八十餘而終及居母喪廬墓
三年不入私室人呼爲李孝子提學御
史蕭公鳴鳳校諸生雅尚德行餼濟於
官以風學者卒以貢爲衡州府學訓導

右孝子

李真字允真宋秘閣侍郎衡裔孫也年三十而喪其妻未及葬真以役事出家偶失火焚其棺真歸號痛收骸骨葬之而虛其右以自待終老不再娶子昱嘗輸粟百斛賑飢有司旌以冠帶辭不受人稱其世義云

鈕釗字時勉爲人落魄不羈好儒術不事

家人生產父文爲溫州令劉隨侍官邸而毋妻雷家居妻以疾卒所親有嘲劉者說其毋從俗火葬劉歸知之以毋葬口不言而心痛其事誓不再娶亦不畜婢妾積四十年終始一節嘗爲人塾師夜有婦奔劉劉拒之明旦托以他事辭去其節操如此右義夫

元

徐孝祥家貧力學不干仕進嘗於廬後掘
地見白金輒掩不發居三十年爲至治
壬戌歲大饑乃盡發之以賑貧乏全活
不可勝計其後嫁女甘於荆布錙銖弗
取也卒年九十七

大明

盛逮初名棣字景華洪武初以賢良應
召賜冠帶叅大臣議事與中書叅政陳寧

議不合以疾辭歸弟彰以鹽法被逮甚
急父憐其少不忍遣逮請曰弟未有子
兒願就捕因謫戍寧夏先是逮歸鄉里
寧適守蘇將甘心焉亟欲見逮不得乃
命逮督辦通區逋賦逮傾貲代民償之
友人唐自牧負官租計白金二百兩走
告於逮逮如數與之翰林待詔李幹老
無所歸逮延之家塾既卒葬于墓側歲

時祭之逮嘗游關中得異人導引法作原道詩年九十三

陸琦字文璧善古文兼通醫卜星命之學爲人沈敏謹厚人共推服焉里有劇盜鼓譟入其家見琦投杖而去曰不圖八丈在也後又至遇琦輙去終不忍犯正統中領鄉薦未仕而卒

吳瑆字元玉少從父戍京師宗族不相知

者幾年瑆惓惓以訪族爲念父死哀痛
倍至已而得譜告其父將歸訪焉時人
嗤其迂瑆不恤也天順中舉進士拜南
京工部主事歷員外郎郎中事母至孝
母愛少女瑆招壻與之共居壻無狀瑆
弗與校積三十年無閒言舅氏在松江
貧母念之瑆爲買田宅以慰其心宗族
雖疎遠瑆遇之有恩族子鳳捨身釋氏

迎歸撫之道遇故人之喪不能歸遣人
扶翼還葬在工部時吏有粥子贖罪者
珵憐之白於尚書吏得免罪性好學工
古詩文對客輒爲之未嘗屬草又善畫
卒年五十二珵義而貧仁而不壽孝而
無子時人莫不哀之

顧寛字惟仁性孝友居母喪三年不入私
室初立弟子綱爲嗣後生二子曰純曰

絅待之如一族人灝貧不能存寬乃日給食歲給衣有故則給以金穀終其身外祖李景昭墓枕吳淞江屢經水患寬出錢千緡伐石捍之患用以寢伯父有壻日錢璠死無葬地寬買地葬之及掘地得故塚復命掩之而他擇焉其好義類如此年八十壽終於家

龐鏞字汝聲性好施予成化十七年邑中

大水鏞出粟千斛賑之弘治五年又水鏞復出粟二千斛賑之撫按嘉其好義不倦上其事　朝廷從之　命有司榜其門曰旌義復其家右義士

潘翼自小爲黄景融家奴正統初中官奉旨督徵逋凡行部稍不如意輒執守令六時縣令被執景融爲稅長與其黨攘臂奪還中官訴於　上詔捕誅景融翼願

代行景融曰汝誤矣豈杖笞罪若耶翼曰主僕即父子耳願代死無悔縣官不可翼固請從之至京師論死抗掠無完膚終不改節尋赦歸見景融相持而哭因以爲子約死同葬於墓翼目不知書而從容就義人以爲難

吳成尚書吳洪僕也洪爲諸生時赴舉南畿成驅驢取值以供旅費及洪爲福建

按察使有富人犯罪持千金賂成求免
寬解成却不受白其故於洪竟置之法
由是洪名益起人雅重之至今配食於
吳氏家廟云布義僕

烈女傳

宋

張二娘吳興人嫁邑人陳熙載熙載死二
娘年二十三父母憐其無子欲嫁之不

從立夫從子煥文爲嗣卒年八十餘元
大德二年旌表

元

獨吉氏斷事甯六舍妻也夫亡守節誓死
不嫁至順二年旌表

大明

阮妙聰郡人嫁劉彥敬彥敬死妙聰年二
十五時姑且老子真才五歲妙聰上事

老姑下撫幼子後真仕至通判洪武十
年旌表
楊六娘査華二妻也年十七而嫁有娠未
產而夫卒及生子名勝十撫之以承宗
祀終老無二志洪武十九年旌表
錢氏太倉人嫁同里胡原洪武三十年原
成雲南適竄事覺坐棄市錢謂之曰君
萬里歸爲妾耳今君死妾生何爲至夜

分抱乳兒泣曰吾不能保汝矣遂自縊
年二十八袁華爲傳
凌淑貞太常少卿信之女兄也歸范忠忠
早死淑貞守節不變天順五年旌表
張福真黄偉妻也偉父茂嘗爲許璿家奴
甚貧偉死福真志在守節茂將嫁之福
真度不免佯許諾擇日當行福真沐浴
更衣辭其舅姑而出旋入如厠人莫窺

其意弗為之備竟自縊死時弘治五年
十一月十六日也年二十五知縣金洪
聞之深加歎賞於　朝廷茂力以
貧辭乃止僅有詞人紀其事

王氏少孤大父繼宗招趙維為贅維死王
二十無子繼宗欲嫁之王不從携乃二女
以居攻紡績以養繼宗終不改節弘治
十二年旌表

沈氏知縣丞女弟也歸吳嵩嵩溺死無嗣
竟不改適正德十三年旌表
顧氏歸龎榮榮病瘵十年而卒顧哭之喪
一明尋復双瞽父寬家故豊欲迎育之
辭曰兒雖大人遺體然家在彼不可䙴
也卒以守志事姑曲盡孝道鄉里称之
嘉靖三年旌表
陸氏名潔許謨妻也年十八歸謨二十謨

亡陸即斷髮破面示無二志上事老姑
下撫幼子人無間言嘉靖十一年旌表
卒年八十八

錢皓女如潔許嫁按察僉事曹鏷冢子禧
禧有癈疾不能娶自願解盟錢氏不听
曹乃先娶中人之家沈氏女與居以嘗
之禧終不知夫婦之道於是又申前言
錢氏從之更許烏程温氏女耳累日不

食毋強之乃食止蔬食叩其故俛而不
答及禫卒溫氏來迎女知不免乃屏人
闔户沐浴更衣書于寢壁云前緣已定
禍福何尚書畢遂自縊死年二十六遺
書與其姑董求葬曹氏墓從之沈氏終
爲寡女無無二志人有勸之嫁者沈作
色曰謝氏未嫁於曹者也尚能舍生而
不改適我之歸曹久矣何以嫁爲嘉靖

三十六年年六十八時人目之爲雙節云

黄氏凌士奎妻士奎殁黄方年二十一有遺腹生男曰安黄鞠之守節無玷嘉靖三十六年年七十二

郁瓚妻費氏邑人費庸女也適瓚一年瓚卒費年甫十九無出矢心守節剪髪自誓已而脱簪珥營葬具因爲壽藏以俟

曰我未亡人也孀居三十五載人無間
言嘉靖三十八年旌表時年五十有四
太學生吳邦栻妻顧氏光禄監事綱之女
也栻卒業北雍以疾終于旅邸時顧歸
栻僅歲餘年方二十有四聞訃號慟誓
不改適孝事孀姑守志有年於是教諭
沈君朝臣等率弟子員舉其事于縣縣
令奏于　朝事下禮部巡按御史方公

將文爲[illegible][illegible]以　聞　天子信之存部
有司旌其閭并復其家如例時嘉靖四
十年六月述

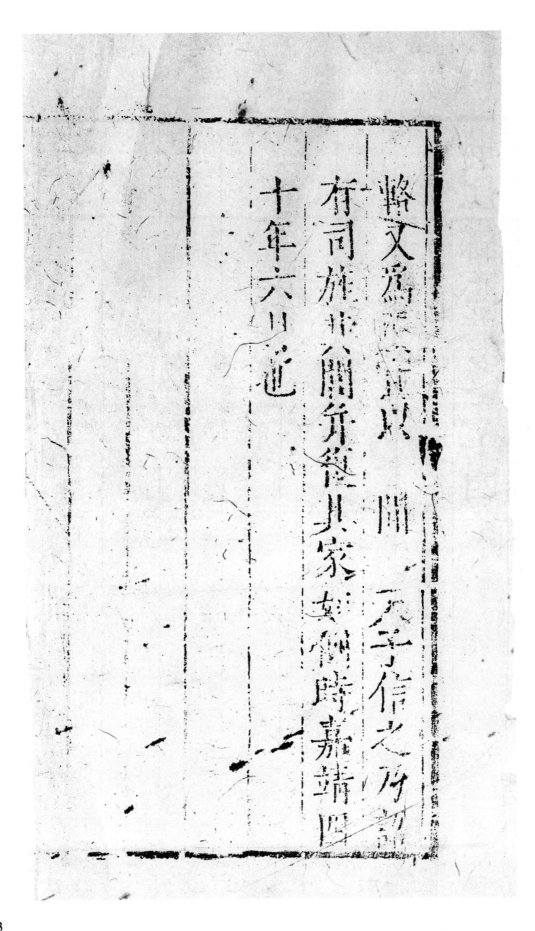

吳江縣志卷之二十四

吴江縣志卷之二十五

人物志五

文苑傳

梁

顧野王字希馮吴江人是時吴江屬吴縣未經割置故郡志稱吴縣人六大父子喬東中武陵王府參軍事父烜信威臨賀王記室兼本郡五官掾並以儒術知

名野王幼好學七歲讀五經畧知大㫖九歲能屬文嘗製日賦朱异見而奇之年十二隨父之建安撰建安地志二篇及長徧觀經史精記默識天文地理蓍龜占候蟲篆奇字無所不通初爲臨賀王府記室宣城王爲揚州刺史野王及瑯琊王褒並爲賓客王甚愛其才野王又善丹青王於東府起齋令野王畫古

賢命褒書贊時稱二絶及侯景亂野王以父憂歸本郡乃召募鄉黨隨義軍援都野王體素清羸長六尺又居喪過毁殆不勝衣及杖戈被甲陳君臣之義逆順之理抗辭作色見者莫不壯之城陷逃會稽陳天嘉中勅補撰史學士太建中爲太子率更令尋領大著作掌撰國史知梁史事後爲黃門侍郎光祿卿

知五禮事卒贈祕書監右衛將軍野王少以篤學至性知名在物無過辭失色觀其容貌似不能言而厲精力學皆人所莫及所撰玉篇輿地志各三十卷符瑞圖顧氏譜傳各十卷分野樞要續洞冥記玄象表各一卷文集二十卷並行於時又撰通史要略一百卷國史記傳二百卷未就而卒徐師曾曰余觀南史

載野王事鑿鑿可信而陳書云侯景之寇郡將袁君正舉兵赴援文檄皆以委之口占便就未嘗立草及考綱目書袁君正以吳郡降景據此則君正未嘗赴援而野王亦不爲明陳書所云大謬也舊志因此幷疑臨賀宣城[illegible]事今按綱目臨賀宣城雖皆有反謀[illegible]野王爲記室時謀尚未露則亦自不[illegible]功也余傳

其事並以南史爲正

宋

王誼字仲玉蘋從子少有文名師事中書楊習爲宏博之學秦檜當國忌天下能者誼因發憤擬作罷相對以刺之其僕隸告許檜怒貶誼象郡十年乃歸自號拙鄉居士不復仕進有春秋類書四六集行世據賓志增入

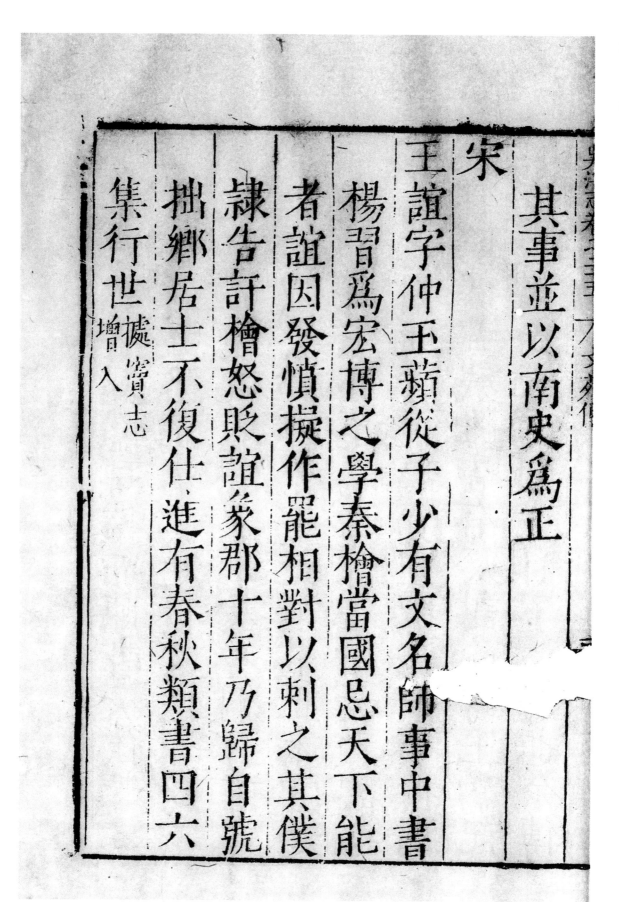

沈義甫字伯時祖儼與范仲淹同舉進士嘉定中義甫以家學領鄉薦名列第五爲南康軍白鹿洞書院山長舉行朱子學規時稱良師久之致仕歸震澤鎮建義塾講學以淑後進又建明教堂以祠三賢隱然自任後傳之意學者稱爲時齋先生卒年七十八著遺世頌時齋集行世今列鄉賢祠

元

王原傑一作杰字子英家世業儒至原傑益以學行知名於世至正中以春秋領鄉薦值兵亂不仕教授於鄉著春秋讞議貞白英華文集水雲清嘯詩集各若干卷皆嘗經進中書巙子山稱其詩言近指遠發於寬閑寂寞而無風雲月露之態識者以爲知言今列鄉賢祠

盛輿字敬之文昭曾孫初為震澤鎮學教諭陞錦州學正適兵興參謀淛省軍政擢崇德州判官輿嘗受易於郡人龔子敬好古博識醫卜地理星數之書靡不通究所著有韻書群玉滴露齋稿

大明

吳簡字仲廉詩文溫厚古雅元季數舉于鄉不利遂杜門績學尋以薦授郡學訓

導陞紹興路學録洪武四年應　召至
京以疾辭歸優游林泉號月潭居士年
八十二卒所著有論語提要詩義史學
提綱守約齋集各若干卷子二復湖廣
僉事頫縣學訓導俱有文名
鄒奕字弘道秀目美鬚貌若玉雪議論英
發文辭高古元至正初舉鄉試第四刻
詩義詩疑天府賦各一道尋登進士調

饒州録事洪武初職風紀出知贛州府
坐事謫甘肅二十餘年永樂初以蹇忠
定公義薦　召還有吳樵藁

沈澈字有莊家世治尚書洪武初舉明經
賜光禄酒饌尋放還嘗應辟署縣學西齋
事所作詩文號西齋集

陶振字子昌少學於楊維楨兼治詩書春
秋三經洪武末舉明經授縣學訓導嘗

坐佃居官房逮至京進紫金山等三賦得釋改安化教諭卒振天才超逸詩詞豪雋有名於時所著有鈞鰲集

梁時字用行博學工文章以氣格爲主不事纖麗亦善筆札少時遭家籍没聚徒講學于長洲洪武中薦授　岷府紀善遷翰林典籍修永樂大典充副總裁有噫餘集

吳驥字材良洪熙初舉明經授濬學訓導改壽昌遷清豐教諭致仕卒驥博學强記教人嚴而有法時稱名師山西河南陝西諸省鄉試凡五聘爲考官所取皆爲名士卒年八十三所著有蒙菴集歸田藁

莫旦字景周博學工詩文成化改元領鄉薦卒業大學作一統賢關二賦名動京

師後爲新昌訓導遷南京國子監學正乞歸年八十餘卒且嘗論吴澄以宋臣仕元不當列從祀趙孟頫以宗室事讐不得爲名臣皆至言也平生著作甚多所存有鱸鄉集新昌嘉魚吴江三志

姚明字景昭一字視卿訓導璣之從子也家于長橋之南號月橋居士治易工古今詩文有所作人爭傳以爲式生徒滿

門成化中領鄉薦兩試南宮皆見取竟以疾不能終試而罷及授貴溪知縣又以不習吏事調南靖尋弃毋喪歸會有子坐事論死走京訟之以疾卒于逆旅門人王哲經紀其喪還葬明貌不揚而蘊蓄甚富又能謙冲不伐故一時稱厚德者必推焉然竟客死時人莫不哀之門生哀其遺文得若干首號月橋遺藁

崔澂字淵父少游庠校已厭塲屋之習及以例入太學遂絶意進取工古詩氣象風格力追唐人蓋近代名家也卒年二十九未見其止時共惜之有傳響集十二卷行世

陳九章字從一弘治中舉進士拜青縣知縣調雲和罷歸教授鄉閭以文學著名

姚鏷字汝鳴教諭澄之子也治易旁通群

經游庠校試輙居上等又工古詩文於
是才名特起然不售於場屋晚歲應貢
適病目御史尚嚴刻竟以老擯廢之卒
年七十七

陳理字君明少爲諸生器岸軒特文亦雄
健正德丙子提學御史張公璿行部試
最籲于官明年再試復爲首冠因問諸
生能爲古文者衆以理對命擬作請立

先賢子游後奏記理援筆立就張稱善
者久之五舉鄉試不第晚嬰末疾荏苒
數年而卒理嘗修縣志未就今存有同
川集宋元遺事陳氏族譜四禮規諸書
藏于家

陳策字獻可博極群書爲詩文小暢典核
嘉靖改元領鄉薦授曹學教諭卒于官
繼娶丁氏撫尸慟哭嘔血數升越次日

亦卒曹人與之所著有說鈴九華集東
行集曹縣志
張銓字秉道風格高邁論議堅正自爲諸
生時蔚有文名以例入太學尋領應天
鄉薦舉進士不中以選人試吏部入高
等授膠州知州遷南安府同知嘗署府
篆及攝南康信豐二縣皆有惠政至立
生祠祀之後代守入覲道卒年五十二

九八子虛稿

銓爲詩文雄壯激烈慨然有經世之志未究其用論者惜之有蕭江存稿二卷行于世

沈察字體中按察副使啓之冢子也自幼穎慧異常爲諸生試輒第一嘉靖中領鄉薦吏事博綜雖山經地志星緯律曆方伎諸書靡不研究工古詩文自左氏詩騷而下多所擬作尋卒于京年二十有

八有少虛稿

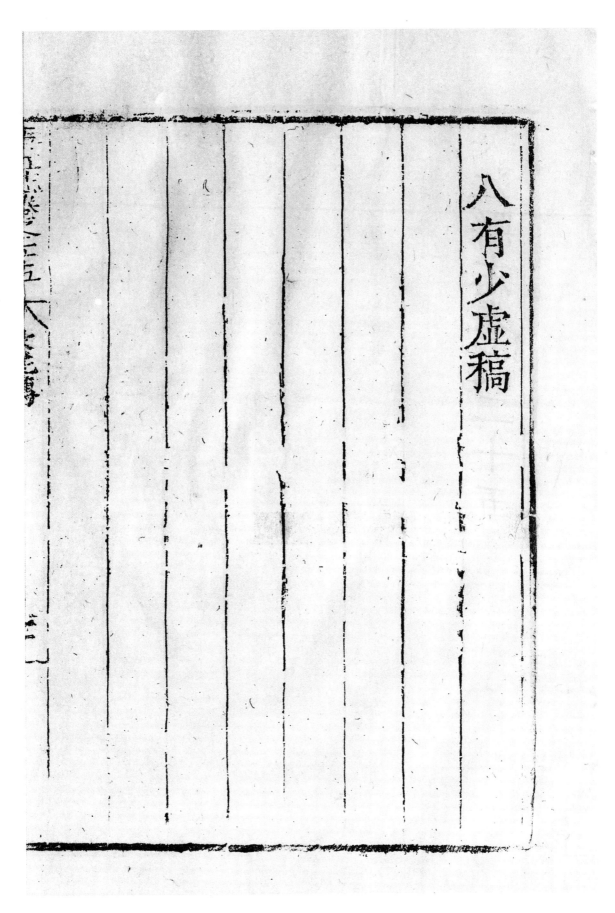

吳江縣志卷之二十五

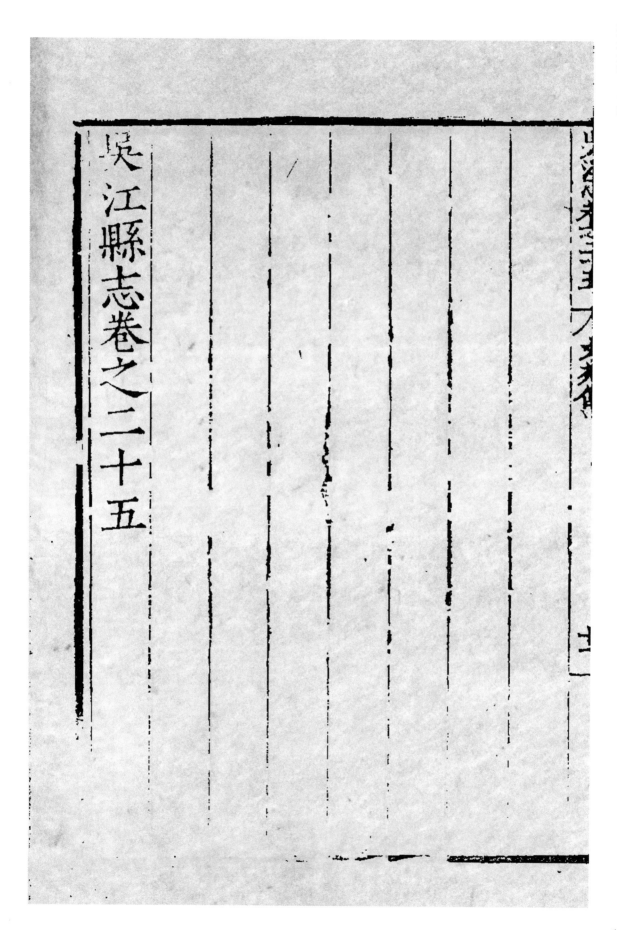

吳江縣志卷之二十六

人物志六

隱逸傳

元

朱良實字子誠讀書好古隱居不仕以詩文自娛號自拙老人卒年八十餘所著有松陵續集漁唱稿

顧諒字季友博通經史註儀禮書值元末

兵亂遂不求仕隱居陸巷結廬曰怡齋
自號癡叟
丁敏字巽學博學好古爲時推重隱居吳
山之麓不樂仕進繞舍皆植梅笑傲其
下有詩集行世
大明
張壽字季璉家世以貲雄於鄉而壽獨輕
財好學搆素心堂日吟詠其中州縣徵

辟皆不就卒葬陸墓山所著詩文號陶菴集

蕭規字元則其先湘潭人　國初徙吳江初從釋氏巳乃棄去就儒其學長於春秋毛氏詩讀書樂道不求祿仕人稱竹園先生所著有湖山樵寓集子二潭字孟南舉進士終建始知縣湘字仲南舉秀才終大理評事俱有文學

謝常字彥銘少與陶振同師楊維禎學識該博著作醲麗尤長於四六洪武末舉秀才 召見試丹鳳朝陽賦稱 旨
上欲官之辭疾不拜歸隱震澤之東溪卒年八十三所著有桂軒稿東溪集

尹寬字孟容隱居不仕號江南布衣工詩文與郡人杜瓊陳寬輩相並馳名所著號易齋稿寬卒太守汝訥爲之詮次藏

千家

史鑑字明古年十二三爲四六近體語即驚人既長搜羅群籍發爲文章雄深古雅崛然成家尤深於水利不樂仕進隱居穆溪之西一時　命使行部輙咨訪以治道其言鑿鑿可行卒年六十三葬西山博士塢所著有西村集西村雜言小雅日抄禮疑禮纂凡若干卷

曹孚字顒若訓導謹玄孫也隱居不仕工詩文善摹寫景物與同邑史鑑練塘凌震諸人爲詩酒交互相唱和尤閑於禮儀人有婚喪必質之而後行無不允當所著有楓江集平望鎮志

材胥傳

大明

汝思聰字彥明始爲吏德器溫雅恂恂如

儒生永樂中授瀘溪巡檢以捕盜功陞中城兵馬副指揮遷南京南城兵馬指揮嘗於課鈔中得金鐲二召其人還之尋乞歸號思隱老人卒年七十六孫泰見名臣傳

徐貞字宗正正統中授麗水縣丞在任十八年進階文林郎致仕貞職董銀鉄而歸囊罄懸人以是難之

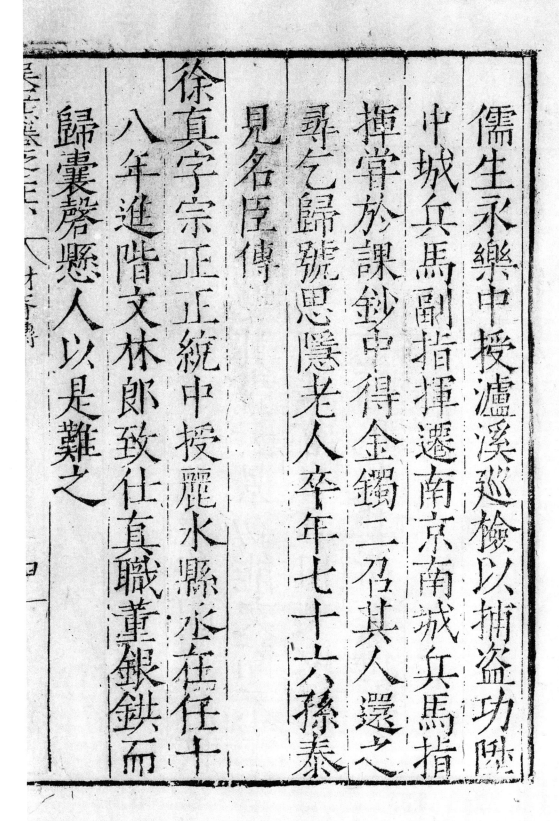

藝術傳

宋

朱象先字景初善畫馳名元符間與蘇軾友善軾嘗題其畫云景初能文而不求舉善畫而不求售嘗自言曰文以達吾心畫以適吾意而已故其所作得之自然

大明

盛寅字啓東以字行逮之子也工詩善醫
永樂間治内侍蠱症有奇效名聞于
上授御醫在　上前持論梗梗　上甚重
之扈從北征洪熙初　命掌太醫院
賜勑褒嘉宣德中嘗應　制賦瑞雪詩及
嘗與同官奕於御藥房　駕猝至不及
屏二人扣頭待罪　上命終局且令賦
觀奕詩明日有　御製之　賜弟宏字

叔大與寅齊名亦入爲御醫景泰初治宮妃疾有效當進官不拜乞落其家戎籍　詔許之尋乞致仕寅子僎孫愷俱以醫世其家初寅醫得之王賓賓得之戴元禮元禮得之丹溪朱彥修故其術特精所著有流光集

盛倫字文叙寅從子也性明敏少傳寅醫學又遇異人授堪輿家書尤精其術人

以疾求療及相地者門無虛日
陸復字明本善畫梅自號梅花主人嘗售藝金陵用黃紙作招帖榜其門魏國公出而見之訝其僭妄執至府中復對以愚民不識忌諱因問何能對曰能寫梅耳命畫於粉墻墻甚高大復染翰操管頃刻而成遂貫其罪更加禮焉由是馳名兩京

鄒明字啓東善傳神得意時絲髮無不肖
者

吳江縣志卷之二十六

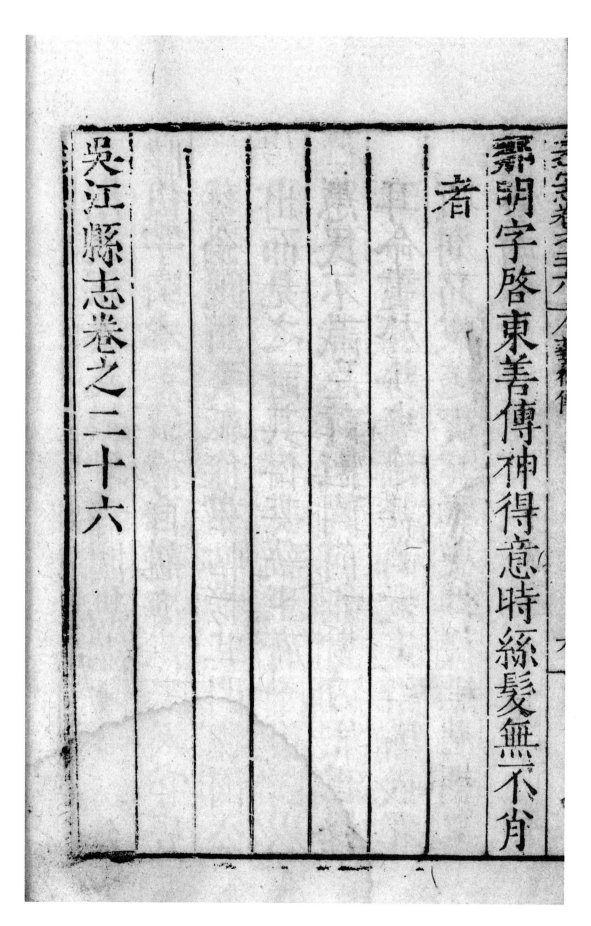

吳江縣志卷之二十七

人物志七

寓賢傳

唐

陸龜蒙字魯望郡城人故相元方七世孫御史賓虞子也少高放通六經大義尤明春秋舉進士一不中往從湖州刺史張摶遊歷湖蘇二州辟以自佐嘗至饒

州三日無所詣刺史蔡京率官屬就見之龜蒙不樂拂衣去居松江甫里多所論譔雖幽憂疾痛貲無十日計不少輟也文成竄稾篋中或歷年不省爲好事者盜去得書熟誦乃録讎比勤勤朱黄不去手所藏雖少其精皆可傳借人書篇帙壞舛必爲輯褫刊正樂聞人學講論不倦有田數十畝屋二十楹田苦下

雨潦則與江通故常苦饑身畚臿茠刺
無休時或譏其勞答曰堯舜黴瘠禹胼
胝彼聖人也吾一褐衣敢不勤乎嗜茶
買園顧渚山下歲取租茶自判品第張
又新爲水說七種其二惠山泉三虎丘
井六松江水人助其好者雖百里爲致
之初病酒再期乃已其後客至潔壺盃
不復飲不喜與流俗交造門不肯見不

乘馬犇舟設蓬席齋束書茶竈筆牀釣具往來時號江湖散人或號天隨子甫里先生自比涪翁漁父江上丈人晚營别業于震澤居焉初以高士召不至李蔚盧攜素與善及當國召拜左拾遺詔方下而卒葬甫里光化中韋莊表龜蒙及孟郊等十人皆贈右補闕龜蒙所著有耒耜經笠澤叢書所編有松陵集其

詩文稿得於甪里祠堂神像腹中

宋

方滋字務德少寓應天寺建炎中歷浙西提舉司幹官乾道中知紹興平江二府

范成大字志能吳縣人父雩字伯達入太學聲譽翕然擢第入館除秘書郎成大在懷抱中已識屏間字年十二徧讀經史十四能文詞父亡讀書崑山薦嚴寺

十年不出取唐人只在此山中語自號
此山居士又慕元魯山爲人字巳幼元
先友王葆勉之曰子之先君期爾禄仕
志不可違也課以舉業紹興中舉進士
授戶曹監和劑局隆興初纂類高宗朝
政除樞密院編修官遷正字乾道中陞
校書郎編修國史歷著作郎轉吏部郎
官言者論其超躐罷奉祠起知處州陞

對論力之所及者三曰日力曰國力曰天力今盡以虛文耗之上嘉納至州刱義役作通濟堰民賴其利除禮部員外郎兼崇政殿說書以文學材氣爲上所知隆興再講和失定受書之禮右相虞允文建議遣使遷成大起居郎假資政大學士侍讀國公充金祈請國信使國書專求陵寢乃汎使也上臨遣之曰卿

氣宇不群朕親加選擇閫外議洶洶官
屬皆憚行成大對曰無故遣汎使近於
求釁不執則戮臣已立後仍區處家事
爲不還計心甚安之上愀然曰朕不敗
盟發兵何至害卿齧雪餐氈或有之不
欲明言恐負卿耳成大乞併載受書事
不從金廷使者慕成大名至求巾幘効
之成大知其法嚴附請決不可違一不

泄語二使不復疑至燕山夜蔽帷秉燭密草奏具言他日北使至欲令親王受書其辭云云懷之以入初進國書辭氣慷慨金君臣方傾聽戚大忽奏曰兩朝旣爲叔姪而受書禮未稱昨嘗附完顏仲李若川口陳久未得報臣有奏搢笏出之金主大駭顧許宣徽副使韓鋼曰有請當語館伴此豈獻書處邪厲聲令

綽起者再三成大不爲動再啓曰奏不
達歸必死寧死於此鋼復以笏導成大
拜成大跪之如初曰若奏達當下殿百
拜以謝時金廷紛然太子欲殺成大其
兄越王止之既還館所金主遣伴使宣
旨取奏鋼押宴謂成大曰公早来殿上
甚心動主上嘉歎可以激勸兩朝臣子
廷議方殷會夏國有任德敬者乃夏酋

外祖號任令再世用事謀篡事敗而疾
蜀宣撫司故嘗以蠟書通問爲夏人所
獲致之金主益怒成大朝辭遂令傳諭
詰之成大答以蔽細之僞不可測退朝
而館伴持真書來印文皦然可識成大
笑曰御寶可僞況印文乎金人直其詞
遂不竟十月使還金國報書有抑聞附
請之辭欲變受書之禮出於不意要以

必從之語上由是知其忠勁有大用意除中書舍人尋以集賢殿修撰知靜江府除敷文閣待制四川制置使知成都進敷文閣學士入對除權吏部尚書淳熙中遷中大夫叅知政事兩月為言者所論以資政殿學士知夔州奉祠而退起知明州兼沿海制置使奏罷海物之獻除端明殿學士尋擢江東安撫使兼

行宮留守知建康府進資政殿學士起知福州封吳郡開國侯再領洞霄宮紹熈中加大學士知太平州尋納祿以歸封吳國公明年卒官至通議大夫贈銀青少師追封崇國公謚文穆成大天資俊朗輔以博學爲文贍麗清逸自成一家尤工於詩四方傳誦自號石湖居士嘗作亭于綺川泛舟長橋三高祠下所

著有石湖集百三十六卷使北有攬轡録在廣有虞衡志出蜀有吳船録家居時與郡士龔頤周南滕宬來緝郡事爲吳郡志五十卷

黄由字子由長洲人弱冠有聲太學淳熙八年廷對時甘昪爲入内押班見知用事二十年招權市賄與曾覿王抃相盤結由對策及之遂舉進士第一吳自有

科目以來由始冠多士時人榮之授南
安軍簽判秩滿通判紹興府徙新嵊督
行荒政由改糴爲賑擅發米五萬石予
民不取其直除正字遷著作佐郎使金
還遷將作監嘉王府贊讀紹熙五年孝
宗疾亟光宗不能視疾人情益懼由請
嘉王過重華宮問安孝宗爲之感動寧
宗卽位累除權禮部尚書兼吏部將大

用之會知綿州王沆朝辭乞詔廟堂銓
選若嘗受僞學薦舉陞改及衆論指爲
僞黨者籍記姓名且與勿用由入奏謂
人主不可待天下以黨與不必置籍以
示不廣繼擢沆利路轉運判官由亦出
知成都張巖奏由阿附權臣植立黨與
遂以雜學士奉祠嘉定初以正議大夫
知紹興府浙東安撫使聞嵊縣昔有虎

患訛言謂虎歲久有神變化叵測或爲僧形或爲猨狙儵忽莫可蹤跡由禱於神懸厚賞募人捕之殄滅無遺種民賴以安三年除刑部尚書兼直學士院官至正奉大夫置别業于邑中學宮之左扁曰盤野自號盤野居士賦詩有纔到松陵即是家之句卒贈少師

元

倪瓚字元鎮號雲林生無錫人詩畫清絕
爲世所珍至正間避兵邑中寓同里鎮
及華嚴寺邑中士夫爭延致之見俗子
輒避去不顧
楊維禎字廉夫會稽人泰定中舉進士官
至[illegible]避兵華嚴寺入我　大
明膺薦修禮樂書不仕而歸號鐵崖旣
得鐵笛號鐵笛道人維禎天才逸邁文

辭閣放名高天下邑人陶振謝常輩皆
其門生云

大明

姚廣孝長洲人初爲僧名道衍字斯道居
相城妙智菴時相城靈應觀道士席應
真者讀書學道兼通兵家言尤深於機
事廣孝從之執弟子禮於是盡得其學
然深自退藏人無知者其友王行獨深

知之曰他日必當有所遇固不得以人廢言也歷居邑中華嚴寺慧日懺院洪武中以高僧薦選侍　成祖于燕邸深見親信與密謀永樂中以靖難功進官太子少師復姓　賜今名擬於元之劉秉忠卒贈榮國公謚恭靖配享　廟廷初靖難之功廣孝第一事定未嘗自言成祖屢欲官之輒辭一日召見令人潛以

冠服被體亟命宣謝不得已受命緇
不蓄髮娶妻所居多在僧寺然成祖
眷禮彌篤每稱少師而不名及病篤
幸其第問後事對曰出家人復何所戀
強之終無言　成祖念其功特官其養
子姚繼爲尚寶少卿廣孝博通內外典
亦工文詞所著有逃虛子集別有道餘
録則專詆程朱其友張洪嘗云少師於

我厚今死矣無以報之但見道餘録輙
爲焚棄

僊釋傳

宋

陳昉慶曆間爲縣吏掌刑獄以廉謹恵愛
著稱不畜妻子惟一女婢給使令昉性
好魚毎食必以二魚爲餉一日餉至而
昉適他出同舍吏戲竊其一置舍席上

眩歸以爲婢竊其一而食之也怒而杖之時向暑舍蕭生蛆落几上昉視之乃魚腐也始悟婢冤歎曰此小事尚爾冤抑況吾爲吏決大事能無冤耶遂辭役作詩云二十餘年作吏人後園花木也成林盡是筆頭那撚得枝枝葉葉有冤聲刑重惟恐因人怨情輕又怕本官嗔不如無事早歸去免得生魂對死魂乃

別親友從縣前運河洞中而去洞甚深黑相傳通太湖上聞浪聲行七十里可出洞庭山後數年有道士沽飲肆中將別留一壺爲贈曰以此償酒價貯酒當佳既去忽見酒旗上題云昔年陳時登仙處酒味松陵第一家主人驚異其事取壺貯酒則香冽異常自是沽者群集其家因而致富始知時已仙矣因名其

洞曰仙人洞橋曰仙里橋云　大明嘉靖間知縣張明道作亭其上曰仙迹亭真仙傳亦載昉事言其放魚得報踏石上昇與此不同郡志因之殊誕妄不足信也

德一高僧也初爲金人所擒遁居阜墓結草菴以居歲伏日煑茗施路人人未之奇也既卒從火葬其徒法才於烈火中

得所持珠數枚人始驚異名其菴曰留
珠

大明

胡道安字安谷性狂顛人呼胡風子爲玄
妙觀道士晩遇至人授靑城太乙雷書
及斬勘魁魔秘旨洪武末吳中秋旱郡
守延道安禱道安登壇醉酒詬駡怒
髮衝冠令下陰雲四合雷雨大作甚禮

敬之

吴江縣志卷之二十七

吴江縣志卷之二十八

雜志

異聞志

唐

陸龜蒙居震澤稻將熟有鼠夜出嚙而食之既龜蒙於是賦稻鼠篇

宋

元豐元年七月四日夜風雨大作水高二

丈餘漂蕩塘岸洗滌橋梁沙土皆盡惟
石僅存
元豐四年七月大水西風駕湖水浸没民
居瀕湖者皆蕩盡或舉家不知所在長
橋亦推去其半南至平望皆如掃内外
死者萬餘人謡云吳江以北露地而哭
平望以南刈禾而歌
元

至正間汾湖煅工家有一柳樹樁以安鐵碪者且十餘年矣忽發長條數莖如葦

輟耕錄

大明

永樂二年五月大雨田禾盡没邑中農民怨饑車救腹着車桁足踏車軸眼望天哭兒女輩呼父毋索食繞車而哭男婦壯者相率借糠雜菱費藻荇食之老幼

入城行乞不能得多投于河六月有
詔賑濟民始少蘇
弘治末同里龐山庵村三處一夕訛言海
上掠童男女充祀爭抱嬰孩走望門投
匿太學生王明別業在龐山空廩數十
間須臾塡滿氣窒人幾死有頃訛言定
明疾呼出之莫知所自是歲崇明賊施
天泰叛入海中動一郡之衆甫歲乃平

正德五年大水長橋不没者尺許蓋百年一變也是歲復大疫死者居半又值逆瑾柄國誅求過重守令爭取應之不才者因而自植吳民之窮前此未之有也

嘉靖三年大饑斗米百錢

二十三年旱饑大疫民多殍死

二十八年大水田多没溺

三十六年九月浙江烏鎮有妖人李南輿

其黨馬祖師結納自稱李道師誘致愚
民燒香禮佛屯聚本鎮謀亂邑人多從
之者事覺官兵捕之獲道師并其徒毛
釜高仙等祖師亡走不知所之是冬及
明年春嚴墓村震澤鎮一路相繼有妖
夜入民家擠人有至死者遠近騷動或
得其狀率多獸皮或剪紙爲之綴箴於
爪翼以符呪輒能馳走爲害先是郡城

内外有之莫知所自識者疑有妖人倡亂禍且不測俄而果有道師之變至是首惡雖擒而餘黨竄匿故流禍未絕右災異

唐

大曆初處士李籠秋夕於震澤捨艫野步望中見煙火意爲漁家漸近即朱門粉雉嘉木修林畫舟倚白蓮中籠異其境

徘徊未敢前俄有青衣出曰君非李處士乎願得少進籲隨步而入瑣窓洞戶中有女郎狹體瓌質衣如雲霓揖生曰延佇嘉德積有年矣今夕何夕解后相逢乃命青衣寫酒於珊瑚鍾以勸侍兒數輩執樂作歌歌王波泠雙蓮之曲曰此傷吳宮二隊長之辭某非人也生於龍宮好楚詞君能受我一篇傳於世人

乎乃以水晶箸扣盤而誦芷秀藥華之詞俄聞鐘聲隔水女郎曰此非清虛之士不得遊持素綃送生出門闔扉悄然生徐步清潯朝日已上廣陵胡人識其綃曰龍頷小鬚所緝也樹萱録二曲世不傳大明高啓周南老補之啓玉波冷雙蓮曲金

風暮翦雙頭蘸啼臉辭秋嫣血紫宮女三千龍笑諠錦雲香冷鴛鴦死滿江姻玉留女香尋魂吊影愁茫茫吳天墜露裹紅濕一夜波凉小龍泣芷秀藥華曲

春香上羅襦暗引蘭橈渡蝶散掩紅房
王孫歸巳暮叙羞揷蛾眉采纈同芳杜
脉脉兩情濃沁臯斷腸路南老玉波冷
雙蓮曲凉月墮玉波露泣雙蓮冷瑣窓
開洞門虛落冰簾影美人久延佇盈盈
素粧靚酒進珊瑚鐘神遊蓬海境倚曲
歌未終不知秋夜永折得並頭蓮花
在烟艇茁秀葯華曲茁秀雜蘭佩葯華
出雲房春露發芳采晴曛散馨香巍巍
水晶簪擧擧雲霓裳拙簪抑瑤盤擊節
歌樂章殷勤贈素綃月射生娥
光回首馮夷宮颯然風雨來

貞元中太湖松江之口有漁人爲小網數
船與其徒十餘人下網取魚無所獲惟

得一鏡七八寸許漁者恚不得魚棄鏡於水移船下網又得鏡漁者異之取鏡自照見其筋骨臟腑歷歷可怖其人悶絕而仆衆大驚共取鏡以照照者即仆皆嘔吐狼籍最後一人不敢照直取而投之水中良久仆者始醒明日復往下網所得魚多於常時數倍其人先有疾者自是皆愈詢諸故老云此鏡在江湖

中數百年一出人亦罕見原化記

山陰張志和字子同號玄真子又號烟波釣徒守真養氣臥雪不冷入水不濡名山勝水多所歷覽嘗浮家泛宅在五湖震澤間顔真卿刺湖州志和亦舉進士與之同遊平望驛志和酒酣起爲水戲施席于水上獨坐飲酒嘯歌去來如棹舟聲復有雲鶴隨之上下觀者驚異志

和遂於席上揮手謝別上昇而去

宋

慶曆中李元者曾城人泛舟過吳江岸傍見小朱蛇長尺餘爲牧童所困元疑其恠物以百錢售得洗去傷血放茂草中明年復經吳江縱步長橋有展刺來謁者稱進士朱浚少年丰骨清聳進趨可觀曰大人願見君子年老久不出敢爾

坐邀所居去橋數百步耳元拒不獲已乃相從過橋已有綵舫艤岸浚拉元登舟舟行如飛俄至一山候吏數十乘元以肩輿倏至其處臺殿凌空侍衞嚴整王侯之居莫及也一人高冠道服立殿上吏曰此吾王也浚引元升殿再拜王答拜曰小子閑遊江岸不幸爲頑童所辱幾死其手賴君子救此微命恩莫可

志元方記救蛇事王顧浚令一白拜且持
元使坐受仍置酒高會曰吾欲少報君
有女童年未笄君若納之當得其助又
以白金一百斤遺元乃別去與女并舟候
吏送之少頃至長橋女童自言小字雲
姐年十三矣言笑慧敏元甚愛之後二
年科詔下明日當試女童曰我為君入
秘闈竊所試題去未久即還探懷出題

元檢閱宿倫明日入試果符合既捷薦
名遂調丹徒簿女童忽辭去不復見朱蛇
記

宣和間楊崈爲吳江丞治所枕太湖廳西
有湖山堂堂設石棋局一日薄暮聞下
子聲小吏走覰見青巾二人對奕聞人
來卽凌波而去視局上已五十許子崈
按爲圖以示善奕者歎其妙而莫能殫

其意父老相傳以爲奇事郭承記
于濤宰相琮從子也隨琮南遷過平望驛
有一叟直入舟中自言曹老謂濤曰郎
君此後官職高顯不必憂也因問京宅
曰甚安今日堂前有某夫人及某某某
廊下有小童其牽一銅龜子馳戲時一
姬在旁濤指問此人何如曰三千　里
外亦得好官濤謂婦人安得好官訝其

疎妄不復領畧遂去後濤自泗州防禦使歙州刺史佐淮南吳王楊行密爲副車琮尋北歸姬道死山中無從買棺不得已以一壽棺瘞之裴滌金彩頗稱鮮麗濤始憶舊時得好官之語及訪京宅是日賓客小童遊戲之事一一皆驗或云曹老即博士曹的休也的休魏宗室仕晉爲史官齊梁之間或隱或顯得神

仙之道多遊江湖間以陰功濟人多有
見之者神仙感遇傳
謝邈之守吳興帳下給使鄒覽乘樵船夜
至平望亭風雨船無所庇顧見塘下有
燈火往投之茅屋中見一男子年可五
十方織簿別牀有小兒年十歲許覽求
寄宿欣然見諾小兒啼泣不止覽問何
意曰是兒以其母當嫁悲戀故啼耳將

曉覽去回視所在唯有兩塚榛莽甚深行逢一女子謂覽曰此間非人所行君何故從中出覽具以夜所見事告之女子曰此吾故夫與亡兒所瘞處也吾實欲改適故來辭墓因匍匐至塚號咷遂不復嫁録異記

何簑衣者淮陽書生也避亂南來寓于郡城一日焚書裂衣棄家遁去結廬于龍

王堂側佯狂妄談語皆有驗卧草中不垢不穢晨必一至吳江溲焉往返四十餘里不逾數刻人咸訝之宋孝宗朝歲使左鐺郎其居設千道齋一歲偶逾期衆以爲言何亟起坐搖首瞬目而招之曰亟來亟來是日鐺舟至平望見何在岸滸招呼及至言之衆皆謂何未嘗出益異之有妄道士日與之游將效其所

爲何不以爲意大雪中馳至垂虹亭敲冰而浴道士懣而去

大明

永樂中邑人莫軒字季昂侍郎禮之子也少有俊才工書法嘗至京與客登隨山謁蕭梁公主廟臨風賦詩有登高俯仰豁雙眸之句醉臥廟門夢與神遇歸而大病病中諄諄言公主迎我竟以是卒

後一年其同門袁約以稅事入京取道丹陽途中忽下驢空揖四三復上驢回拱而去衆問之曰遇莫季昂相揖耳公等不見耶衆知季昂已物故皆大駭送約還家不數日遘病病中云莫兄召我我當去矣亦卒年才十九

宣德中邑人某氏婦有淫行其兄與夫密謀沈婦于張涇橋不半年其兄無恙而

卒氣五日不絕家人惶駭延道士召將問之將至作詩云人情世態兩朦朧誰道幽明有路通不記月明人靜夜張涇橋下水流東衆莫諭其意已而死者忽甦謂人曰我妹在陰司訟我就逮而去我供明得釋還耳

嘉靖三十三年六月十二日倭夷由石湖直抵三里橋轉至南津口將舉火焚松

陵公署忽見有五人衣紅袍挺身而前乃相謂曰官軍至矣遂登舟去火亦不爇里人自隔岸遥見之實無官軍蓋五顯靈神也

嘉靖初平望鎮殊勝寺有一道人來遊題其壁曰我自蓬萊跨鶴歸山僧不遇意徘徊時人莫解菩提寺三十年餘化作灰題畢而去後至三十三年六月倭夷

至鎮寺悉被燬距題詩之日凡三十一
年矣
倭夷之寇盛墩也官軍出敵知府林懋舉
知縣楊芷親見有神人披髮紅巾裹其
額空中助陳遂致大捷詢之土人皆云
揚威侯劉猛將也乃各捐俸圖立廟祀
之蓋　國運方隆百靈效順蕞爾小醜
我知其無能爲也　右怪異

叢談志

唐

咸通中崔璞守吳郡時皮日休爲郡從事與處士陸龜蒙爲文會友風雨晦冥蓬蒿翳薈未嘗不作詩璞間爲詩亦令兩人屬和吳中名士亦多與焉一年間所作盈積龜蒙裒爲十通日休名之曰松陵集　大明弘治中濟寧劉渾以進士

來知縣事謂是集爲邑中故物捐俸梓之今廢

陸龜蒙居震澤有鬬鴨極馴一日驛使過而挾彈斃其善鳴者龜蒙曰此鴨善人言將貢於朝奈何斃之使者懼盡以囊金償之徐問人語之狀龜蒙曰能自呼其名爾使者憤且笑拂袖上馬龜蒙復召其人以金還之○案蘇軾詩云只因養

得能言鴨驚破王孫金彈丸中吳紀聞

宋

松江漁翁者不知何許人恒棹舟遊長橋往來波上意氣自得醉則扣舷而歌宋紹聖中閩人潘裕自京師調官還道出松陵過而異焉起揖之曰余視先生氣貌非漁釣流願乞緒言以發蒙陋翁乃邀裕酌酒飲之曰吾厭喧嚣樂間曠遯

迹于此三十年矣幼喜誦經史百家之言及釋氏書今皆棄去惟飽食嬉遊耳裕曰先生滌身浴德今聖明在上盍出而仕乎翁曰君子之道或出或處吾雖不能隱處巖穴追綺皓之蹤然竊慕老子獨全之義且夫養志者忘形養心者忘道治道者忘心心形俱忘輕視軒冕矣與子出處異趣勉之而已裕曰幸聞

先生高誼敢問所止翁曰吾姓名尚不欲人知況止舍耶飲罷揖別鼓枻而去遯齋閒覽

華嚴寺浮屠之巔望之三矢著其上幹羽宛然相傳宋南渡初金人粘罕兼快一發而中又貫似道出督時視天自誓亦中焉以故留題者有至今塔杪留遺跡猶是元戎金僕奴之句元大德中寺僧

善信大修浮屠更其巔而新之視向二矢乃圓鐵條二交貫橫亘于上蓋昔人以是輔顛且以防鸛鶴之巢故耳乃知所傳大謬也其後長樂郭德基嘗作華嚴塔頴辨疑行於時蓋德基常為州官目擊其非故有是作輟耕錄

陳益少有俊才領鄉薦嘗夢一人衣道服促左右於巾笥中取綠衣靴笏與衣之

益詢左右則曰楊文公也益穿袍覺毛
骨寒凜似不能勝道服者歎曰惜乎有
此才而無此緣即命褫去益後不一年
卒談選

元

干文傳延祐元年鄉榜明年廷試賜同進
士及第一夕夢入選掛名爲長吳正官
覺而笑曰我吳人安得作長吳二縣正

官初授官階承事郎昌國州同知益笑前夢之不足徵也次當改選乃授平江路長洲縣尹意爲偶然又以爲不偶然無何改知烏程轉婺源州知州自以爲前任長洲偶夢符今已陞知州安得再爲吳縣正官既而調吳江州知州非吳縣人之官祿事皆前定自已之神先已知之形諸夢寐故相報耳而文傳吳人

㫁任爲本路之官亦希遇也後爲翰林待制修遼金宋史贈禮部尚書

大明

洪武中麗山富室殷子玉延里儒夏尚忠爲塾師有主文葉茂林者嘗干于殷殷不之禮茂林以尚忠不爲助言銜之遂與一戍汪麟齒者密謀匿名誣奏以爲藍黨　朝廷察其寃遣御史史某廉之

史潛訪數月未得實間宵行至仙里橋聞一人作氣曰一件大事想不得明白矣史詢之曰葉茂林也識之時茂林巳充陶京衛家奴一日縣官宴客於郵亭史佯爲丐者求食故肆侮慢官吏驚疑而起史卽入院命吏抄案一邑皆駭竟提尚忠等一干人鞫之無驗令就獄次日再鞫亦無驗乃諭之曰汝等爲人所

陌耶試思之衆不之悟復諭之曰幽有神明吾爲汝默禱乃露香不解衣而寐越三宿夢有五靈神告史曰汪姓者急捕之即寤詰旦呼衆出謂之曰神報我矣會識汪姓人否衆頓悟云有汪齾齒者他郡人因誣奏事發將逸去願併力擒來遂追獲之史鞫之不伏加以嚴刑乃曰奏詞出吾手而建謀寔葉茂林也

史曰是巳令吏往捕之至京覘葉出入騎從頗盛吏計曰難以法拘拘必匿當見諸途茂林見吏色動亟問曰近聞史御史在彼行事會問及我儂有諸吏詒曰訛言也勿聽相拉登酒樓叙鄉曲甚歡酒半一吏潛下樓以公文示肆主曰吾捕此人走則汝當罪肆主大懼即攣之從者走以告陶陶聞畏法即面　奏

捕以下獄吏歸報史遝人讞詞復命
上勑汪葉二犯引首熟視之曰此正惡人
處以凌遲重罪又　勑尚忠等十餘人
曰都是好百姓俱發寧家尚忠等皆呼
萬歲踴躍而退
同里陳某者洪武中爲序班一子獃戇妻
梁氏有國色知書善吟時周莊顧學文
者沈萬三贅壻也知而慕之因以稅長

拏舟往來常泊其河下梁亦窺視焉乃賂惡少誘其夫飲博而使媼持異飾挑之遂成私約序班兒知之使童子竊其私書封寄序班思有以中之矣及梁國公藍玉坐事序班從旁誣　奏學文與藍通謀　詔捕獲之詞連父妻姻黨及其仇七十二家轉相援引并及處士張璹侍郎莫禮員外郎張瑾主事李鼎崔

齡徐衍等千人黨禍由此起矣
正統初布政使河源致政家居一日詣府
謁太守況鍾青袍角帶從東門入閽人
不識也厲聲訶之源曰吾致仕官煩爲
通報閽者曰汝官不過丞簿耳源曰不
止此曰豈同知通判乎曰不止此曰然
則太守乎曰亦不止此閽者驚疑源徐
曰江西布政使也既報鍾出門肅入成

禮而別挽之由中道不從請乘車亦不從徒步而還前輩厚德類如此今人鮮能及也

邑有石里龎山二村石里在西郊出入向日謂之口吞日月故其人健訟龎山在東郊出入背日謂之背馱日月故其人辛苦此雖俗語亦或有見云

嘉靖丁巳冬徐師曾方修縣志十月五日

夜忽夢散步繞縣治後出一衢衢南北
各有小橋名曰南平北平南平橋下有
一座置木像其上高可一尺五寸角巾
修髯能作生人言謂師曾曰余乃王文
瑞字竟祥嘗有惠政於貴邑兩橋下各
有祠幸爲我表揚之且以指書覓字視
其左有一神厨高於像者一二寸油紙
粘其左門門有題書四行頗疏朗端楷

中二行書樓一楹屋若干楹首尾二行與屋楹之數則皆忘之矣覺而異之因思城中惟有太平一橋而無所謂南平北平者及考來宦又無其人殆不可曉忽憶宋時學宮有王益祥祠後人因之遂祠名宦今見夢之神姓字頗類豈其不得祀於學宮而以是見托歟惜乎師曾之寡陋而不能詳也姑記於此

邑中訓科三人沈經徐朝陳澐相繼代任
無間斷後三人生子皆登甲科澐子椿
舉嘉靖乙未進士累官知府　子告侍
養經子啓戊戌進士仕至按察副使朝
子師曾癸丑進士今爲給事中鄉人目
爲盛事

吳江縣志卷之二十八

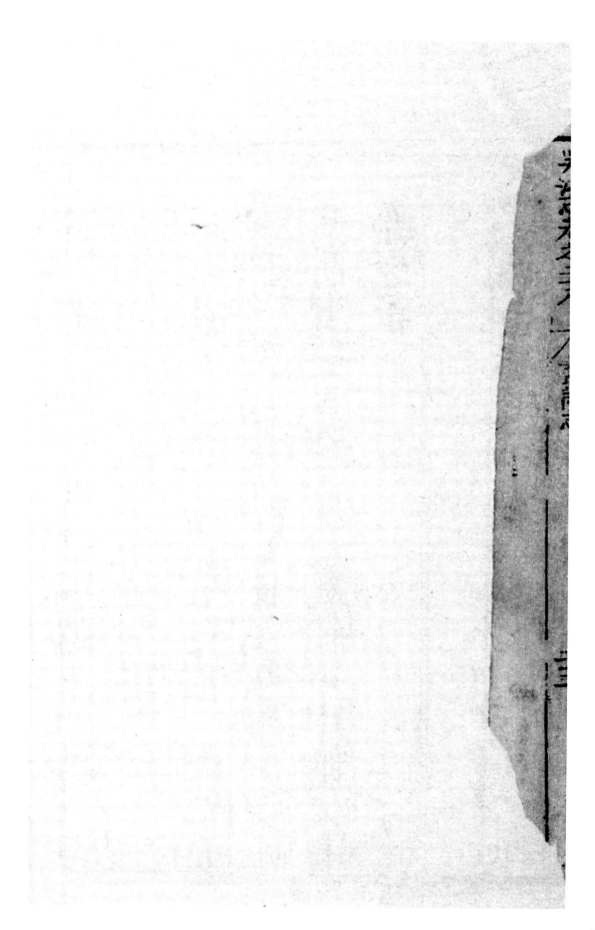